とにかく600点突破！TOEIC® TEST 大特訓

濱﨑潤之輔 著
HUMMER (Junnosuke Hamasaki)

JUST GIVE IT A TRY
AND BREAK 600 POINTS!
SPECIAL TRAINING FOR
THE TOEIC® TEST

Copyright ©2014 Educational Testing Service. www.ets.org

はじめに

　TOEICテストで500点突破、600点突破を目指している大学生や社会人の方たちに教える機会を、大変ありがたいことにこの数年間ずっといただき続けています。

　進級や就職活動のためにどうしても500点が必要な大学生、社内の規定により一刻も早く600点を取らなければならなくなってしまったビジネスパーソン。
　そのニーズに的確に応えられるよう、できる限り効率的な、そして効果的な方法はないのか。
　そのための試行錯誤を繰り返してきました。

　この本は、そのエッセンスを1冊に集約し、はじめてTOEICテストに挑戦しようとしている方から、500点台のスコアをすでに取得されている方のお役に立ちたいという思いを持って、書き下ろしたものです。
　細かい説明はできる限り省くようにし、あくまでも600点というスコアを取るために必要なことだけを優先して学習できるように仕上げました。
　また、リスニングセクションでは、会話やトークの場面をイメージしやすくなるようにイラストを多用しました。
　本書を繰り返し使用する過程の中で、600点を取るために必要な実力が確実につくように配慮しました。
　ぜひ、この本を信じてやり遂げてみてほしいです。

　「何回も問題を解き、解説をきちんと読み、繰り返しCDの音声を聞いているうちに、600点を超えるために必要なことが本当に身についた」と、きっと実感していただくことができると信じています。

　TOEICテストは「努力する人を決して裏切らない」テストです。
　一緒にがんばっていきましょう、必ず結果はついてくると信じて。

濱﨑潤之輔

目次

はじめに ……………………………………… 03
本書の使い方 ………………………………… 06
TOEIC テストについて ……………………… 08
付属CDについて …………………………… 10

Listening Section

Chapter 1 …………………… 11
本番レベル実践模試

Chapter 2 …………………… 29
Part 1 写真描写問題 大特訓①

Chapter 3 …………………… 41
Part 1 写真描写問題 大特訓②

Chapter 4 …………………… 53
Part 2 応答問題 大特訓①

Chapter 5 …………………… 65
Part 2 応答問題 大特訓②

Chapter 6 …………………… 75
Part 2 応答問題 大特訓③

Chapter 7 …………………… 83
Part 2 応答問題 大特訓④

Chapter 8 …………………… 93
Part 3 会話問題 大特訓①

Chapter 9 …………………… 113
Part 3 会話問題 大特訓②

Chapter 10 …………………… 129
Part 3 会話問題 大特訓③

Chapter 11 …………………… 139
Part 3 会話問題 大特訓④

Chapter 12 …………………… 149
Part 4 説明文問題 大特訓①

Chapter 13 …………………… 163
Part 4 説明文問題 大特訓②

Chapter 14 …………………… 179
Part 4 説明文問題 大特訓③

Chapter 15 …………………… 189
Part 4 説明文問題 大特訓④

仕上げの特訓用 解答用紙 ………………… 492
仕上げの特訓 正解一覧 …………………… 490

Reading Section

Chapter 1 ･････････ 199
　本番レベル実践模試

Chapter 2 ･････････ 233
　Part 5　短文穴埋め問題　大特訓 ①

Chapter 3 ･････････ 257
　Part 5　短文穴埋め問題　大特訓 ②

Chapter 4 ･････････ 275
　Part 5　短文穴埋め問題　大特訓 ③

Chapter 5 ･････････ 293
　Part 5　短文穴埋め問題　大特訓 ④

Chapter 6 ･････････ 311
　Part 6　長文穴埋め問題　大特訓 ①

Chapter 7 ･････････ 327
　Part 6　長文穴埋め問題　大特訓 ②

Chapter 8 ･････････ 343
　Part 7　読解問題　大特訓 ①

Chapter 9 ･････････ 357
　Part 7　読解問題　大特訓 ②

Chapter 10 ･････････ 369
　Part 7　読解問題　大特訓 ③

Chapter 11 ･････････ 383
　Part 7　読解問題　大特訓 ④

Chapter 12 ･････････ 397
　Part 7　読解問題　大特訓 ⑤

Chapter 13 ･････････ 417
　Part 7　読解問題　大特訓 ⑥

Chapter 14 ･････････ 429
　Part 7　読解問題　大特訓 ⑦

Chapter 15 ･････････ 441
　Part 7　読解問題　大特訓 ⑧

とにかく600点突破！精選単語＆フレーズ 1800

リスニングセクション ･････････ 453

リーディングセクション ･････････ 470

本番レベル実践模試　参考スコアレンジ算出方法・換算表 ･････ 491

おわりに ･････････ 495

【本番レベル実践模試】 解答一覧 ･････････ 489

【本番レベル実践模試】 解答用紙 ･････････ 493

本書の使い方

本書は以下の内容で構成されています。
特長をしっかりとご理解いただき、より効果的に本書をご活用ください。
また、中学校レベルの英文法を理解していただいていることを前提として解説を行なっています。

文法事項の確認・参照用書籍として、以下の2冊のいずれかをお使いになられることをおすすめいたします。

『総合英語 Forest 7th edition』石黒 昭博 [監修]（桐原書店）
『一億人の英文法』大西泰斗／ポール・マクベイ（ナガセ）

文法を本当の基礎から学びたい方には、以下の書籍をおすすめいたします。

『カラー版 ゼロからはじめる 新 TOEIC テスト英文法』
大岩秀樹／安河内哲也 [監修]（中経出版）

各セクション15回、合計30回にわたる大特訓

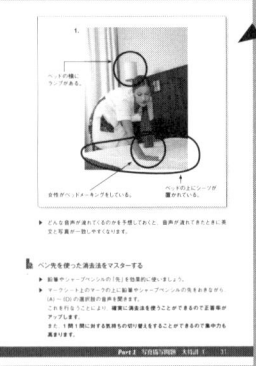

リスニング・リーディングの各セクションの **Chapter 1** に、本番さながらの【本番レベル実践模試】を用意しています。
まずはこの模試を【本番レベル実践模試】解答用紙を使って解いてみてください（解答用紙はコピーしてお使いください）。
1日でリスニング・リーディング両方のセクションを学習するのが理想ですが、それぞれを1日ずつ使ってやっていただいても構いません。
続く **Chapter 2〜15** では、この模試の解説を行ないます。
各セクションの **Chapter 2〜15** を学習する前に、再度その **Chapter** であつかう問題の解き直しを必ず行なってください。
1日1 **Chapter** 分勉強すれば、1カ月で本書を学習し終えることができます。
通勤通学時などの隙間時間を有意義に利用してみてください。
1日2 **Chapter** 分勉強できれば、約2週間で本書を1周終えることも可能です（リスニングとリーディングをペアで毎日1 **Chapter** ずつ進められれば理想的です）。

イラストを使った効果的な学習

リスニングセクションではイラストを多用しました。
会話の場面を瞬時に想像することができるようになれば、トークの内容に素早く「入っていく」ことができるようになります。

とにかく600点突破！精選単語＆フレーズ1800

「とにかく600点突破！精選単語＆フレーズ1800」は、CD 2に英語と日本語で収録、本書の後半に各 *Chapter* に登場するTOEICテストに頻出の精選単語＆フレーズをまとめて掲載しています。

重要な単語＆フレーズは繰り返し登場するようにしました。

それらをより多くの回数耳にし、口にする機会を得られるように配慮しただけでなく、試験本番に頻出する派生語や言い換え表現も収録しました。

iPod や WALKMAN などに音声を入れて、通勤通学時などの隙間時間を有意義な学習時間にしてください。

「何としてでも覚えなきゃ……」などと堅苦しく考えず、「何回も聞きながらそれを声に出していたら自然と覚えてしまった」というようになるのが理想的です。

全パートに共通の「基本タスク3＋1」

各 *Chapter* の学習を行なう前後に、必ずこの「基本タスク3＋1」を読んでください。学習を進めていく上で大切なことをまとめておきました。

- **基本タスク①：英文を理解する**
  英文を読んで理解できるかどうかを確認します。
- **基本タスク②：単語＆フレーズを覚える**
  学習中に出合ったわからない単語＆フレーズは、ノートなどに書き出して覚えてください。終了した *Chapter* の「とにかく600点突破！精選単語＆フレーズ1800」のCDの音声を、毎日の通勤・通学時間をはじめとする隙間時間にできる限り聞くようにし、声を出しても大丈夫な場所であればできる限り英文＆日本語を何回も声に出してください。
- **基本タスク③：文法を理解する**
  解説を読み、文法事項を確認して理解します。
  『Forest 7th edition』や『一億人の英文法』を参照用に手元に置いておくと良いでしょう。
- **基本タスク④：音だけで理解する（リスニングセクション）**
  英文を聞いて、音だけで理解できるかどうかを確認します。

その他

本書では、できる限り学習者に「自然に」実力がつき、600点（約64％の正答率です）を取るために必要なことを吸収していけるように配慮しています。
問題を解く ➡ 解説を読んで理解する ➡ 仕上げの特訓で確認＆底力アップという流れをつくることができます。
また、随所に各パートで必要な知識や技術をお伝えするためのコラムが登場しますので参考にしてください。

是非、本書を信じてたゆまず学習を継続してください。
必ず結果はついてきます。

語句で使われている記号の説明　　｜名｜名詞　｜動｜動詞　｜形｜形容詞　｜副｜副詞
　　　　　　　　　　　　　　　　　｜前｜前置詞　｜接｜接続詞　｜間投｜間投詞

TOEIC テストについて

▶ **TOEIC テストはアメリカの ETS が作成している世界共通のテスト**
TOEIC (Test of English for International Communication) とは、英語によるコミュニケーション能力を測定する世界共通のテストです。
このテストは、アメリカにある非営利のテスト開発機関である ETS (Educational Testing Service) によって開発・制作されています。

▶ **10～990点までのスコアで評価**
受験者の能力は合格・不合格ではなく、10～990点の5点刻みのスコアで評価されるのが特長です。

▶ **解答はマークシート方式**
解答方法は、正解だと思う選択肢番号を塗りつぶすマークシート方式です。解答を記述させる問題はありません。

TOEIC テストの構成

リスニングセクションとリーディングセクションの合計200問
TOEIC テストは以下のように、リスニングとリーディングの2つのセクションで構成されています。
2時間で200問に解答し、途中休憩はありません。

リスニングセクション（約45分・100問）
　Part 1　写真描写問題 …… 10問
　Part 2　応答問題 …… 30問
　Part 3　会話問題 …… 30問
　Part 4　説明文問題 …… 30問

リーディングセクション（75分・100問）
　Part 5　短文穴埋め問題 …… 40問
　Part 6　長文穴埋め問題 …… 12問
　Part 7　読解問題　1つの文書 …… 28問／2つの文書 …… 20問

実施スケジュール

年10回の実施
公開テストは、原則として年10回（1月、3月、4月、5月、6月、7月、9月、10月、11月、12月の日曜日）実施されます。
ただし、受験地によって異なるので、事前に確認が必要です。

受験申込

携帯電話やコンビニでも申し込みできる

公開テストは以下の方法で申し込みをすることができます。
申込方法によって申込期間が異なるので注意してください。

❶ インターネット

TOEICの公式ホームページから申し込みができます。
受験料は、クレジットカードやコンビニエンスストア店頭などで支払い可能です。
携帯電話やスマートフォンでも申し込みをすることができます。

❷ コンビニ端末

セブンイレブンやローソンなどの店頭に設置されている情報端末を操作し、ガイダンスに従って申込手続を行ないます。
受験料は印刷された払込票などをレジに提出して支払います。

問い合わせ先

一般財団法人 国際ビジネスコミュニケーション協会

- IIBC試験運営センター
  〒100-0014　東京都千代田区永田町2-14-2　山王グランドビル
  電話：03-5521-6033／FAX：03-3581-4783
  （土・日・祝日・年末年始を除く10：00～17：00）
- 名古屋事業所
  〒460-0003　名古屋市中区錦2-4-3　錦パークビル
  電話：052-220-0286（土・日・祝日・年末年始を除く10：00～17：00）
- 大阪事業所
  〒541-0059　大阪府大阪市中央区博労町3-6-1　御堂筋エスジービル
  電話：06-6258-0224（土・日・祝日・年末年始を除く10：00～17：00）
- TOEIC公式ホームページ
  http://www.toeic.or.jp/

受験料

5,725円（消費税含む）。

※このページの情報は2014年3月現在のものです（受験料は2014年4月からのものです）。
　詳細や変更は実施団体のホームページなどでご確認ください。

付属CDについて

付属のCDにはアイコンで示された個所の音声が収録されています。
以下の収録内容一覧とともに、CD番号とトラック番号を確認の上、音声をご利用ください。

CD 1 （収録時間約45分）

リスニングセクション Chapter 1 【本番レベル実践模試】

パート	トラック番号
Part 1	02〜12
Part 2	13〜43
Part 3	44〜64
Part 4	65〜85

CD 2 （収録時間約79分）

とにかく600点突破！精選単語&フレーズ1800

セクション& Chapter	トラック番号
リスニングセクション Chapter 2〜15	01〜48
リーディングセクション Chapter 2〜15	49〜99

【注意事項】

CDの裏面には、指紋、汚れ、傷などがつかないよう、お取り扱いには十分にご注意ください。
一部の再生機器（パソコン、ゲーム機など）では再生に不具合が生じることがありますので、どうぞご承知おきください。
CDプレーヤーで正常に再生できるCDをパソコン等に取り込む際に不具合が生じた場合は、そのソフトウェアの製造元にお問い合わせください。

Listening Section

Chapter 1

本番レベル
実践模試

Part 1

 A-01~02 Directions

LISTENING TEST
In the Listening test, you will be asked to demonstrate how well you understand spoken English. The entire Listening test will last approximately 45 minutes. There are four parts, and directions are given for each part. You must mark your answers on the separate answer sheet. Do not write your answers in your test book.

PART 1
Directions: For each question in this part, you will hear four statements about a picture in your test book. When you hear the statements, you must select the one statement that best describes what you see in the picture. Then find the number of the question on your answer sheet and mark your answer. The statements will not be printed in your test book and will be spoken only one time.

1.

 A-03

2.

 A-04

12 Listening Section | Chapter 1

3.

A-05

4.

A-06

5.

6.

7.

A-09

8.

A-10

9.

A-11

10.

A-12

Part 2

 A-13 Directions

PART 2
Directions: You will hear a question or statement and three responses spoken in English. They will not be printed in your test book and will be spoken only one time. Select the best response to the question or statement and mark the letter (A), (B), or (C) on your answer sheet.

- A-14 11. Mark your answer on your answer sheet.
- A-15 12. Mark your answer on your answer sheet.
- A-16 13. Mark your answer on your answer sheet.
- A-17 14. Mark your answer on your answer sheet.
- A-18 15. Mark your answer on your answer sheet.
- A-19 16. Mark your answer on your answer sheet.
- A-20 17. Mark your answer on your answer sheet.
- A-21 18. Mark your answer on your answer sheet.
- A-22 19. Mark your answer on your answer sheet.
- A-23 20. Mark your answer on your answer sheet.
- A-24 21. Mark your answer on your answer sheet.
- A-25 22. Mark your answer on your answer sheet.
- A-26 23. Mark your answer on your answer sheet.
- A-27 24. Mark your answer on your answer sheet.
- A-28 25. Mark your answer on your answer sheet.
- A-29 26. Mark your answer on your answer sheet.
- A-30 27. Mark your answer on your answer sheet.
- A-31 28. Mark your answer on your answer sheet.
- A-32 29. Mark your answer on your answer sheet.
- A-33 30. Mark your answer on your answer sheet.
- A-34 31. Mark your answer on your answer sheet.
- A-35 32. Mark your answer on your answer sheet.
- A-36 33. Mark your answer on your answer sheet.
- A-37 34. Mark your answer on your answer sheet.
- A-38 35. Mark your answer on your answer sheet.
- A-39 36. Mark your answer on your answer sheet.
- A-40 37. Mark your answer on your answer sheet.
- A-41 38. Mark your answer on your answer sheet.
- A-42 39. Mark your answer on your answer sheet.
- A-43 40. Mark your answer on your answer sheet.

GO ON TO THE NEXT PAGE

本番レベル実践模試

Part 3

 A-44 Directions

PART 3
Directions: You will hear some conversations between two people. You will be asked to answer three questions about what the speakers say in each conversation. Select the best response to each question and mark the letter (A), (B), (C), or (D) on your answer sheet. The conversations will not be printed in your test book and will be spoken only one time.

A-45 A-46

41. What is the purpose of the telephone call?
    (A) To report a problem
    (B) To make an inquiry
    (C) To request a catalog
    (D) To place an order

42. What does the woman say about TYY light bulbs?
    (A) Their prices have been halved.
    (B) They were recently released.
    (C) They were advertised on television.
    (D) They are currently on bargain.

43. When will the shipment arrive?
    (A) On Monday
    (B) On Tuesday
    (C) On Wednesday
    (D) On Thursday

A-47 A-48

44. Where is the conversation most likely taking place?
    (A) At a train station
    (B) At a bus stop
    (C) At a car rental shop
    (D) At a taxi stand

45. According to the man, what is the reason for the delay?
    (A) Road works
    (B) Bad weather
    (C) A traffic light failure
    (D) A broken-down car

46. What does the woman want to do?
    (A) Avoid the traffic jam
    (B) Be on time for a meeting
    (C) Drive to Jacksonville
    (D) Shop on the main street

47. Where are the speakers?

(A) At a factory
(B) In a coffee shop
(C) In a bank
(D) In a school

48. What event will take place this afternoon?

(A) A reception dinner
(B) A safety lecture
(C) A financial workshop
(D) A health check-up

49. What does the man offer to do?

(A) See if a room is available
(B) Serve some beverages
(C) Take the woman to a room
(D) Bring a chair for the woman

50. What are the speakers discussing?

(A) Conference location
(B) Fair program
(C) Hotel prices
(D) Holiday plans

51. What does the woman say about Hudson Bay?

(A) It has rare wildlife.
(B) It is a popular spot.
(C) It has a beautiful view.
(D) It is close to Burlington Beach.

52. Who is Pete Anderson?

(A) A sports instructor
(B) A beach lifeguard
(C) A hotel receptionist
(D) A travel agent

GO ON TO THE NEXT PAGE

53. Why is the man calling?
    (A) To purchase a ticket
    (B) To confirm a plan
    (C) To cancel a booking
    (D) To reserve some seats

54. What information does the woman ask for?
    (A) The ticket type
    (B) The purchase date
    (C) The man's name
    (D) The flight number

55. What does the woman say she will do?
    (A) Send a paper ticket
    (B) Provide contact details
    (C) Fill in some paperwork
    (D) Call a colleague

56. Why is the man interested in the book?
    (A) He heard about it from a friend.
    (B) He is a fan of the author.
    (C) He read a good review about it.
    (D) He needs it for a course.

57. What does the woman offer to do?
    (A) Lend a copy of the book to the man
    (B) Recommend another book
    (C) Notify the man when the book arrives
    (D) Show the man where the book is located

58. What will the man probably do next?
    (A) Check a different shop
    (B) Prepare for a class
    (C) Browse the store
    (D) Get a book signed

59. What problem is the woman calling about?

(A) The water supply is cut off.
(B) The kitchen pipes are leaking.
(C) The plumbing fixture is blocked.
(D) The dishwasher is broken.

60. What has the man recently done?

(A) Inspected the water pipes
(B) Talked with the proprietor
(C) Updated the plumbing system
(D) Installed new appliances

61. What will the woman do next?

(A) Call a professional
(B) Talk to a neighbor
(C) Get some tools
(D) Buy some ingredients

62. What is the woman concerned about?

(A) The results of a meeting
(B) The news on a radio
(C) The complaints from a customer
(D) The contents of a report

63. What does the man suggest the business do?

(A) Organize a store-wide sales event
(B) Reward customers for their purchases
(C) Give out gifts to potential customers
(D) Send out postcards to customers

64. What does the woman ask the man to do?

(A) Conduct a research
(B) Create a document
(C) Make a presentation
(D) Attend a meeting

GO ON TO THE NEXT PAGE

65. Why was the garden built?
    (A) To reduce energy costs at the office
    (B) To grow fresh produce for the cafeteria
    (C) To help the environment
    (D) To promote a good image of the company

66. What change does the man mention about the staff?
    (A) They communicate better.
    (B) They work harder.
    (C) They are less stressed.
    (D) They are healthier.

67. Why can't the woman build a garden at her office?
    (A) The employees will protest.
    (B) The cost would be too high.
    (C) There isn't enough space.
    (D) The maintenance will be too hard.

68. What are the speakers discussing?
    (A) Finding summer interns
    (B) Replacing an old advertisement
    (C) Hiring a new worker
    (D) Holding a design competition

69. What does the woman say they are doing?
    (A) Searching for suitable advertisement designs
    (B) Calling for submissions in design magazines
    (C) Including candidates from outside the company
    (D) Expanding the business internationally

70. What does the woman say they will do next week?
    (A) Determine a contest winner
    (B) Talk with the candidates in person
    (C) Consult with a design specialist
    (D) Conduct a phone interview

Part 4

 A-65 Directions

PART 4
Directions: You will hear some talks given by a single speaker. You will be asked to answer three questions about what the speaker says in each talk. Select the best response to each question and mark the letter (A), (B), (C), or (D) on your answer sheet. The talks will not be printed in your test book and will be spoken only one time.

A-66 A-67

71. What type of business is being advertised?
    (A) A kitchen renovation company
    (B) A real estate agency
    (C) An electronic appliances store
    (D) An electrical contractor

72. How many years has Ruiz & Sons been in business?
    (A) A year
    (B) Five years
    (C) Ten years
    (D) More than twenty years

73. Why should listeners make a call?
    (A) To receive a sample product
    (B) To obtain a cost estimate
    (C) To ask for a product catalog
    (D) To get a discount coupon

A-68 A-69

74. What type of business is Bloom Company?
    (A) A vegetable farm
    (B) An art gallery
    (C) A flower shop
    (D) A clothes boutique

75. Why should listeners contact Emily Taylor?
    (A) To register for a class
    (B) To make an appointment
    (C) To apply for a position
    (D) To buy a painting

76. What is available on the Web site?
    (A) Course outlines
    (B) Driving directions
    (C) Order forms
    (D) Event tickets

GO ON TO THE NEXT PAGE

77. What is the report mainly about?
    (A) A facility opening
    (B) A store renewal
    (C) A town festival
    (D) An award ceremony

78. Who is Afia Okoro?
    (A) A mayor
    (B) A writer
    (C) A director
    (D) An actress

79. What can people do at the open house?
    (A) Sample some dishes
    (B) Listen to a live band
    (C) Try out some programs
    (D) Donate some money

80. Who most likely are the listeners?
    (A) Factory workers
    (B) Bus drivers
    (C) Tour participants
    (D) Travel agents

81. What problem does the speaker mention?
    (A) They had to return earlier than scheduled.
    (B) They missed the bus they were supposed to take.
    (C) They couldn't visit one of the sights.
    (D) They didn't get to purchase souvenirs.

82. What are the listeners asked to do?
    (A) Return the guidebooks
    (B) Check their belongings
    (C) Provide a feedback
    (D) Conduct a survey

83. Who is the caller?

(A) A course instructor
(B) A workshop participant
(C) A university employee
(D) A professional architect

84. Why was the workshop location changed?

(A) To fit more people
(B) To carry out some construction work
(C) To accommodate some objects
(D) To fix an air-conditioner

85. What does the caller recommend?

(A) Bringing a notepad
(B) Arriving on time
(C) Wearing flexible clothing
(D) Dressing warmly

86. What will take place in Sydney?

(A) A ballet premiere
(B) A movie audition
(C) A film festival
(D) A magazine launch

87. What is Ken Newman known for?

(A) Directing a hit documentary series
(B) Keeping the film details a secret
(C) Having lots of fans in Norway
(D) Winning a prestigious award

88. When will the film be released?

(A) In a week
(B) Next month
(C) In 6 months
(D) Next year

GO ON TO THE NEXT PAGE

A-78 A-79

89. What will take place on Saturday?

(A) A company picnic
(B) An employee meeting
(C) A swimming competition
(D) A seasonal sales event

90. According to the speaker, why should listeners participate in the event?

(A) To exchange some sales tips
(B) To win some prizes
(C) To socialize with colleagues
(D) To network with clients

91. What do the organizers want to know?

(A) The number of participants
(B) The attendees' e-mail addresses
(C) The names of the contestants
(D) The ideas that people may have

A-80 A-81

92. What is the announcement about?

(A) An opening of a branch office
(B) A merger of two companies
(C) A relocation of a business
(D) A closure of a facility

93. According to the speaker, what will change?

(A) Staff salaries
(B) Office hours
(C) Employee benefits
(D) Headquarter location

94. Who is Carroll Kwon?

(A) A department head
(B) A team leader
(C) A company president
(D) A healthcare professional

95. What is the purpose of the call?
    (A) To introduce a product
    (B) To reserve a room
    (C) To ask for a discount
    (D) To inform of a change

96. What will the caller send?
    (A) Some supplies for the conference
    (B) A list of food and drinks
    (C) A provisional event schedule
    (D) A revised expense report

97. What does the caller plan to do next year?
    (A) Meet with the hotel manager
    (B) Hold more events at the hotel
    (C) Lower accommodation costs
    (D) Organize an anniversary event

98. Where does the speaker probably work?
    (A) At an advertisement agency
    (B) At a research institute
    (C) At a clothing manufacturer
    (D) At a television company

99. According to the speaker, why is the project important?
    (A) It affects the safety of the scientists.
    (B) It is the first big project for the company.
    (C) It is a good way to promote the company.
    (D) It is sponsored by a cable network.

100. What will listeners discuss next?
    (A) The timeline for the project
    (B) The material for the products
    (C) The design of the company logo
    (D) The results of a research

Column

スコアがなかなか伸びない3つの主な理由

自分では勉強しているつもりなのになかなかスコアが上がらない。
このような経験をしている方は少なくありません。
主な理由は次の3つであることがほとんどです。

① **学習量が足りない**

本書を例にとると、1日1Chapterを進めるのにはだいたい1時間〜1時間半は必要になるはずです。

それを1カ月続ければ、600点を取るために必要なことを、だいたい一通り学ぶことができます。

そのくらいの学習時間を日々確保することができているでしょうか。

② **復習をきちんとしていない**

問題を解き、解答の記号だけを見て、丸を付けます。
その後は解説を一通り読み「なるほど」と理解して終了。
これでは足りません、せっかくここまでやれたのですから、あともう少しだけ、がんばってみてください。
この後に以下のタスクを加えてみてください、これが「学んだことを自分の力にする」過程です。

- 再度同じ問題を「自分で自分に解説しながら」解く
- 知らない単語&フレーズを書き出して「完璧に」覚える
  覚えるときは「意味と発音と使い方」まで意識して覚えます。
  たとえば **proximity** という単語を覚える場合には「近いこと」という意味を覚えるだけでなく、発音 [prɑksíməti] と使い方 (**in proximity to** で「〜のすぐ近くに」) まで、意識して一緒に覚えるようにしてください。
- もう一度「本番で解いているようなつもりで」同じ問題を解く
  ここでは「解くスピード」を意識して解くようにします。
  「知っている問題を使って速く解けるようにする」練習が、解答速度を養ってくれるからです。

③ **今の自分のレベルに合う勉強をしていない**

使っている本があまりにも難しく感じる、もしくは簡単すぎるように感じる場合や、日々の学習の負荷が大きすぎる、もしくは軽すぎると感じる場合には一考が必要です。

自分が最適だと感じるレベルの本を探し、学習時間・学習量の見直しを図る必要があります。

学習時間と量の見直しは比較的容易にできると思いますが、自分のレベルを見極めるのは簡単ではないことが多いです。

「600点をどうしても取りたい」という目標・決意があるならば、「そのスコアを目指すために必要な本」に歯を食いしばってついていく気概と「あれこれ考えず、やれることはすべてやる！」という意気込みを期待します。

上記の3つを常に意識して、日々の学習を上手に継続していってください。
後は継続さえ怠らなければ、必ず結果はついてきます。

Listening Section

Chapter 2

Part 1
写真描写問題

大特訓 ①

パートの概要

1. 全部で10問の問題があります。
2. 1枚の写真について4つの短い説明文が1度だけ放送されます。
3. 説明文は印刷されていません。
4. 4つのうち、写真を最も的確に描写しているものを選び、解答用紙にマークします。

解答時の *Point*

1 英文の内容を写真から予想する

▶ 音声が流れる前に写真を見ておき、どんな内容の英文が放送されるのかを予想しておきましょう。
試験開始後に放送される **Directions**（試験内容に関する指示・英語です）が流れている間に、できる限り写真に目を通しておくようにします。
Directions を聞く必要はありません。
その時間を使って事前にどんな内容の英文が流れてくるのかを予想しておくようにしてください。
ゆくゆくはそれを英語でできるようになればいいのですが、自分の頭の中のデータベースが増え、**Part 1** の問題に慣れてくるまでは日本語で行ないましょう。

▶ 本書の最初の問題の写真を例にすると、以下のような内容が放送されることを予想することができます。
パッと見て、写真のどこに注目すれば良いのかを判断する訓練を積んでください。
この問題の写真を例に挙げるならば、丸で囲まれた部分に注目すると良いでしょう。

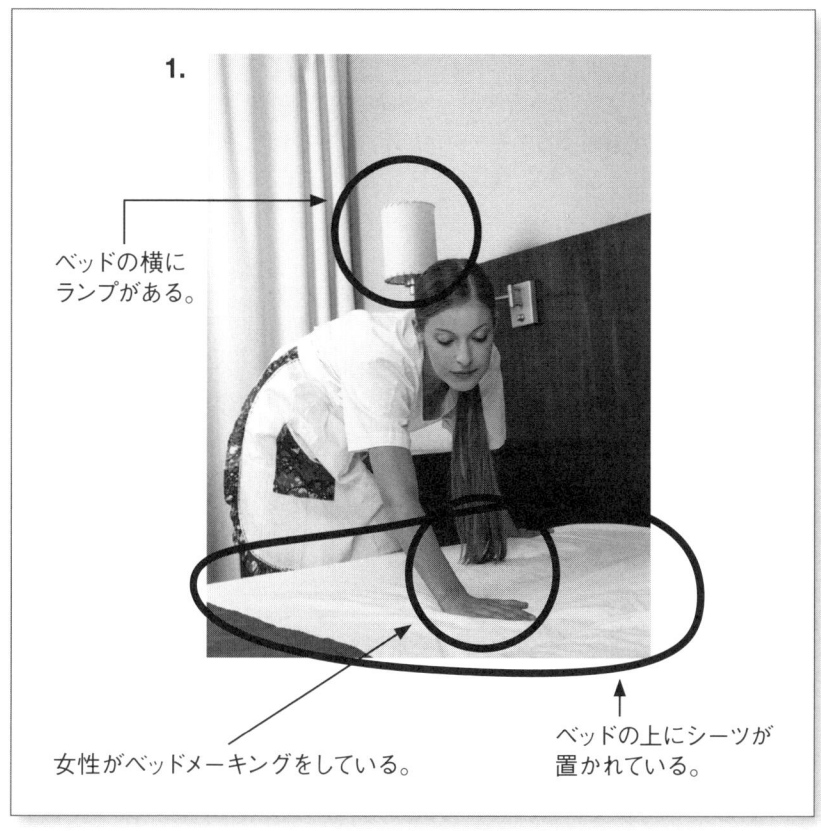

▶ どんな音声が流れてくるのかを予想しておくと、音声が流れてきたときに英文と写真が一致しやすくなります。

2 ペン先を使った消去法をマスターする

▶ 鉛筆やシャープペンシルの「先」を効果的に使いましょう。
▶ マークシート上のマークの上に鉛筆やシャープペンシルの先をおきながら、(A) 〜 (D) の選択肢の音声を聞きます。
これを行なうことにより、**確実に消去法を使うことができるので正答率がアップします。**
また、**1問1問に対する気持ちの切り替えをすることができるので集中力も高まります。**

- ▶ マークシート専用のシャープペンシルや鉛筆は市販されていますので、マークを塗りつぶす際に少しでも時間を節約することができる **1.3mm** 以上のものを用意しておくといいでしょう。
- ▶ 普段の学習時からマークシートのコピーを何枚も用意し、本番同様の解き方の訓練をしておくと試験当日もスムーズに解答することができるようになります。

おすすめの **筆記用具**

1 ぺんてる **1.3mm** マークシートシャープ
（消しゴムと替え芯がセットになったものを400円程度で購入できます）

2 コクヨ 鉛筆シャープ **1.3mm**
（200円程度で購入できます）

ペン先の移動方法

1. **(A) が正解**だと思った場合には、**ペン先は (A) の上においたまま**にします。
2. **(A) が不正解**だと思った場合には、**ペン先を (B) に移動**させます。
3. **(A) が正解か不正解か、判断がつかなかった場合**には、**ペン先は (A) のまま**にしておきます。
4. 正解だと思った選択肢（もしくは正解かもしれないと思った選択肢）が登場した後は、その選択肢のマークの上にペン先をおいたままの状態で音声を聞き続けるようにします。
そして後から流れた選択肢の内容が「確実にこれが正解だ」と思えた場合だけ、ペン先をそこへ移動させます。
5. 正解だと思える選択肢が出てくるまでは、ペン先を1つずつ、(A) から (B) へ、(B) から (C) へと、選択肢の英文を聞き終えるたびに移動させます。
6. (D) の音声を最後まで集中して聞きます（***Part 2*** の場合は (C) で終わりになります）。
7. 最終的にペン先にある選択肢が、マークすべき選択肢となります。

この方法は ***Part 2*** にも共通です。必ず実践するようにしてください。

3 人やものの動作と状態に注目する

▶ 写真に写っている人やものの動作と状態を意識するようにしましょう。
▶ 「**動作を表す表現**」と「**状態を表す表現**」の差に注意します。
▶ 代表的なものとして、以下の2パターンが挙げられます。
　The woman is wearing a jacket.（状態）
　　　　　　　　　　　　➡ すでに着ている状態を表します。
　The woman is putting on a jacket.（動作）
　　　　　　　　　　　　➡ 今まさに着ている最中です。
　両方のパターンとも、正解の選択肢として実際に出題されています。

4 写真に写っていない人（もの）は不正解

▶ 写真から判断できないことは正解にはなりません。
感情を表す表現や、**写真に全く写っていない表現**などは**すべて不正解**です。

5 発音が似ている単語に注意する

▶ **than** と **then**、**quite** と **quiet** などのような、発音が似ている単語に注意します。
とはいえ、あまり小難しく考えず「**すべての音声を聞き取り、センテンスの内容全体をシッカリと理解しよう**」というスタンスで臨んでください。

6 受け身の進行形には基本的に動作主が必要

▶ 受け身の進行形が正解になる場合は、写真には人が写っていて、その人が何かしらの動作を行なっている場合がほとんどです。
受け身の進行形とは、**受け身(be動詞＋過去分詞＝～される)** と、**進行形(be動詞＋doing＝～している)** の両方が使われている文のことで「～されているところだ」という動作や状態を表します。
「**されてる最中**」と覚えておきましょう。

▶ 受け身の進行形が使われている文の例を挙げてみます。
The device is being used in the office.
（機器がオフィスで使われているところだ）
この英文が正解になる場合には、写真には人が写っていて、その人が何らかの **device** を今まさに使っている状況が描写されているはずです。

Part 1 スクリプトと訳・正解と解説

✎ ここで再度 **Part 1** の **1.**〜**5.** を解きなおしてから先に進んでください。

1.

A-03

(A) She's ironing the bed sheets.
(B) She's adjusting the lights.
(C) She's cleaning the table.
(D) She's making the bed.

(A) 彼女はベッドシーツにアイロンをかけている。
(B) 彼女は明かりを調節している。
(C) 彼女はテーブルをきれいにしている。
(D) 彼女はベッドメーキングをしている。 正解

ポイント 人やものの動作と状態に注目する

写真の中にいる女性の動作を的確に表している (D) が正解です。不正解の選択肢は、いずれも女性の行なっている動作を表していません。

語句
- □ iron 動 アイロンをかける
- □ adjust 動 調節する
- □ make a bed ベッドメーキングをする

2.

(A) Some cutlery has been laid out on a table.
(B) The tablecloths have been placed in a basket.
(C) The chairs are pushed against the wall.
(D) The glasses are being wiped clean with a napkin.

(A) テーブルに食卓用の食器類が並べられている。　**正解**
(B) かごの中にテーブルクロスが置かれている。
(C) いすが壁に押し付けられている。
(D) コップがナプキンできれいに拭われているところである。

ポイント 人やものの動作と状態に注目する・写真に写っていない人（もの）は不正解・受け身の進行形には動作主が必要

cutlery は食卓用の食器類や刃物類という意味の単語です。
それらが並べられている様子を受け身の完了形で表している(A)が正解です。
人が写っていない写真が問題になっている場合には「受け身の進行形や完了形がくるかもしれない」というつもりで音声を聞くようにしましょう。

語句
- cutlery　名 食卓用食器類、刃物類
- lay out　並べる
- place　動 置く
- push against　〜を押す
- wipe　動 拭く

Part 1 写真描写問題　大特訓 ①

受け身の完了形と受け身の進行形

(A) **Some cutlery has been laid out on a table.** の中には **has been** という現在完了形（**have／has** ＋過去分詞）と **been** ＋ **laid** という受け身（**be** 動詞＋過去分詞）が使われています。

現在完了形は間近に起こったできごとや経験（〜したことがある）、継続（ずっと〜している）、結果（だから今〜だ）を表します。

受け身（受動態）は、「（主語が）〜される」ということです。

そのため **have been laid out** は「並べられるという動作が完了している」＝「並べられている」という意味になります。

これに対して、(D) **The glasses are being wiped clean with a napkin.** には **are being** という進行形（**be** 動詞＋ **doing**）と **being wiped** という受け身が使われています。

進行形は躍動的な動作の描写や、一時的な状況を表現するものです。
よって受け身の進行形を使っているこの文は「拭われている最中だ」という意味になるのです。

Column

人に話すことを前提に学ぼう

「学んだ知識を、誰か人に伝えてあげよう」というつもりで学びましょう。

自分が責任を持ってその内容を誰かに伝えたいと思って学べば、覚えるべきことはより深く記憶に残るようになります。

3.

(A) They're crossing the road.
(B) They're waiting for a bus.
(C) They're sipping some coffee.
(D) They're walking side by side.

(A) 彼らは道路を横切っている。
(B) 彼らはバスを待っている。
(C) 彼らはコーヒーをすすっている。
(D) 彼らは横に並んで歩いている。　**正解**

ポイント 人やものの動作と状態に注目する

写真の中心に目立つ感じで写っている、男性と女性が並んで歩いている様子を的確に表している (D) が正解です。

語句
- □ cross 動 横切る
- □ wait for ～を待つ
- □ sip 動 すする
- □ side by side 横に並んで

Part 1 写真描写問題　大特訓 ①

4.

(A) Some fruits are being cut into small pieces.
(B) Some food has been placed in plastic containers.
(C) Some products are stored in cardboard boxes.
(D) Some produce is being harvested from the garden.

(A) いくつかの果物が小さく刻まれているところである。
(B) いくらかの食べ物がプラスチック容器に入っている。　　**正解**
(C) いくつかの製品が段ボール箱に保管されている。
(D) いくらかの農産物が庭から収穫されているところである。

ポイント 人やものの動作と状態に注目する・写真に写っていない人（もの）は不正解・受け身の進行形には動作主が必要

食べ物がプラスチックの容器に入っている状態を受け身の完了形で表している (B) が正解です。
写真に人が写っていないので「受け身の進行形は来ない、おそらく受身の完了が来るかもしれないな」と予想しておきましょう。

語句
- □ cut A into B　AをB (のサイズ) に切る
- □ container　名 容器
- □ product　名 製品
- □ store　動 保管する
- □ cardboard box　段ボール箱
- □ produce　名 農産物
- □ harvest　動 収穫する

5.

(A) The people are strolling down a hill.
(B) The people are standing on a lookout.
(C) The people are climbing over a fence.
(D) The people are inspecting a telescope.

(A) 人々は丘を散歩している。
(B) 人々は展望台に立っている。　正解
(C) 人々はフェンスを乗り越えている。
(D) 人々は望遠鏡を点検している。

ポイント 人やものの動作と状態に注目する

人々が展望台に立っているという状態を適切に表している (B) が正解です。
lookout (展望台) という表現を知らないと難しいかもしれませんが、聞き取れない単語や表現が登場した場合は「ペン先を使った消去法」を駆使して対応してください。
また、問題中に登場する知らない単語＆フレーズは、それらが登場するごとに随時覚えていくようにしましょう。

語句
- stroll down　〜を散歩する
- lookout　名 展望台
- clime over　〜を乗り越える
- inspect　動 点検する
- telescope　名 望遠鏡

仕上げの特訓

➤ **Chapter 1** の仕上げの特訓です。音声を聞きながらイラストを見て、それを最も的確に描写しているものを選び、「仕上げの特訓用解答用紙」にマークしてください。

この後に登場する **Chapter 2〜3** の仕上げの特訓では、本書に収録した模試の問題の「不正解の選択肢」を使って問題を作成しました。

これらの問題を解答&復習してマスターし、「本番レベル実践模試」の10問と合わせて合計40個の英文&イメージをデータベース化してください。

A-03〜07

1.

2.

3.

4.

5.

＊スクリプトと訳は**1.〜5.**の〈スクリプトと訳・正解と解説〉を参照してください。

正解は490ページにあります。

Listening Section

Chapter 3

Part 1
写真描写問題

大特訓 ②

Part 1 スクリプトと訳・正解と解説

✍ ここで再度 *Part 1* の **6.~10.** を解きなおしてから先に進んでください。

6.

(A) A man is handing over a credit card.
(B) A man is inserting a card into a slot.
(C) A man is purchasing some laptop computers.
(D) A man is seated in front of an electronic device.

(A) 男性はクレジットカードを手渡している。
(B) 男性はカードを挿入口に入れている。
(C) 男性はいくつかのノート型パソコンを購入している。
(D) 男性は電子機器の前に座っている。　**正解**

ポイント 人やものの動作と状態に注目する

パソコンの前に座っている男性の状態を適切に表している (D) が正解です。パソコンを **electronic device** のように抽象的に言い換えることが、TOEIC テストはよく行なわれます。

語句
- hand over　手渡す
- insert A into B　A を B に挿入する
- slot　图 挿入口
- purchase　動 購入する
- laptop computer　ノート型パソコン
- be seated　座っている
- in front of　~の正面に、前に
- electronic device　電子機器

7.

(A) The trucks are leaving the parking lot.
(B) The cars are stopped at a traffic light.
(C) The vehicles are parked next to each other.
(D) The road sign is being repainted.

(A) トラックが駐車場を出発している。
(B) 車が信号で止まっている。
(C) 車両が隣同士に並んで駐車している。　**正解**
(D) 道路標識が塗り直されているところである。

ポイント 人やものの動作と状態に注目する・写真に写っていない人（もの）は不正解・受け身の進行形には動作主が必要

車（トラック）が並んでいる様子を端的に描写している (C) が正解です。**truck** や **car**、**bike / bicycle** などの乗り物、車、機材（車輪が付いていて道路やレール上などを走行することができるもの）を **vehicle** と言います。

語句
- □ leave 動 出発する、残す
- □ parking lot 駐車場
- □ traffic light 信号
- □ vehicle 名 乗り物
- □ park 動 駐車する
- □ next to each other 並んで
- □ road sign 標識
- □ repaint 動 塗り直す

Part 1 写真描写問題 大特訓 ②

8.

(A) Hikers are eating lunch around a camp fire.
(B) Workers are clearing garbage from a mountain path.
(C) Some mats have been spread on the ground to sit on.
(D) Some hammocks have been hung between the trees.

(A) ハイカーたちがキャンプファイアの周りで昼食を食べている。
(B) 作業者たちが山道からごみを取り除いている。
(C) いくつかの敷物が座るために地面に広げられている。　**正解**
(D) いくつかのハンモックが木々の間に掛けられている。

ポイント 人やものの動作と状態に注目する・写真に写っていない人（もの）は不正解

人が並んで座り、何かを食べている様子が見られます。
敷物を敷き、その上にみんなが座っていることがわかるので、正解は (C) になります。
(A) は **camp fire** が、(B) は **clearing garbage** が、そして (D) は **hammocks** が写真に写っていない状況や動作なのでいずれも不正解です。

語句
- garbage 名 ごみ
- mountain path 山道
- mat 名 敷物
- spread 動 広げる
- hammock 名 ハンモック
- hang 動 掛かる、つるす
  * hang-hung-hung
  （原形ー過去形ー過去分詞）

9.

(A) A guitar is being displayed in a shop window.
(B) A band is performing in an auditorium.
(C) A case has been left open on the ground.
(D) A crowd has gathered in front of the musicians.

(A) ギターが店のウインドーに飾られているところである。
(B) バンドが音楽堂で演奏している。
(C) ケースが地面の上に開けられたままである。　**正解**
(D) 群衆が音楽家たちの前に集まっている。

ポイント 人やものの動作と状態に注目する・写真に写っていない人（もの）は不正解

この問題のように、中心にいる人やもの以外を描写している表現が正解になるパターンも出題されます。
中央でギターを弾いている男性の足元にあるギターケースの状態を適切に表している (C) が正解です。
(A) と (B) は場所が、(D) は **crowd**（群衆）が写真には写っていないためいずれも不正解です。

語句
- □ display 動 飾る、展示する
- □ perform 動 演奏する
- □ auditorium 名 講堂、音楽堂
- □ leave a case open ケースを開けたままにしておく
- □ crowd 名 群衆
- □ gather 動 集まる
- □ in front of ～の前に、正面に

Part 1 写真描写問題　大特訓 ②

10.

(A) He's kneeling down to pick up a hammer.
(B) He's pulling a nail out from a building material.
(C) He's collecting some wood in a forest.
(D) He's removing a safety helmet from his head.

(A) 彼は金槌を拾い上げるために膝をついている。
(B) 彼は建築資材から釘を引き抜いている。　**正解**
(C) 彼はいくらかの木材を森で集めている。
(D) 彼は安全ヘルメットを頭から外している。

ポイント 人やものの動作と状態に注目する・写真に写っていない人（もの）は不正解

男性の動作を適切に表している (B) が正解になります。
男性はひざまずいていますが、ハンマーを拾い上げようとはしていないので (A) は不適切、(C) と (D) は **collecting some wood** と **removing a safety helmet** の部分が写真の状況と一致していません。

語句
- kneel down　ひざまずく
- pick up　拾い上げる
- hammer　名 ハンマー
- pull out　引き抜く
- nail　名 釘
- building material　建築資材
- collect　動 集める
- wood　名 木材
- forest　名 森
- remove　動 取り外す
- safety helmet　安全ヘルメット

仕上げの特訓 ①

➤ 音声を聞きながらイラストを見て、それを最も的確に描写しているものを選び、「仕上げの特訓用解答用紙」にマークしてください。

A-08～12

6.

7.

8.

9.

10.

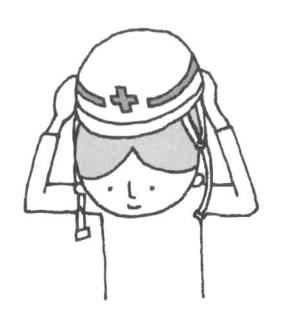

＊スクリプトと訳は 6.～10. の〈スクリプトと訳・正解と解説〉を参照してください。

正解 は 490 ページにあります。

仕上げの特訓 ❷

➤ 音声を聞きながらイラストを見て、それを最も的確に描写しているものを選び、「仕上げの特訓用解答用紙」にマークしてください。

A-03〜12

1.

2.

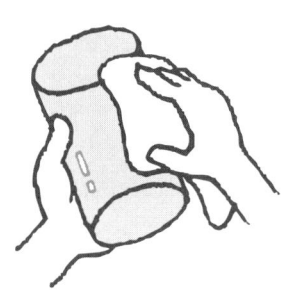

3.

4.

5.

6.

7.

8.

9.

10.

正解 は 490 ページにあります。

＊スクリプトと訳は **1.**〜**10.** の〈スクリプトと訳・正解と解説〉を参照してください。

仕上げの特訓 ②

仕上げの特訓 ❸

➤ 音声を聞きながらイラストを見て、それを最も的確に描写しているものを選び、「仕上げの特訓用解答用紙」にマークしてください。

A-03〜12

1.

2.

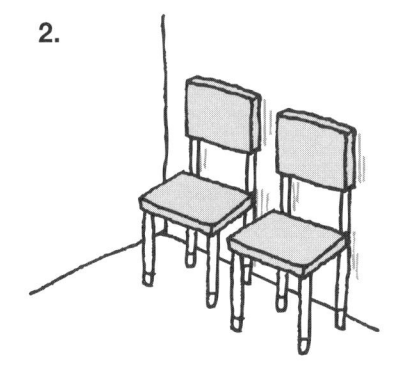

3.

4.

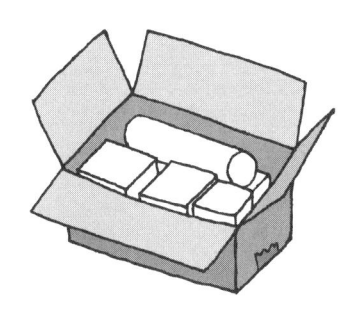

5.

6. 
7. 
8. 
9. 
10.

正解 は 490 ページにあります。

＊スクリプトと訳は **1.**～**10.** の〈スクリプトと訳・正解と解説〉を参照してください。

仕上げの特訓 ③　51

Column

リスニング力の成長とは

最初は理解できなかったことが、スクリプトを読み、知らない表現を覚えることによってわかるようになります。

これを続けていくと「繰り返し聞けばわかる」ことが少しずつ増えていきます。

「繰り返し聞けばわかる」ことが増えていくと「1回聞いただけでわかる」ことが増えていきます。

Listening Section

Chapter 4

Part 2
応答問題

大特訓 ①

パートの概要

1 全部で30問の問題があります。

2 1つの質問または文章と、それに対する3つの答えがそれぞれ1度だけ放送されます。

3 上記の英文は印刷されていません。

4 設問に対して最もふさわしい答えを選び解答用紙にマークします。

解答時の *Point*

1 解答リズムの確立がカギ

自分の解答リズムを、意識して確立していきましょう。
Part 2 は、短い問いかけと応答が30セット、それが短いスパンで次々とやってきます。
落ち着いてテンポよく、確実に解き進めていけるよう、一定のリズムを保ち続ける工夫をすることが大切です。
ここではリズムを保つための1つの方法を紹介します。

● 解答リズムを保つためのコツ ●

1 問題番号が読み上げられるときに息を吸います。
2 問題番号の読み上げと同時に息を吸い、少しずつ息を吐きながら(A)～(C)の選択肢を聞きます。

これを続けて行なうことにより、解答時のリズムが一定になります。
このサイクルで30問連続で解き続けられるようになることを目標にしましょう。
問題ごとに気持ちを切り替えることもできますし、1問1問に対する集中力も上がります。

2 気持ちを1問ごとに切り替える、緩急をつける

1つ問題を解答するたびにリラックスするようにし、気持ちを切り替えるようにします。
音声を聞き逃がしてしまったとき、理解できなかったとき、自信を持って正解を選ぶことができなかったときでも、リラックスするとともに気持ちを切り替えることが大切です。
集中力を高めたらリラックス、また集中力を高めたらリラックス。
緩急をつける訓練を続けることにより、集中力を長時間維持し続けることができるようになります。

3 問いかけの内容を「わかりやすくまとめる」

問いかけの内容をいかに記憶し続けておくのかが大切です。
問いかけの内容を (B) や (C) の音声が流れる頃には忘れてしまうということは少なくありません。
問いかけの内容を簡単な日本語に、わかりやすくまとめて瞬時に変換して記憶する練習を何回も繰り返してください。
自分が理解できる「最小限の表現」にまとめるのがコツです。

● わかりやすくまとめるやり方の例 ●

Whose digital camera is this?
　▶ これは 誰の デジタル カメラですか?
「誰のデジカメ?これ誰のデジカメ?誰のデジカメ?……」
(選択肢の音声が流れ始めるまで、「誰のデジカメ?」を頭の中で繰り返します)
それを、それぞれの選択肢と突き合わせるようにして解答します。

誰のデジカメ?　→ (A) **I believe it's Tony's.**　　　(○)
誰のデジカメ?　→ (B) **In Topbuy Electronics.**　　(✗)
誰のデジカメ?　→ (C) **At the photography contest.**　(✗)

問いかけの内容をわかりやすくまとめたものと選択肢を、リズム良く照合していきます。

また、**Part 1** の解答時と同じように、**ペン先を選択肢の英文が読み上げられるごとに移動させ、正解だと思う選択肢のマーク上で止めておきます。**

マークミスを防ぎつつ消去法を確実に使い、1問でも多く正解を得られるよう努めましょう。

(C) の選択肢の内容までしっかりと聞き取り、最終的にペン先が置かれた選択肢をマークするようにします。

4 その他のポイント

「少なくとも最初の5単語だけは絶対に聞き取って理解し記憶する」という意識を持って取り組みます。
動詞や時間に関する表現には、特に注意を払うよう心がけてください。

5 選択疑問文をまとめる練習を念入りに行なう

選択疑問文を要約する訓練は、特に意識して多めに行なうようにしましょう。

（例）**Has this branch hired someone to take Ellen's place, or is it still receiving applications?**
「誰か雇った？まだ申し込める？」

このような「問いかけを最小限の内容に圧縮した日本語に置き換えて記憶する」訓練をたくさん行なってください。

➤ **Part 2** は、問いかけの内容を瞬時に理解することがとても大切です。
問いかけの内容をきちんと理解できなければ、選択肢を3つとも完璧に聞き取って理解できたとしても正解を選ぶことはできません。
音声に集中し、聞き取った内容をわかりやすくまとめ、それを記憶することに全力を注いでください。

Part 2 スクリプトと訳・正解と解説

🔊 ここで再度 *Part 2* の **11.**〜**18.** を解きなおしてから先に進んでください。

A-14

11. Whose digital camera is this?

　(A) I believe it's Tony's.
　(B) In Topbuy Electronics.
　(C) At the photography contest.

> これは誰のデジタルカメラですか?
> **要約** ➡ 「誰のデジカメ?」
>
> (A) トニーのものだと思います。　**正解** 💡
> (B) Topbuy Electronicsでです。
> (C) 写真コンテストでです。

解説 カメラの所有者を明確に答えている (A) が正解です。(B) はカメラを売っていそうな場所、(C) はカメラに関係する写真コンテストが登場していますが、いずれも応答として不適切です。問いかけと選択肢の内容がしっかりと呼応しているものを選んでください。

語句
□ believe　動 信じる、確信する、思う
□ photography　名 写真撮影、写真術

A-15

12. Where did Kyla get the donuts?

　(A) That's a nice thought.
　(B) From the shop on Brown Street.
　(C) To celebrate a colleague's birthday.

Kyla はどこでドーナツを買いましたか？

要約 ➡ 「どこでドーナツ買った？」

(A) それは良い考えです。
(B) Brown 通りにある店からです。　**正解**
(C) 同僚の誕生日を祝うためです。

解説「ドーナツを購入した場所がどこなのか」という問いかけに対して、「**Brown Street** にあるお店（で購入した）」と応答している (B) が正解になります。
(A) は何か良い提案を受けたときの応答であり、(C) はドーナツを購入した理由を問われた場合の応答です。
問いかけが **where** ではなく **why** であれば (C) が正解になります。

語句　□ thought　名 考え　　　　□ colleague　名 同僚
　　　　□ celebrate　動 祝う

13. Do you want me to close the window?

(A) No, I have my own.
(B) It is getting a little chilly.
(C) It's OK, I brought an umbrella.

窓を閉めましょうか？

要約 ➡ 「窓閉めようか？」

(A) いいえ、自分のものを持っています。
(B) 少し冷えてきています。　**正解**
(C) 大丈夫です、傘を持ってきました。

解説「窓を閉めましょうか」という申し出に対して、間接的に「（少し寒いので）閉めてほしい」と応答している (B) が正解です。
(A) は全く応答になっておらず、(C) は雨が降り出したことを知らせる問いかけに対する応答になるためいずれも正解にはなりえません。

語句
- Do you want me to do ~? 〜しましょうか？
- one's own 〜自身の
- get chilly 冷える
- bring 動 持ってくる
  * bring-brought-brought
  （原形－過去形－過去分詞形）
- umbrella 名 傘

A-17

14. Which train are you taking to Boston?

(A) For two nights.
(B) The twelve-thirty.
(C) On Wednesday.

> ボストンへはどちらの電車に乗るのですか？
> **要約** ▶「どの電車に乗る？」
> (A) 2晩です。
> (B) 12時30分のです。 **正解**
> (C) 水曜日です。

解説 「どの電車に乗ればいいのか」という質問に対して、「12時30分（の電車です）」と応答している (B) が正解です。
(A) は期間に対する応答なので、問いかけが **How long** で始まるものであれば正解になりえます。(C) は **when** に対する応答であり、電車の選択に困っている人に対する応答としては不適切です。

語句
- take 動 乗る、利用する

A-18

15. Is the instructor already in the meeting room?

(A) Yes, the new recruit training.
(B) Several people have.
(C) He arrived a few minutes ago.

> インストラクターはすでに会議室にいますか？
> **要約** ▶「インストラクターもういる？」
> (A) はい、新入社員研修です。
> (B) 数人の人が持っています。
> (C) 彼は数分前に到着しました。 **正解**

Part 2 応答問題 大特訓 ① 59

解説 「インストラクターがすでに来ているかどうか」を尋ねる問いかけに対して、「数分前に到着している」と応答している (C) が正解です。
(A) と (B) は応答として全くかみ合っていないため、どちらも不正解です。選択肢の英文は問いかけよりも短いことがほとんどです。
瞬時に大意を理解できるようになるために、本書の問題を使って「わかりやすくまとめて記憶する」練習を何回も練習を繰り返してみてください。

語句
- instructor 名 インストラクター
- already 副 すでに、もう
- recruit 名 新入社員
- several 形 いくつかの
- arrive 動 到着する
- a few いくつかの、2～3の

16. You need a valid parking permit to park your car here.

(A) I don't mind waiting.
(B) Sorry, I didn't know that.
(C) I'll show you around the park tomorrow.

ここに車を止めるためには有効な駐車許可証が必要です。

要約 ▶ 「駐車許可証が必要です」

(A) 私は待っても構いません。
(B) すみません、それを知りませんでした。 **正解**
(C) 明日公園を案内しましょう。

解説 「駐車するには許可証が必要です」という発言に対して、その事実を知らなかったことを素直に認めている (B) が正解となります。
(A) は「待つことをいとわない」と言っているため、時間がかかる可能性があることを聞いたときの応答としてふさわしく、(C) は **park** を使ったひっかけの選択肢です。**park** には駐車するという意味の動詞と、公園という意味の名詞の両方があるので注意しておきましょう。

語句
- valid 形 有効な
- parking permit 駐車許可証
- park 動 駐車する
- mind doing ～することを気にする
- show you around （あなたを連れて）～を案内する

17. Would you mind presenting a paper at the conference?

(A) I'd be delighted to.
(B) Sure, is it a gift?
(C) On May 18.

会議で論文を発表していただけませんか？
要約 ▶ 「会議でプレゼンやってもらえる？」

(A) 喜んでいたします。　正解
(B) いいですよ。贈り物ですか。
(C) 5月18日にです。

解説 Would you mind doing ~? は、「～していただけませんか？」（～することを気にしますか？）という意味の問いかけです。これに対して、「喜んでやります」と応答している (A) が正解です。
mind は「気にする」という意味なので、Yes で応答する場合には「気にする＝やりたくない、やめてほしい」という意味になり、No で応答する場合には「気にしない＝大丈夫だ、問題ない」というような意味になります。
(B) は **present** の意味の違いを使ったひっかけであり、(C) は **When** に対する応答です。

語句
□ Would you mind doing ~?
　～していただけませんか？
□ present a paper
　論文を発表する
□ conference 名 会議
□ be delighted to do
　喜んで～する

18. What's the fastest way to get to the airport?

(A) No, it has been delayed.
(B) Take the express train.
(C) Just my suitcase, thanks.

> 空港に到着するのに最も速い方法は何ですか？
> **要約** ➡ 「一番早い手段は？」
>
> (A) いいえ、それは遅延しています。
> (B) 急行電車に乗ってください。　**正解**
> (C) 私のスーツケースだけです、ありがとう。

解説 早く空港に行く方法を尋ねる問いかけに対して、急行電車という手段を答えている (B) が正解になります。
(A) は **No** と答えている時点で **What** の応答としては不適切であり、(C) は **airport** から連想される **suitcase** を含む内容ですが文意がかみ合いません。不正解の選択肢の中には、よく問いかけで使われている単語そのものや関連表現が登場します。そのような小さな範囲ではなく、あくまでも文全体の大意を理解して問いかけの内容と突き合わせるようにしてください。

語句
☐ fastest way　最も速い方法
☐ get to　〜に到着する
☐ be delayed　遅れている
☐ express train　急行電車

仕上げの特訓

▶ **Part 2** の仕上げの特訓です。イラストを見ながら音声を聞き、場面のイメージをつかみつつ解答してみましょう。

慣れてきたら、何も見ずに会話の場面をイメージできるようにしてください。

場面をイメージできれば「その場面で起こり得る会話の幅がある程度絞られてくる」ので、話の内容を理解しやすくなります。

解答するときは、問いかけを「わかりやすくまとめる」ようにして、(A)〜(C) の選択肢と 3 回組み合わせること、そして必ずマークシートを使って演習を行なうようにし、「ペン先を使った消去法」を使う練習も同時に行なってください。

では、上記のことを意識して問題を解いてみてください（設問に対して最もふさわしい答えを選び「仕上げの特訓用解答用紙」にマークしてください）。

A-14〜21

11.

12.

13.

14.

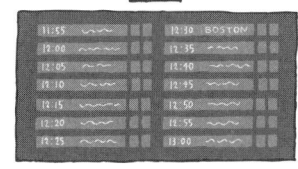

GO ON TO THE NEXT PAGE

15.

16.

17.

18.

＊スクリプトと訳は **11.**〜**18.** の〈スクリプトと訳・正解と解説〉を参照してください。

正解 は 490 ページにあります。

Listening Section

Chapter 5

Part 2
応答問題

大特訓 ②

Part 2 スクリプトと訳・正解と解説

✎ ここで再度 *Part 2* の **19.**〜**26.** を解きなおしてから先に進んでください。

A-22

19. When should we notify the clients?

(A) In writing, if possible.
(B) Let's wait for a few days.
(C) I didn't notice at all.

私たちはいつそれを顧客に知らせるべきですか？
要約 ➡ 「いつ顧客に知らせる？」

(A) 可能であれば、書面です。
(B) 数日間待ちましょう。　**正解**
(C) 全く気が付きませんでした。

解説「いつ顧客に知らせるべきですか？」という問いかけに対して、「数日間待ちましょう」という **when** に対応した応答をしている (B) が正解になります。
(A) は **how**（どのように、どうやって）に対応する応答、(C) は問いかけにある **notify** の派生語の **notice** を使ったひっかけですが、文意が **when** に対する応答になっていないので不正解です。

語句
- notify 動 知らせる
- in writing 書面で
- if possible 可能であれば
- wait 動 待つ
- notice 動 気が付く

A-23

20. Don't you need to be at the hotel by five?

(A) Yes, I'm running a little late.
(B) Over a third of them are hotel guests.
(C) That concierge is very helpful.

あなたは5時までにホテルにいる必要があるのではないですか？

要約 ▶「5時までにホテルにいる必要あるよね？」

(A) はい、少し遅れているのです。　**正解**
(B) 彼らの3分の1以上が宿泊客です。
(C) そのコンシェルジュはとても役に立つのです。

解説 Don't you need ~? という否定の形から始まる疑問文ですが、これは Do you need ~? と同じものだと考えて対応しましょう。Yes で応答すれば「必要です」、No で応答すれば「必要ではない」という意味になります。
「5時までにホテルにいなければ（到着しなければ）ならないのではありませんか」という問いかけに対して、「はい、（実際はそうなのですが）遅れてしまっているんです」と応答している (A) が正解です。
(B) には hotel が登場していますが問いかけとは内容がかみ合っていません。
(C) にも hotel の関連語の concierge がありますが、(B) の応答と同様に文脈が通じません。

語句
□ by five　5時までに
□ running a little late　少し遅れている
□ a third of them　彼らの3分の1
□ concierge　名 コンシェルジュ

21. Where's the service report form?

(A) From the administration office.
(B) I haven't completed it yet.
(C) Mostly for technicians.

事業報告書はどこから送られてきますか？
要約 ▶「どこにレポートフォームある？」

(A) 管理事務所からです。　**正解**
(B) まだそれを仕上げていません。
(C) 主に技術者のためです。

解説 レポート用紙がどこから送られてくるのかを質問している問いかけに対して、「管理事務所からです」と応答している (A) が正解です。(B) は報告書の作成者がそれを催促された場合などにふさわしい応答で、(C) は対象が誰なのかを質問されたときの応答として適切なものです。

語句
- service report　事業報告書
- administration office　管理事務所
- complete　動 完成させる
- mostly　副 主に
- technician　名 技術者

22. Why's the negotiation taking so long?

(A) This year's budget.
(B) We're trying to break even.
(C) For the government contract.

なぜ交渉がそんなに長くかかっているのですか？

要約 ➡ 「何で交渉長引いてるの？」

(A) 今年の予算です。
(B) 私たちは、差し引き損得なしで終わるように努めているところです。**正解**
(C) 政府との契約に向けてです。

解説 「なぜ交渉がだいぶ長く続いているのか」という問いかけに対して、その理由を明確に答えている (B) が正解です。
break even は難しい表現ですが覚えておきましょう。
(A) と (C) は **negotiation** の対象が何なのかを聞いている問いかけであれば正解になります。

語句
- negotiation　名 交渉
- budget　名 予算
- try to do　〜するように努めている
- break even　収支が合う
- government　名 政府
- contract　名 契約

23. How about a dinner while you're in Paris?

(A) Usually around seven.
(B) Yes, I plan to taste that later.
(C) I'm afraid I don't have time.

> あなたがパリにいる間に夕食でもいかがですか?
> 要約 ➡ 「夕食でもいかがですか?」
>
> (A) たいてい7時ごろです。
> (B) はい、後でそれを味見するつもりです。
> (C) 残念ながら、時間がとれないと思います。 正解

解説 How about (doing) ~? は、「~(するの)はいかがですか?」という意味です。
この勧誘に対して、「時間がとれない(ので無理です)」と応答している(C)が正解になります。
(A)は時刻を聞かれたときに対する応答であり、(B)は **How about doing ~?** に対して **Yes** と応答している時点で話がかみ合わないため不正解です。

語句
- usually 副 たいてい
- around seven 7時ごろ
- plan to do ~する予定です
- taste 動 味見する
- later 副 後で
- I'm afraid 残念ながら~です

24. I can cash this check at any Cheshire Bank branch, can't I?

(A) Sorry, we only take cash at this store.
(B) I can check that for you.
(C) Do you have any smaller change?

> この小切手は Cheshire 銀行のどの支店でも現金化できるのですよね?
>
> **要約** ➡ 「どこでも換金できるよね?」
>
> (A) すみません、私どものお店では現金のみの取り扱いになります。
> (B) その件についてこちらで確認が可能です。　**正解**
> (C) もっと細かい小銭をお持ちですか。

解説 小切手を現金化できるかどうかを質問している相手に対して、「確認いたします」と応答している (B) が正解になります。
(A) は客がお店で小切手を使おうとしているときに、それができないので断るような場合に使う表現です。
(C) はお金に関する内容ではあるものの、やり取りとしては全くかみ合っていないため不正解です。
「大きなお金を出そうとしている客」に対する応答を選ぶ問題であれば正解になります。

語句
- cash the check　小切手を換金する
- branch 名 支店
- take cash　現金を取り扱う
- check 動 確認する
- change 名 小銭

25. When will they take down the old building across the street?

(A) Thanks, I'll take one.
(B) Next month, I think.
(C) Three times a week.

通りをはさんで向かいの古い建物はいつ解体されますか？

要約 ➡ 「あの建物いつ解体される？」

(A) ありがとう。1ついただきます。
(B) 来月だと思います。　**正解**
(C) 1週間に3回です。

解説 「いつ建物が解体されるのか」という問いかけに対して、「来月だと思います」と応答している (B) が正解になります。
(A) は問いかけにある **take** を含んだ応答ですが内容がつながらず、(C) は **how often** や **how many times** を使って頻度や回数を質問された場合の応答です。

語句
- take down 〜を取り壊す
- across 前 〜を横切って
- three times 3回

---

26. I found your phone in the cafeteria.

(A) Yes, my mobile number is still the same.
(B) Oh good, I've been looking for it all day.
(C) I'm fond of it, too.

あなたの電話機を食堂で見つけました。

要約 ➡ 「あなたの電話見つけたよ」

(A) はい、私の携帯電話の番号は今でも同じです。
(B) ああよかったです。それを1日中探していたのです。　**正解**
(C) それも気に入っています。

解説 「電話機を見つけた」という報告に対して、「それを探していました」と答えている (B) が自然な応答になります。
(A) には **mobile** が登場していますが、内容がかみ合わないので不正解、(C) は発言には全く関係のない応答です。
問いかけにある **found** と音の似ている **fond** を使って、解答する人を惑わせようとしている選択肢です。

語句
- □ mobile number　携帯電話の番号
- □ still　副 いまでもまだ
- □ the same　同じだ
- □ look for　〜を探す
- □ all day　1日中
- □ be fond of　〜を気に入っている

Column

先読み&リスニングへの姿勢

先読みとリスニングは**「細部までごまかさずに読み・聞く」**という姿勢で取り組んでください。

その姿勢で取り組みつつ**「文全体で理解しよう」**という意識も同時に持ち合わせるようにします。

また、繰り返し本書に収録されているような、頻出の会話やトークを何回も何回も聞いて理解する練習を繰り返してください。

「予想して聞く」というスタンスが、いつの間にか「待ち構えて聞く」というスタンスに変わってきます。

そうなってくればしめたものです。

TOEICテストのリスニング対策の完成は、すぐそこまで来ています。

仕上げの特訓

▶ イラストを見ながら音声を聞き、場面のイメージをつかみつつ解答してみましょう。

問いかけを「わかりやすくまとめる」ようにして、(A)～(C) の選択肢と3回組み合わせること、そして必ずマークシートを使って演習を行なうようにし、「ペン先を使った消去法」を使う練習も同時に行なってください。

では、上記のことを意識して問題を解いてみてください（設問に対して最もふさわしい答えを選び「仕上げの特訓用解答用紙」にマークしてください）。

A-22～29

19.

20.

21.

22.

GO ON TO THE NEXT PAGE

23.

24.

25.

26.

*スクリプトと訳は **19.** ～ **26.** の〈スクリプトと訳・正解と解説〉を参照してください。

正解 は 490 ページにあります。

Listening Section

Chapter 6

Part 2
応答問題

大特訓 ③

Part 2 スクリプトと訳・正解と解説

ここで再度 *Part 2* の **27.**〜**33.** を解きなおしてから先に進んでください。

A-30

27. How often does the sales meeting take place?

(A) It's our quarterly sales target.
(B) According to the memo, every month.
(C) Because the manager said so.

> 営業会議はどのくらいの頻度で開催されますか?
> **要約** ▶「会議の開催頻度は?」
>
> (A) それは私たちの四半期の販売目標です。
> (B) メモによると、毎月です。　**正解**
> (C) マネージャーがそう言ったからです。

解説 How often を使って頻度・回数を尋ねている問いかけなので、every month（毎月）と応答している (B) が正解になります。(A) と (C) はいずれも質問されている頻度に関する応答ではないため不正解です。あくまでも**問いかけと応答の内容とを合わせる**ことに徹してください。

語句
- □ how often　どのくらいの頻度で
- □ sales meeting　営業会議
- □ take place　開催される
- □ quarterly　形 四半期の
- □ sales target　販売目標
- □ according to　〜によると

A-31

28. What are these keys for?

(A) The code is three-two-nine-four.
(B) Actually, he's the new security manager.
(C) You'll need them to get into the warehouse.

これらの鍵は何用ですか？

要約 ➡ 「何の鍵？」

(A) コードは 3294 です。
(B) 実は、彼は新しいセキュリティーマネジャーです。
(C) 倉庫に入るにはそれらが必要でしょう。　**正解**

解説 その場にある鍵が何なのかを尋ねる問いかけに対して、「倉庫用のものである」と応答している (C) が正解です。
(A) は暗証番号・パスワードを聞かれたときの応答であり、(B) はある男性に関する情報を聞かれたときの応答なのでいずれも不正解になります。

語句　□ actually　副 実は　　　　　□ warehouse　名 倉庫
　　　　□ get into　〜に入る

---

29. Is it too late to submit my application?

　　(A) Let's take one now.
　　(B) I'm afraid so.
　　(C) By e-mail from our Web site.

申込書は遅すぎて提出できませんか？

要約 ➡ 「申込書間に合いませんか？」

(A) 今1ついただきましょう。
(B) 残念ながらそうです。　**正解**
(C) ウェブサイトからEメールでです。

解説 「申込書の提出は遅くて間に合いませんか？」と尋ねている問いかけに対して、「残念ながらそうです（間に合いません）」と応答している (B) が正解になります。
(A) は問いかけとは全く文意がかみ合いませんし、(C) は何らかの連絡手段を答えているものなので、正解にはなりえません。

語句　□ too late to submit　　　　　□ I'm afraid so.
　　　　　遅すぎて提出できない　　　　　　残念ながらそうです。
　　　□ application　名 申込書

Part 2　応答問題　大特訓 ③

30. Can you make three copies of the project abstract?

(A) Sorry, the projector is broken.
(B) They're already on your desk.
(C) Yes, I certainly have.

> プロジェクトの要約書を 3 部コピーしてくれますか？
> **要約** ➡ 「3 部コピーしてくれる？」
>
> (A) すみません、プロジェクターが壊れています。
> (B) それらはすでに机の上に置いてあります。　**正解**
> (C) はい、確かに私が持っています。

解説 コピーをお願いしている問いかけに対して、「すでに準備してあります（コピーをしてあります）」と応答している (B) が正解です。(A) は問いかけにある **project** と音の似ている **projector** という単語を使ったひっかけの選択肢で、(C) は「あなたは持っていますか？」というような問いかけに対する応答例なので不正解です。

語句 □ abstract 名 要約書　　□ certainly 副 確かに

31. Should I send the invoice by post or by e-mail?

(A) Yes, at the local post office.
(B) The client requested a paper copy.
(C) I'm sure it can be purchased online.

> 送り状は郵便で送りましょうか、それともEメールにしましょうか？
> **要約** ➡ 「郵便とEメールどっちが良い？」
>
> (A) はい、地元の郵便局でです。
> (B) お客さまはハードコピーを希望されました。　**正解**
> (C) きっとオンラインで購入できます。

解説 送り状の送付方法を尋ねている問いかけです。

これに対し、「お客さまはハードコピー（紙）を希望しています」と応答している (B) が正解になります。

(A) は問いかけにある **post** に関連する **post office** が登場しますが、内容がかみ合っていないため不正解、(C) も問いかけにある **e-mail** に関連する **online** が登場しますが、こちらも (A) と同様の理由で不正解です。

by post は **by mail** と言い換えることができます。

日本語ではメールといえばパソコンや携帯電話を介してやり取りをするEメールのことを指しますが、英語では **mail** は「郵便物」や「郵送する」という意味です。

e-mail「Eメール」「Eメールを（で）送る」と混同しやすいので、きちんと区別をつけるようにしてください。

語句
- □ invoice 名 送り状
- □ by post 郵便で
- □ local 形 地元の
- □ client 名 お客さま
- □ request 動 希望する
- □ paper copy ハードコピー
- □ I'm sure きっと〜です
- □ purchase 動 購入する
- □ online 副 オンラインで

32. Why hasn't John sent us the cost estimates?

(A) OK, but it will cost you.
(B) The shipping company does.
(C) Well, it's the busiest time of the year.

John はなぜ私たちに費用の見積書を送ってこないのですか？

要約 ▶ 「John は何で送ってこないの？」

(A) わかりました、でも高くつきますよ。
(B) 輸送会社がします。
(C) ええと、1年で一番忙しい時期です。 **正解**

解説 John が見積書を送らなかった理由を尋ねる問いかけに対して、送ることができていない理由を間接的に述べている (C) が正解になります。
(A) は問いかけにある **cost** を動詞として使った応答ですが、文意がかみ合わないため不正解、(B) は何かの動作主を質問された場合の応答なので、こちらも正解にはなりえません。

語句
□ cost estimate　費用の見積書　　□ shipping company　輸送会社
□ cost　動 お金がかかる

33. Why are we charged for the repairs?

(A) Around 200 dollars in total.
(B) The warranty didn't cover the damage.
(C) The water pipes on the second floor.

なぜわれわれが修理代を請求されるのですか?
要約 ▶「何で私たちが支払うの?」
(A) 合計でおよそ200ドルです。
(B) 損傷が保証の範囲ではなかったのです。　**正解**
(C) 2階の水道管です。

解説 自分たちが修理代を請求される理由を尋ねています。
これに対して、その理由を簡潔に答えている (B) が正解になります。
(A) はお金に関する内容ですが、問いかけに対応した内容ではないので不正解、(C) には **repair** から連想される **water pipes** が登場しますが、こちらもやはり問いかけに対応している応答ではないので不正解になります。

語句
□ charge　動 (お金を) 請求する　　□ in total　合計で
□ repair　名 修理　　　　　　　　□ warranty　名 保証
□ around　副 約、およそ　　　　　□ cover　動 負担する、埋め合わせる

仕上げの特訓

▶ イラストを見ながら音声を聞き、場面のイメージをつかみつつ解答してみましょう。

問いかけを「わかりやすくまとめる」ようにして、(A)～(C) の選択肢と3回組み合わせること、そして必ずマークシートを使って演習を行なうようにし、「ペン先を使った消去法」を使う練習も同時に行なってください。

では、上記のことを意識して問題を解いてみてください（設問に対して最もふさわしい答えを選び「仕上げの特訓用解答用紙」にマークしてください）。

A-30～36

27.

28.

29.

30.

GO ON TO THE NEXT PAGE

31.

32.

33.

＊スクリプトと訳は **27.**～**33.** の〈スクリプトと訳・正解と解説〉を参照してください。

正解 は 490 ページにあります。

Listening Section

Chapter 7

Part 2
応答問題

大特訓 ④

Part 2 スクリプトと訳・正解と解説

✍ ここで再度 **Part 2** の **34.〜40.** を解きなおしてから先に進んでください。

A-37

34. I'd like to speak with the person in charge of this research facility.

(A) Oh, what is your research about?
(B) Yes, all of our products are tested in this building.
(C) Unfortunately, my supervisor is currently away.

> この研究施設の責任者と話したいのですが。
> **要約** ➡ **「責任者と話したいんだけど」**
>
> (A) ああ、あなたの研究は何についてですか？
> (B) はい、私たちの製品のすべてがこの建物内で試験されます。
> (C) あいにく上司は今、不在です。 **正解**

解説 「責任者と話がしたい」という問いかけに対して、「その人は今不在です（なので今は申し訳ありませんができません）」と応答している (C) が正解です。
(A) は **research**、(B) は **this building** という問いかけの中にある関連表現を使って解答者を惑わせようとしている選択肢です。

語句
- I'd like to do 〜したい
- in charge of 〜に責任がある
- research facility 研究施設
- product 名製品
- test 動試験する
- unfortunately 副残念ながら
- supervisor 名監督者
- currently 副現在
- away 形不在で、留守で

35. Your purchase order has already been dispatched to the supplier.

(A) Thanks, maybe before noon.
(B) Usually in about one month.
(C) So, I can't change it anymore?

あなたの発注書は、すでに仕入先に送られています。

要約 ➡ 「発注書はすでに送られました」

(A) ありがとう。恐らく正午前です。
(B) たいてい約 1 カ月後です。
(C) それでは、もう変更はできないですね？　**正解**

解説　「発注書はすでに発送されました」という報告に対して、「もう修正はできませんね」と応答している (C) が正解になります。(A) と (B) は時間に関する問いかけに対する応答であり、内容がつながらないためここでは正解にはなりえません。

語句
- purchase order　発注書
- dispatch　動 送る
- supplier　名 仕入れ先
- maybe　副 恐らく
- usually　副 たいてい
- anymore　副 もはや〜ない

36. Aren't we running our advertisement during prime time?

(A) There were no more slots available.
(B) Kimberly Hugh, the marketing director.
(C) Oh, I watched that movie just last week.

ゴールデンタイムの間に広告は出していないのではないですか？

要約 ➡ 「広告出していないよね？」

(A) もう利用できる枠はありませんでした。　**正解**
(B) マーケティング部長のKimberly Hughです。
(C) ああ、私はその映画をちょうど先週見ました。

解説 「自社の広告がゴールデンタイムに出ていないのでは？」という問いかけに対し、「枠がなかった」と応答している (A) が正解になります。
(B) は、ある人が誰なのかという問いかけに対する応答であり、(C) は「映画を見た」と答えているだけなので本問の問いかけに対する応答としては不適切です。

語句
- run an advertisement 広告を出す
- during 前 〜の間に
- prime time ゴールデンタイム
- slot 名 枠
- available 形 利用できる
- marketing director マーケティング部長

37. There are some people waiting in the hallway.

(A) Don't worry, we are moving it this afternoon.
(B) I think they're here for the job interview.
(C) Isn't it the second door on the left?

廊下で待っている人が数人います。
要約 ➡ 「廊下に何人か待っています」

(A) ご心配なく、われわれは今日の午後それを移すところです。
(B) 彼らは就職面接のためにここにいるのだと思います。 **正解**
(C) それは左側の2つ目のドアではないですか？

解説 「廊下に何かを待っている人が数人いる」という報告に対して、「(彼らは) 就職面接のためにそこにいるのでは」と応答している (B) が正解になります。
(A) は「(何か) ものを移動させます」という内容なので文意が最初の発言とかみ合っておらず、(C) はドアがどれなのかを答えるという内容なので、こちらも応答としては不適切です。

語句
- there is/are 〜がいる、ある
- hallway 名 廊下
- don't worry ご心配なく
- move 動 移す、引っ越す
- job interview 就職面接
- on the left 〜の左側の

38. Who came up with the sales pitch?

(A) Whoever it was, it's brilliant.
(B) Yes, it's coming right up.
(C) Ted White is pitching at the World Series.

誰が売り文句を考え出したのですか？
要約 ➡ 「誰が売り文句考えたの？」

(A) それが誰であろうと、見事です。　**正解**
(B) はい、それはすぐに来ます。
(C) Ted White がワールドシリーズでピッチャーを務めているのです。

解説 sales pitch（売り文句）という表現が難しいですが、**Who** があるので人に関する応答が正解になります。
(A)の応答では「誰が売り文句を考えたのかは知りませんが素晴らしいですね」と述べています。
問いかけに文意がかみ合うのはこの応答だけなので、これが正解となります。
(B)との組み合わせでは文脈が通らず、(C)は **pitch** を「野球のピッチャーをする」という意味で使っているので不正解です。

語句
- come up with 〜を考え出す
- sales pitch 売り文句
- whoever it was それが誰であろうと
- brilliant 形 見事だ
- coming right up すぐに来る
- pitch 動 ピッチャーを務める

39. Do you want the items delivered here, or to the Edmond Street Store?

(A) I'll deliver my speech tomorrow morning.
(B) They have more storage space over there.
(C) OK, that's a great idea!

> あなたはここに商品を配達してもらいたいですか、それともEdmond通り店にしますか？
>
> **要約** ➡ 「ここに配達する？それともEdmond通り？」
>
> (A) 私は明日の朝スピーチをします。
> (B) あちらのほうがもっと収納スペースがあるのです。　**正解**
> (C) わかりました。それは素晴らしい考えです！

解説 商品の配達場所をどこにすればいいのかを尋ねている問いかけです。
これに対し、場所を指定している応答になっている (B) が正解となります。(A) には **deliver** が入っていますが、こちらは **deliver a speech** (スピーチをする) という意味で **deliver** を使っており、(C) は良いアドバイスなどをもらったときに使うべき内容なので全く応答になっていません。

語句
□ want the item delivered
　商品を配達してもらいたい
□ deliver a speech
　スピーチをする
□ storage space　収納スペース

40. Everyone except Bill is attending the workshop, aren't they?

(A) Don't you accept credit cards?
(B) Well, Bill did say that he can't make it.
(C) The shoppers have a tendency to do that.

Bill以外のみんながワークショップに出席するのですよね?

要約 ➡ 「Bill以外みんな出席だよね?」

(A) クレジットカードが使えないのですか?
(B) ええ、Billは都合をつけることができないと言っていました。　**正解**
(C) 買い物客はそうする傾向にあります。

解説　「Bill以外全員参加するのですよね」という確認の問いかけに対して、「彼は都合がつかないと言っていた」と伝えている (B) が正解です。
(A) は **except** と音が似ている **accept** を使っていますが、内容がかみ合わないので不正解、(C) も **workshop** と音がかぶっている **shoppers** を使って解答者を惑わそうとしている選択肢です。

語句
- except 前 〜以外
- attend 動 出席する
- accept 動 受け入れる
- make it
  うまくいく、間に合う、都合をつける
- shopper 名 買い物客
- tendency 名 傾向

仕上げの特訓

▶ イラストを見ながら音声を聞き、場面のイメージをつかみつつ解答してみましょう。

問いかけを「わかりやすくまとめる」ようにして、(A)～(C)の選択肢と3回組み合わせること、そして必ずマークシートを使って演習を行なうようにし、「ペン先を使った消去法」を使う練習も同時に行なってください。

では、上記のことを意識して問題を解いてみてください(設問に対して最もふさわしい答えを選び「仕上げの特訓用解答用紙」にマークしてください)。

A-37～43

34.

35.

36.

37.

GO ON TO THE NEXT PAGE

38.

39.

40.

*スクリプトと訳は **34.** 〜 **40.** の〈スクリプトと訳・正解と解説〉を参照してください。

正解 は 490 ページにあります。

Listening Section

Chapter 8

Part 3
会話問題

大特訓 ①

パートの概要

Part 3
1. 全部で30問の問題があります（3問で1セット、それが合計10セット）。
2. 2人の人物による会話が1度だけ放送されます、会話の英文は印刷されていません。
3. 会話を聞いて問題用紙に印刷された設問（設問は放送されます）と選択肢を読み、4つの候補の中から最も適当なものを選び解答用紙にマークします。
4. 各会話には設問が3問ずつあります。

Part 4
1. 全部で30問の問題があります（3問で1セット、それが合計10セット）。
2. アナウンスやナレーションのようなミニトークが1度だけ放送されます。トークの英文は印刷されていません。
3. 各トークを聞いて問題用紙に印刷された設問（設問は放送されます）と選択肢を読み、4つの候補の中から最も適当なものを選び解答用紙にマークします。
4. 各トークには質問が3問ずつあります。

解答時の *Point*

ここで説明する内容は、**Part 3 & 4** 共通のポイントになります。

特訓の方法も、**Part 3 & 4** 共通です。基本的に **Part 3** の問題を解答するための戦略が、そのまま **Part 4** でも使えると考えていただいて大丈夫です。

それでは本書に収録されている **41.〜43.** の問題を例にして説明を進めていきます。

41. What is the purpose of the telephone call?

(A) To report a problem
(B) To make an inquiry
(C) To request a catalog
(D) To place an order

42. What does the woman say about TYY light bulbs?

(A) Their prices have been halved.
(B) They were recently released.
(C) They were advertised on television.
(D) They are currently on bargain.

43. When will the shipment arrive?

(A) On Monday
(B) On Tuesday
(C) On Wednesday
(D) On Thursday

先読みの練習を徹底的に行なう

設問と選択肢を「**速く読んで理解する練習**」を徹底的に行ないます。
会話の音声が流れ始める前に、設問と選択肢をしっかりと読んで理解しておくこと（これを先読みと本書では呼ぶことにします）によって、会話のどの部分を聞き取ればよいのかを把握しておくことが大切です。
3問分の設問と選択肢の先読みをするのが難しいようでしたら、3問のうち2問だけを先読みしてください。
例えば、この **41.〜43.** の問題であれば **41.** の選択肢が短めですし、**43.** の選択肢は曜日だけなのですぐに読むことができます。

1 設問を「わかりやすくまとめる」

41.〜43. の設問をわかりやすくまとめて、3回続けて読んでください。
目的何？ → TYYの電球何だって？ → いつ荷物着く？
目的何？ → TYYの電球何だって？ → いつ荷物着く？
目的何？ → TYYの電球何だって？ → いつ荷物着く？

会話が流れ始めるまでこれを頭の中で何回も繰り返すことにより、記憶として定着させます。

2 会話やトークが始まったら、音声に99％集中する

99％の集中力を向ける意識で会話やトークを聞きます。
会話やトークが流れている間は問題用紙の選択肢には目をやるだけにし、設問や選択肢の文字は読まないようにします。
文字を画像であるかのような意識で眺めるだけにしてください。
逆に、**会話やトークが始まる前・終わった後は、全力で設問と選択肢を読むようにします。**
英文を読む際は100％の集中力を注ぎ込んでください。

3 指を駆使する

音声が流れている最中に正解がわかった場合には、正解の選択肢の記号の左側を指で押さえます。

1 **41.** の正解が (C) だとわかった場合には、**41.** の選択肢 (C) の左側を左手の中指で押さえます。

2 **42.** の正解が (D) だとわかった場合には、**42.** の選択肢 (D) の左側を左手の人差し指で押さえます。

3 **43.** の正解が (B) だとわかった場合には、**43.** の選択肢 (B) の左側を左手の親指で押さえます。

4 問題の音声（会話やトーク）が流れ終わった時点で、すぐにマークシートの解答欄をペン先で軽くチェックするようにします。

事前にマークを塗りつぶせる人は塗りつぶしても構いませんが、***Part 3 & 4* を解き終えた時点で（約45分間のリスニングセクション終了時に）、まとめて60個分のマークを塗りつぶすことをお勧めします。**

4 選択肢まで先読みする

選択肢の先読みも、できる限り行ないます。
1問でも2問でも良いので、選択肢も先読みしておきましょう。
設問や選択肢は、内容を理解するのに最低限必要な部分だけを読むようにします。
このセットの場合は、太字の部分だけを読めれば十分です。

---

41. **What is the purpose** of the telephone call?

    (A) To **report a problem**
    (B) To **make an inquiry**
    (C) To **request a catalog**
    (D) To **place an order**

42. What does the woman say about TYY light bulbs?

    (A) Their **prices have been halved**.
    (B) They were **recently released**.
    (C) They were **advertised on television**.
    (D) They are **currently on bargain**.

43. When will the shipment arrive?

    (A) On **Monday**
    (B) On **Tuesday**
    (C) On **Wednesday**
    (D) On **Thursday**

5 データベースを作り上げる

問題のパターンと場面をデータベース化して頭の中に蓄積させていくことにより、問題に対応する速度を速めることができます。

― ● ***Part 3*** の設問のパターン ● ―

1　どこ？
2　何の仕事？
3　何が問題？
4　何を頼んでいる？
5　次何する？
6　理由は？（原因は？）
7　具体的なことがらを問う問題
　　（例：男性が受付に行くのは何時ですか？など）

― ● ***Part 4*** に登場するテーマのパターン ● ―

1　社内へのアナウンス、さまざまな場所での案内放送
2　留守電へのメッセージ
3　旅行、観光（ツアーガイド）、見学（主に工場や施設など。著名人の家を巡るツアーなども出題されることがあります）
4　広告
5　人物の紹介
6　店、ショッピングモール
7　空港、機内、車内、船内、駅、バス停など
8　イベント（セミナー、ワークショップなど）、会議、講演会の冒頭（もしくは最後）におけるスピーチ
9　ニュース報道（テレビ、ラジオなど）
10　生活情報
11　演説、講演
12　イベントの案内（これから開催、もしくは開催中のもの）

これらのパターンやテーマは、意識して覚えようとする必要はありません、何回も何回も本書や公式問題集を繰り返すことによって自然と身についてきます。場面やテーマを瞬時に把握することができれば、正解になりえる選択肢や不正解になる選択肢がどのようなものなのかを早めに理解することができるようになり、解答する際に有利になります。

Part 3 スクリプトと訳・正解と解説

ここで再度 **Part 3** の **41.〜49.** を解きなおしてから先に進んでください。

☛ **Part 3 & 4** のスクリプトには、
41 I'd like to order two high performance LED light bulbs from TYY Electronics, please.
のように、各問題の正解の根拠となる部分に下線をつけています

A-45

Questions 41 through 43 refer to the following conversation.

M : Hello.
41 I'd like to order two high performance LED light bulbs from TYY Electronics, please.
The item number is 27898.

W : Certainly.
42 I just want to let you know that we have a great deal of TYY light bulbs this week.
If you buy three, you get another one for free.

M : OK.
Thanks for letting me know.
In that case, I'll take three.
When can I expect the delivery?

W : **43** Well, today is Monday, so your order should be delivered on Wednesday.

問題 41-43 は次の会話に関するものです。

男性: もしもし。
41 TYY エレクトロニクス社の高性能 LED 電球を 2 個注文したいのです。商品番号は27898です。

女性: かしこまりました。
42 ちょっとお伝えしたいのですが、今週は TYY 社の電球をたくさんご用意しております。
3 個お買い上げいただくと、もう 1 個が無料になります。

男性: わかりました。
教えていただきありがとうございます。
それでしたら、3 ついただきます。
配達はいつ頃になりますか？

女性: **43** そうですね、今日は月曜日なので、ご注文の配送は水曜日になります。

41. What is the purpose of the telephone call?

(A) To **report a problem**
(B) To **make an inquiry**
(C) To **request a catalog**
(D) To **place an order**

電話の目的は何ですか？
要約 ➡ 「目的何？」

(A) 問題を報告すること。
(B) 問い合わせをすること。
(C) カタログを請求すること。
(D) 注文すること。　**正解**

解説 「TYY エレクトロニクス社の高性能LED電球を2個注文したい」と男性は1回目の発言で述べています。
これを簡潔に表した (D) が正解になります。
会話 I'd like to order
選択肢 To place an order

42. What does the woman say about TYY light bulbs?

　　(A) Their **prices have been halved**.
　　(B) They were **recently released**.
　　(C) They were **advertised on television**.
　　(D) They are **currently on bargain**.

女性はTYY社の電球について何と言っていますか？
要約 ▶「TYYの電球何だって？」

(A) 価格が半額になっている。
(B) 最近発売された。
(C) テレビで宣伝された。
(D) 現在安売りしている。　**正解**

解説 女性は1回目の発言で「今週はTYY社の電球をたくさん用意しており、3個購入すると、もう1個が無料になります」と述べているため、正解は (D) になります。
3個分の値段で4個の電球が手に入るので、実質安売りをしていると言うことはできるのですが、半額になっているとはどこにも述べられていないため、(A) は不正解です。
会話 If you buy three, you get another one for free
選択肢 on bargain

43. When will the shipment arrive?

(A) On **Monday**
(B) On **Tuesday**
(C) On **Wednesday**
(D) On **Thursday**

配送はいつ到着しますか？
要約 ▶ 「いつ荷物着く？」

(A) 月曜日
(B) 火曜日
(C) 水曜日　正解
(D) 木曜日

解説 your order should be delivered on Wednesday と女性が2回目の発言の中で明確に述べています。
よって正解は (C) です。

語句
- I'd like to do　〜したい
- high performance　高性能
- LED light bulbs　LED電球
- item　名 商品
- certainly　副 もちろんです
- I just want to do
  　私はちょっと〜したい
- let you know　あなたに伝える
- a great deal of　大量の
- another　形 もう1つの
- for free　無料で
- thanks for
  　〜してくれてありがとう
- in that case　それでしたら
- I'll take three.
  　3ついただきます。

- expect　動 期待する
- delivery　名 配送
- purpose　名 目的
- inquiry　名 問い合わせ
- place an order　注文する
- halve　動 半分にする
- recently　副 最近
- release　動 発売する
- advertise　動 宣伝する
- currently　副 現在は
- on bargain　安売りの状態だ
- shipment　名 配送
- arrive　動 到着する

Questions 44 through 46 refer to the following conversation.

W : **44** Excuse me, do you know if the bus from Salem has arrived yet?

M : I've been waiting here for twenty minutes, but it hasn't arrived yet.
45 I think it's delayed because of the repaving of Highway 7. Are you traveling to Jacksonville too?

W : Me?
Oh no, I'm just here to pick up a colleague.
46 I hope he gets here soon, so we can drive back downtown before the rush hour.
The main street gets really crowded after five.

問題 44-46 は次の会話に関するものです。

女性: **44** すみません、Salem からのバスがもう到着したかご存じですか？

男性: 私はここで 20 分待っていますが、バスはまだ到着していません。
45 7 号線道路の再舗装で遅れているのだと思います。
あなたも Jacksonville に行くのですか。

女性: 私ですか。
いいえ、私は同僚の迎えでここにいるだけです。
46 すぐに到着してくれれば、ラッシュアワーの前に車で市内に戻ることができるのですが。
5 時を過ぎると、大通りは非常に混みますから。

44. Where is the conversation most likely taking place?

(A) At a **train station**
(B) At a **bus stop**
(C) At a **car rental shop**
(D) At a **taxi stand**

会話はどこで行なわれていると考えられますか？

要約 ➡ 「どこ？」

(A) 電車の駅
(B) バス停　**正解**
(C) レンタカー店
(D) タクシー乗り場

解説 女性の「バスが到着したかどうか」という質問に対して、男性は「私はここで 20 分待っていますが、バスはまだ到着していません」と述べています。このことから、会話の場所はバス停だと判断することができます。
よって正解は (B) です。

45. According to the man, what is the reason for the delay?

(A) Road works
(B) Bad weather
(C) A **traffic light failure**
(D) A **broken-down car**

男性によると、遅れの理由は何ですか?
要約 ➡ 「遅れの理由何?」

(A) 道路工事　**正解**
(B) 悪天候
(C) 信号機の故障
(D) 故障車両

解説 男性は「7号線道路の再舗装で遅れているのだと思います」と述べているため、これがバスの遅れの原因だと考えられます。会話中の repaving を Road works と言い換えている (A) が正解になります。
会話 repaving
選択肢 Road works

---

46. What does the woman want to do?

(A) Avoid the traffic jam
(B) Be on time for a meeting
(C) Drive to Jacksonville
(D) Shop on the main street

女性は何をしたいのですか？
要約 ➡ 「女性何したい？」

(A) 交通渋滞を避ける。　**正解**
(B) 会議に間に合う。
(C) Jacksonville に車で行く。
(D) 大通りで買い物をする。

解説 女性は 2 回目の発言で「すぐに到着してくれれば、ラッシュアワーの前に車で市内に戻ることができるのですが」と述べています。ラッシュアワーを避けたいと言っているため、これを言い換えた (A) が正解です。

会話 we can drive back downtown before the rush hour
選択肢 Avoid the traffic jam

語句
- if　接　〜かどうか
- be delayed　遅れる
- because of　〜のために、〜のせいで
- repaving　名　再舗装
- travel to　〜に行く
- pick up　〜を迎えに行く
- colleague　名　同僚
- get here　ここに来る
- drive back downtown　市内に車で戻る
- rush hour　ラッシュアワー
- get crowded　混む
- conversation　名　会話
- most likely　たぶん、おそらく
- take place　起こる
- car rental shop　レンタカー店
- taxi stand　タクシー乗り場
- according to　〜によると
- reason　名　理由
- delay　名　遅れ
- road works　道路工事
- traffic light failure　信号機の故障
- broken-down　形　壊れた
- avoid　動　避ける
- traffic jam　交通渋滞
- on time　時間通りに
- drive to　〜へ車で行く

Questions 47 through 49 refer to the following conversation.

M : **47** Welcome to Trent Investment Bank.
How may I assist you?

W : **48** Actually, I'm here to give a lecture on workplace safety from three o'clock.
My name is Lorene Thompson.
The manager, Mr. Keaton, said I should just ask at the reception where to go.

M : Yes, Ms. Thompson.
We have been expecting you.
49 Why don't you have a seat, and I will show you to the conference room in a few minutes.
Please feel free to help yourself to some coffee or tea while you wait.

問題 47-49 は次の会話に関するものです。

男性：**47** Trent 投資銀行へようこそ。
ご用件を承りますよ？

女性：**48** 実は、3時から職場の安全について講義を行なうために参りました。
私は Lorene Thompson と申します。
マネジャーの Keaton さんが、行き先は受付に尋ねるようにとおっしゃっていました。

男性：はい、Thompson さん。
お待ちしておりました。
49 どうぞおかけになってください、数分で会議室にご案内致します。
お待ちの間、どうぞご自由にコーヒーか紅茶をお召し上がりください。

A-50

47. Where are the speakers?

(A) At a **factory**
(B) In a **coffee shop**
(C) In a **bank**
(D) In a **school**

2人はどこにいますか？
要約 ➡ 「どこ？」

(A) 工場
(B) 喫茶店
(C) 銀行　　正解
(D) 学校

解説 男性は1回目の発言で「Trent 投資銀行へようこそ」と述べているため、正解は (C) です。

会話の出だしは、うまく流れに乗れない場合には聞き落としが多くなります。意識して集中力を高めて臨むようにしましょう。

48. What event will take place this afternoon?

(A) A **reception dinner**
(B) A **safety lecture**
(C) A **financial workshop**
(D) A **health check-up**

今日の午後何の行事が開催されますか?
要約 ➡ 「午後何のイベント?」

(A) 歓迎夕食会
(B) 安全に関する講義 **正解**
(C) 金融についての講習会
(D) 健康診断

解説 女性は「3時から職場の安全について講義を行なう」と述べているので、正解は (B) です。

会話 a lecture on workplace safety
選択肢 A safety lecture

49. What does the man offer to do?

(A) See if a room is available
(B) Serve some beverages
(C) Take the woman to a room
(D) Bring a chair for the woman

男性は何をすると申し出ていますか？

要約 ➡ 「男性のオファー何？」

(A) 部屋が利用できるかを確認する。
(B) 飲み物を出す。
(C) 女性を部屋に連れて行く。　**正解**
(D) 女性にいすを持ってくる。

解説 男性は2回目の発言で「おかけになってください、数分で会議室にご案内致します」と述べています。**show** を **take** を使って言い換えている (C) が正解です。

会話 show you to the conference room
選択肢 Take the woman to a room

語句

- assist　動 手伝う
- actually　副 実は
- give a lecture　講義を行なう
- workplace safety　職場の安全
- reception　名 受付
- expect　動 待つ
- Why don't you ~?
  ～しませんか？
- have a seat　座る
- show you to the conference
  room　あなたを会議室に案内する
- in a few minutes　数分で
- feel free to do　自由に～する
- help yourself to some coffee
  or tea　自由にコーヒーや紅茶を飲む

- while　接 ～している間
- factory　名 工場
- take place　起こる
- reception dinner　歓迎夕食会
- safety lecture
  安全に関する講義
- financial　形 金融の
- health check-up　健康診断
- offer to do　～することを申し出る
- see if　～かどうか確認する
- available　形 利用できる
- serve　動 (食事や飲み物を) 出す
- beverages　名 飲み物

仕上げの特訓

▶ **1** イラストを見ながら音声を聞いて内容を理解し、同時に場面のイメージをつかむ練習を行ないます。

この訓練を積むことにより、**TOEIC テストに頻出する場面を瞬時にイメージできるようになります**。
場面をイメージできれば「その場面で起こりうる会話の幅がある程度絞られてくる」ので、話の内容を理解しやすくなり、**TOEIC テストに頻出する類題への対応力が高まります**（イラストには男性と女性が順番に登場し、会話の内容や行なわれている場面に関するイメージが描かれています）。

> 音声に慣れてきたら、今度はスクリプトを見ながら音読練習を、さらに慣れてきたと感じたら、音に少し遅れて英文をマネして声に出すこと（シャドーイング）もやってみましょう。
> 音声のスピードに慣れてくるだけでなく、英語の語順のまま内容を理解する力がついてきます。
> **音声を聞きながらの音読やシャドーイングを行なう際は、イヤホンを使用することをお勧めします**（自分の声と音声とを区別しやすくなります）。

2 イラストを見なくても音声を聞くだけで会話内容のイメージが浮かぶようになってきたら、再度 41.～49. の問題をまとめて解き直しましょう。

解答する際は、必ず設問を「わかりやすくまとめる」ようにして、(A)～(D) の選択肢の先読みもしっかりと行ないましょう。
「仕上げの特訓用解答用紙」を使って演習するようにしてください。

A-45～46

41.～43.

GO ON TO THE NEXT PAGE

A-47~48

44.~46.

A-49~50

47.~49.

Listening Section

Chapter 9

Part 3
会話問題

大特訓 ②

Part 3 スクリプトと訳・正解と解説

✍ ここで再度 *Part 3* の 50.〜58. を解きなおしてから先に進んでください。

A-51

Questions 50 through 52 refer to the following conversation.

M : Hi, Jane.
50 I heard you're taking next week off to travel.
Have you decided where you are going?

W : **51** Well, I really wanted to visit Hudson Bay—it's one of the few places where you can see some unusual species of turtles.
But there's some sort of fair there next week and all the hotels are fully booked.

M : That's too bad.
Say, have you ever been to Burlington Beach?
52 My friend, Pete Anderson, teaches windsurfing there.
He says it's a great place to relax and unwind.
I can give him a call and ask about the hotels in the area, if you are interested.

114　Listening Section ｜ Chapter 9

問題 50-52 は次の会話に関するものです。

男性: やあ、Jane。
50 来週旅行へ行くために休みを取ったそうだね。
どこへいくか決めた?

女性: **51** そうね、本当は Hudson 湾を訪れたいと思っていたの。そこは、珍しい種類のカメが見られる数少ない場所の 1 つなのよ。
でも、来週そこで何かの見本市があって、ホテルがすべて予約でいっぱいなの。

男性: それは残念だね。
ねえ、Burlington 海岸へは今までに行ったことがある?
52 友人の Pete Anderson がそこでウインドサーフィンを教えているんだ。
彼が言うには、そこはゆっくりくつろぐにはとても良い場所だって。
もし興味があるなら、彼に電話してその地区のホテルについて聞いてあげるよ。

50. What are the speakers discussing?

(A) Conference location
(B) Fair program
(C) Hotel prices
(D) Holiday plans

2人は何について話していますか?

要約 ➡ 「何の話?」

(A) 会議の場所
(B) 見本市のプログラム
(C) ホテルの料金
(D) 休暇の予定 **正解**

解説 男性が1回目の発言で「来週旅行へ行くために休みを取るそうだね。どこへいくか決めた?」と質問をしているため、この問いかけの内容を簡潔に表している (D) が正解となります。

51. What does the woman say about Hudson Bay?

(A) It **has rare wildlife**.
(B) It is **a popular spot**.
(C) It **has a beautiful view**.
(D) It is **close to Burlington Beach**.

女性はHudson湾について何と言っていますか?
要約 ▶ 「Hudson Bay 何だって?」

(A) 珍しい野生生物がいる。　正解
(B) 人気スポットである。
(C) 景色が美しい。
(D) Burlington海岸に近い。

解説 女性は発言の中で「Hudson湾を訪れたい」と述べており「そこは珍しい種類のカメが見られる数少ない場所の1つ」だとも述べています。
このカメのことを野生動物 (wildlife) と言い換えている (A) が正解です。
会話 some unusual species of turtles
選択肢 rare wildlife

52. Who is Pete Anderson?

   (A) A **sports instructor**
   (B) A **beach lifeguard**
   (C) A **hotel receptionist**
   (D) A **travel agent**

> Pete Andersonとは誰ですか?
> 要約 ▶ 「Pete Anderson誰？」
>
> (A) スポーツインストラクター　　正解
> (B) 海岸の監視員
> (C) ホテルの受付係
> (D) 旅行代理店業者

解説 Pete Andersonは男性の2回目の発言に登場します。「友人のPete Andersonがそこでウインドサーフィンを教えているんだ」と述べているため、Peteさんはスポーツインストラクターであると言うこともできます。
会話 teaches windsurfing
選択肢 sports instructor

語句
- □ take next week off　来週休暇を取る
- □ decide　動 決める
- □ unusual species　珍しい種類
- □ some sort of fair　何かの見本市
- □ be fully booked　予約で一杯である
- □ say　間投 ねえ
- □ have been to　～へ行ったことがある
- □ windsurfing　名 ウインドサーフィン
- □ relax and unwind　リラックスして緊張をほぐす
- □ give him a call　彼に電話を掛ける
- □ ask about　～について尋ねる
- □ discuss　動 話し合う、議論する、説明する
- □ conference location　会議の場所
- □ fair　名 見本市
- □ rare wildlife　珍しい野生生物
- □ be close to　～に近い
- □ hotel receptionist　ホテルの受付
- □ travel agent　旅行代理店の社員

Questions 53 through 55 refer to the following conversation.

M : Hello, I'm calling about a flight ticket I purchased about a month ago.
53 My plans have changed, and I can no longer fly on that day. Is it possible to get a refund?

W : Well, that depends – let me check the type of ticket you have.
54 Could you give me your full name, please?

M : It's Brandon O'Hara.
I bought the ticket on July 17.

W : One moment please…alright, Mr. O'Hara.
Yes, we can give you a refund.
However, you will need to send us back the paper ticket.
55 I'll give you our office address and a phone number you can call if there's a problem.

問題 53-55 は次の会話に関するものです。

男性: もしもし、約1カ月前に購入した航空券についてお電話しています。
53 予定が変更になって、その日に搭乗できなくなりました。払い戻しを受けることは可能ですか?

女性: そうですね、それはケースによります。
54 お持ちの券種を確認させてください。フルネームをいただけますか?

男性: Brandon O'Hara です。
7月17日にチケットを買いました。

女性: 少々お待ちください……、わかりました、O'Hara 様。
はい、払い戻しが可能です。
ですが、紙のチケットを弊社に送り返していただく必要があります。
55 もし何か問題がありましたら、弊社の住所と連絡可能な電話番号をお伝えします。

53. Why is the man calling?

(A) To **purchase a ticket**
(B) To **confirm a plan**
(C) To **cancel a booking**
(D) To **reserve some seats**

男性はなぜ電話をかけているのですか?

要約 ▶「男性なぜ電話?」

(A) チケットを購入するため。
(B) 予定を確認するため。
(C) 予約をキャンセルするため。 　正解
(D) 席をいくつか予約するため。

解説 男性は1回目の発言で「飛行機に乗ることができなくなったので払い戻しができるかどうか」と問い合わせをしています。よって正解は (C) です。

54. What information does the woman ask for?

    (A) The **ticket type**
    (B) The **purchase date**
    (C) The **man's name**
    (D) The **flight number**

> どんな情報を女性は求めていますか?
> **要約** ➡ 「女性何の情報求める?」
>
> (A) 券種
> (B) 購入日
> (C) 男性の名前　**正解**
> (D) 便の番号

解説 女性はフルネームを男性に質問しているため、正解は (C) になります。

55. What does the woman say she will do?

(A) Send a paper ticket
(B) Provide contact details
(C) Fill in some paperwork
(D) Call a colleague

女性は何をすると言っていますか？

要約 ➡ 「女性何する？」

(A) 紙のチケットを送る。
(B) 連絡先を提供する。　**正解** 💡
(C) 書類に記入する。
(D) 同僚に電話をかける。

解説 女性は2回目の発言で「問題があった場合のために会社の住所と電話番号を伝える」と述べています。
よって正解はそれを簡潔に言い換えた (B) になります。
会話 give you our office address and a phone number
選択肢 Provide contact details

語句
- flight ticket　航空券
- purchase　動 購入する
- no longer　もはや〜ない
- get a refund　払い戻しを受ける
- that depends
  それはケースによる
- let me check
  〜を確認させてください
- one moment please
  少々お待ちください
- give you a refund
  （相手に）払い戻しをする
- confirm　動 確認する
- booking　名 予約
- reserve　動 予約する
- ask for　〜を求める
- purchase date　購入日
- contact details　連絡先
- fill in some paperwork
  書類に記入する
- colleague　名 同僚

A-55

Questions 56 through 58 refer to the following conversation.

M : Excuse me.
I'm looking for a book called *Premium Heights* by Anne Radisson.
56 I read that it is one of the best literary works of the year in the newspaper book review section.

W : Oh yes, that book is definitely a page-turner.
However, it's so popular that it's currently sold out.
57 If you'd like, I can give you a call when we restock.

M : Yes, please.
58 I guess I will try to find another book to read in the meantime.
Could you tell me where the non-fiction section is?

問題 56-58 は次の会話に関するものです。

男性: すみません。
Anne Radisson の *Premium Heights* という本を探しているのですが。
56 新聞の書評欄によると、今年最も優れた文学作品の1つだということでした。

女性: ええ、その本は確かに読み出したら止まらない本です。
ですが、とても人気があるので、現在品切れです。
57 ご希望であれば、補充されたときにお客さまにお電話致しますが。

男性: はい、お願いします。
58 その間に読む別の本を見つけるつもりです。
ノンフィクションコーナーがどこにあるか教えていただけますか？

56. Why is the man interested in the book?

(A) He **heard about it from a friend**.
(B) He is **a fan of the author**.
(C) He **read a good review about it**.
(D) He **needs it for a course**.

男性ははぜその本に興味があるのですか？
要約 ➡ 「男性何で本に興味ある？」

(A) それについて友達から聞いた。
(B) その作家のファンである。
(C) それについての良い評価を読んだ。 **正解**
(D) 講座の履修に必要である。

解説 男性は最初の発言で「新聞の書評欄にその本は今年最も優れた文学作品の1つであると書かれていた」と述べています。よって正解は (C) です。

57. What does the woman offer to do?

 (A) Lend a copy of the book to the man
 (B) Recommend another book
 (C) Notify the man when the book arrives
 (D) Show the man where the book is located

> 女性は何をすると申し出ていますか？
> **要約** ➡ 「女性のオファー何？」
>
> (A) その本を1冊男性に貸す。
> (B) 別の本を薦める。
> (C) 本が届いたら男性に知らせる。　**正解**
> (D) その本が置かれている場所に男性を案内する。

解説 女性は「本が補充されたときに連絡する」と申し出ているため、正解は (C) になります。
会話 I can give you a call when we restock
選択肢 Notify the man when the book arrives

58. What will the man probably do next?

 (A) Check a different shop
 (B) Prepare for a class
 (C) Browse the store
 (D) Get a book signed

男性は次に何をすると思われますか？

要約 ➡ 「男性何する？」

(A) 別の店を確認する。
(B) 授業の準備をする。
(C) 店内を見て回る。　**正解**
(D) 本にサインをしてもらう。

解説 男性は2回目の発言で「(本が届くまでの間に読むための) 別の本を探したいので、ノンフィクションコーナーがどこにあるのか教えてほしい」と女性に質問しています。
これを簡潔にまとめた (C) が正解です。
会話 I will try to find another book
選択肢 Browse the store

語句
- look for　〜を探す
- a book called *Premium Heights*
  Premium Heightsという本
- one of the best literary works
  最も優れた文学作品の1つ
- definitely
  副 確かに、間違いなく
- page-turner
  名 読み出したらやめられない本
- currently　副 現在
- if you'd like　ご希望であれば
- give you a call
  (相手に) 電話を掛ける
- restock　動 補充する
- I guess　〜だと思う
- in the meantime　その間に
- non-fiction
  名形 ノンフィクション (の)
- be interested in
  〜に興味がある
- offer to do　〜することを申し出る
- recommend　動 薦める
- notify　動 知らせる
- arrive　動 到着する
- be located　〜にある
- probably　副 おそらく
- prepare for　〜の準備をする
- browse　動 〜を見て回る
- get a book signed
  本にサインをしてもらう

仕上げの特訓

▶ **1** イラストを見ながら音声を聞いて、場面のイメージをつかみます。

慣れてきたら、何も見ずに会話の場面をイメージするようにしてください。
さらに音声に慣れてきたら、音読やシャドーイングもやってみましょう。
これらの訓練を何回も繰り返してください。

2 イラストを見なくても音声を聞くだけで会話内容のイメージが浮かぶようになってきたら、再度 50.～58. の問題をまとめて解き直しましょう。

解答する際は、必ず設問を「わかりやすくまとめる」ようにして、(A)～(D) の選択肢の先読みもしっかりと行ないましょう。
「仕上げの特訓用解答用紙」を使って演習するようにしてください。

A-51～52

50.～52.

🔊 A-53〜54

53.〜55.

🔊 A-55〜56

56.〜58.

仕上げの特訓

Column

わからないことはそのままにしない

わからないことはそのままにしないでください。
わからないことは「調べる」か「人に質問する」ことが大切です。
そうしないと、そのことはずっと解決しないままになってしまいます。
わからないことをそのままにしておくと、わからないことがどんどん増えていってしまいます。

そうするとどうなるか。
人はやる気を徐々に失っていきます。
逆に、わかることが少しずつ増えていくと、少しずつやる気が高まってきます。
「できる人」がどんどんできるようになっていくのはそのためです。
どうせやるなら、TOEIC テストのための学習を楽しくて有意義なものにしたいですよね。

そのためにも、常に「調べる」こと、そして（質問を聞いてくれる人がいるという恵まれた環境にあなたがいる場合には）「質問する」ということを大切にしてください。

Listening Section

Chapter 10

Part 3
会話問題

大特訓 ③

Part 3 スクリプトと訳・正解と解説

✍ ここで再度 ***Part 3*** の **59.**〜**64.** を解きなおしてから先に進んでください。

A-57

Questions 59 through 61 refer to the following conversation.

W : Hello, Mr. Lee?
   This is Melissa Young from apartment 12A.
   59 I'm afraid our kitchen drain is clogged again.
   I can't use the sink without overflowing it.
   I tried using a plunger, but it's just not working.

M : I'm sorry to hear that.
   I'm afraid the entire plumbing system of the building is getting too old and needs to be updated.
   60 In fact, I talked with the owner about it just last week.
   Anyway, I'll call the plumber first thing tomorrow morning.
   In the meantime, why don't you try pouring some baking powder and vinegar down the drain?

W : That's a good idea…but I don't have any baking powder.
   61 I'll go and ask if Mr. Hoffman next door has any.

問題 59-61 は次の会話に関するものです。

女性: もしもし、Leeさんですか？
12A室のMelissa Youngです。
59 台所の排水管がまた詰まっているようです。
59 シンクを使うといつも溢れてしまうのです。
吸引器具を使ってみたのですが、全く効果がありません。

男性: 申し訳ありません。
ビルの配管システム全体が老朽化していて、新しくする必要があります。
60 実際、そのことをちょうど先週オーナーさんと話をしたところです。
とにかく、明日の朝一番に配管工に電話してみましょう。
当面は、ベーキングパウダーと酢を排水管に流してみてはどうでしょうか？

女性: それは良い考えですが……、ベーキングパウダーを持っていません。
61 隣のHoffmanさんのところに行って、持っているか聞いてみます。

59. What problem is the woman calling about?

(A) The **water supply is cut off**.
(B) The **kitchen pipes are leaking**.
(C) The **plumbing fixture is blocked**.
(D) The **dishwasher is broken**.

女性は何の問題について電話をかけていますか？
要約 ▶ 「問題何？」

(A) 給水が打ち切られている。
(B) 台所のパイプが水漏れしている。
(C) 配管設備がふさがっている。　**正解**
(D) 食器洗い機が壊れている。

解説 女性は1回目の発言で「台所の排水管がまた詰まっているようで、シンクを使うといつも溢れてしまう」と述べています。よって正解は (C) です。

会話 our kitchen drain is clogged again
選択肢 The plumbing fixture is blocked.

60. What has the man recently done?

    (A) Inspected the water pipes
    (B) Talked with the proprietor
    (C) Updated the plumbing system
    (D) Installed new appliances

男性は最近何をしましたか？
要約 ➡ 「男性最近何した？」

(A) 排水管を検査した。
(B) 不動産の所有者と話をした。 **正解**
(C) 配管システムを新しくした。
(D) 新しい器具を取り付けた。

解説 「実は（配水管が詰まっているということを）先週オーナーさんと話をした」と男性は述べているため、正解は (B) になります。

会話 I talked with the owner about it just last week
選択肢 Talked with the proprietor

61. What will the woman do next?

    (A) Call a professional
    (B) Talk to a neighbor
    (C) Get some tools
    (D) Buy some ingredients

女性は次に何をしますか？

要約 ➡ 「女性何する？」

(A) 専門家に電話をかける。
(B) 隣人と話をする。　**正解** 💡
(C) 道具をいくつか手に入れる。
(D) 材料を買う。

解説 男性がベーキングパウダーと酢の使用を女性に勧めたところ、女性は「隣のHoffmanさんのところに行って、持っているか聞いてみます」と発言しています。
これを簡潔に言い換えている(B)が正解です。
会話 I'll go and ask if Mr. Hoffman next door
選択肢 Talk to a neighbor

語句
- I'm afraid （残念ながら）〜である
- vinegar 名 酢
- be clogged 詰まっている
- sink 名 シンク、流し台
- overflow 動 溢れる
- try doing a plunger 吸引器具を使ってみる
- it's just not working （それは）効果がない
- entire 形 全体の
- plumbing system 配管システム
- needs to be updated 新しくする必要がある
- in fact 実際
- anyway 副 とにかく
- plumber 名 配管工
- first thing tomorrow morning 明日の朝一番に
- in the meantime その間
- why don't you 〜? 〜しませんか？
- pour 動 注ぐ
- baking powder ベーキングパウダー
- drain 名 配水管
- cut off 打ち切る
- leak 動 漏れる
- plumbing fixture 配管設備
- be blocked ふさがっている
- dishwasher 名 食器洗い機
- recently 副 最近
- inspect 動 検査する
- proprietor 名 不動産の所有者
- update 動 新しくする
- plumbing system 配管システム
- install 動 取り付ける
- appliance 名 器具
- professional 名 専門家
- neighbor 名 隣人
- tool 名 道具
- ingredient 名 材料

Questions 62 through 64 refer to the following conversation.

W: **62** According to the recent report, only 35% of our customers are returning customers.
That sounds pretty low, and I feel we ought to do something about it—any ideas?

M: **63** Hmm...how about giving out loyalty cards to customers? Each time they buy something at our store, they get a stamp on the card—and when the card is full, they receive a free gift.
It might motivate customers to come back to our store more often.

W: That sounds interesting.
64 Could you put that idea down on paper?
I will bring it up at the managerial meeting on Friday.

問題62-64は次の会話に関するものです。

女性: **62** 最近の報告書によると、当社のお客様のうち、リピート客はわずか35%です。
これはかなり低いと思います、この件で何か手を打つべきだと感じていますが、何かアイデアはありますか？

男性: **63** そうですか……、ポイントカードをお客様にお配りしてはどうでしょうか？
店舗で何かを購入するたびに、カードにスタンプがたまっていくのです。カードがいっぱいになると、お客様は景品を受け取れます。
お客様がより頻繁に再来店する動機付けになるかもしれません。

女性: 面白そうですね。
64 そのアイデアを紙に書き留めてもらえますか？
金曜日の経営会議で提案してみましょう。

62. What is the woman concerned about?

(A) The **results of a meeting**
(B) The **news on a radio**
(C) The **complaints from a customer**
(D) The **contents of a report**

女性は何を心配していますか？
要約 ➡ 「女性の心配何？」

(A) 会議の結果
(B) ラジオのニュース
(C) 顧客からの苦情
(D) 報告書の内容 **正解**

解説 女性は1回目の発言で「最近の報告書によると、当社のお客様のうち、リピート客はわずか35%であるため、この件で何か手を打つべきだと感じていますが、何かアイデアはありますか」と、相手にアイデアを求めていることがわかります。
女性が気にしていることは報告書に書いてあることなので、(D) が正解になります。

63. What does the man suggest the business do?

(A) Organize a store-wide sales event
(B) Reward customers for their purchases
(C) Give out gifts to potential customers
(D) Send out postcards to customers

男性は店が何をすることを提案していますか？
要約 ▶「男性の提案何？」

(A) 全店セールのイベントを催す。
(B) 購入に対し、顧客に見返りを与える。　**正解**
(C) 見込み客に贈り物を配る。
(D) 顧客にはがきを送る。

解説「ポイントカードをお客様に配布して、何かを購入するたびにスタンプがたまっていくようにします。カードがいっぱいになると、景品を受け取れるようにします」というアイデアを男性が出しています。
よって正解は (B) になります。
会話 giving out loyalty cards to customers
選択肢 Reward customers for their purchases

64. What does the woman ask the man to do?

(A) Conduct a research
(B) Create a document
(C) Make a presentation
(D) Attend a meeting

女性は男性に何をするよう頼んでいますか？
要約 ➡ 「女性何頼む？」

(A) 調査を行なう。
(B) 書類を作成する。　**正解**
(C) プレゼンテーションをする。
(D) 会議に出席する。

解説 女性の2回目の発言に「そのアイデアを紙に書き留めてもらえますか？」とあります。
男性のアイデアを書面の体裁にすることをお願いしているため、正解は(B)です。
会話 put that idea down on paper
選択肢 Creat a document

語句
- according to　〜によると
- recent　形 最近の
- returning customers　リピート客
- sound　動 〜に聞こえる
- pretty　副 かなり
- ought to　〜するべきだ
- how about doing ~?　〜してはいかがですか？
- loyalty card　ポイントカード
- each time　〜するたびに
- full　形 一杯だ
- free gift　景品
- motivate　動 〜する気にさせる
- more often　より頻繁に
- could you　〜してもらえますか
- put that idea down on paper　アイデアを紙に書き留める
- bring it up　それを提起する、持ち出す
- managerial meeting　経営会議
- be concerned about　〜を心配する
- result　名 結果
- complaint　名 苦情
- content　名 内容
- suggest the business do　店（会社）が〜することを提案する
- organize　名 催す、組織する
- store-wide sales event　全店セールのイベント
- reward　動 見返りを与える
- purchase　名 購入
- give out gifts to　贈り物を配る
- potential customers　見込み客
- send out postcards to customers　顧客にはがきを送る
- conduct research　調査を行なう
- create　動 作成する
- make a presentation　プレゼンテーションを行なう
- attend　動 出席する

仕上げの特訓

➤ 1　イラストを見ながら音声を聞いて、場面のイメージをつかみます。

慣れてきたら、何も見ずに会話の場面をイメージするようにしてください。さらに音声に慣れてきたら、今度は音読やシャドーイングもやってみましょう。
これらの訓練を何回も繰り返してください。

2　イラストを見なくても音声を聞くだけで会話内容のイメージが浮かぶようになってきたら、再度 59.～64. の問題をまとめて解き直しましょう。

解答する際は、必ず設問を「わかりやすくまとめる」ようにして、(A)～(D) の選択肢の先読みもしっかりと行ないましょう。
「仕上げの特訓用解答用紙」を使って演習するようにしてください。

A-57～58
59.～61.

A-59～60
62.～64.

Listening Section

Chapter 11

Part 3
会話問題

大特訓 ④

Part 3 スクリプトと訳・正解と解説

ここで再度 *Part 3* の **65.～70.** を解きなおしてから先に進んでください。

A-61

Questions 65 through 67 refer to the following conversation.

W : I heard you started an office gardening club, Rufus. How is that working out?

M : Oh, it's going great.
65 First, we just built a small garden in the back of our head office so visitors will get a good impression of our company. But then we noticed that our staff were getting out more, and mixing more.
66 It has significantly improved communication among our staff.

W : That's wonderful.
We'd love to implement something like that at our office as well—and I think our staff would love it too.
67 But it'd be hard to find so much unused space, since our office is located in the central business district.

140　Listening Section | Chapter 11

問題 65-67 は次の会話に関するものです。

女性：Rufus、オフィスの園芸クラブを始めたと聞いたけど。どんなふうに活動しているの？

男性：うまく進んでいるよ。
65 最初は、来訪者が僕たちの会社に好印象を持ってくれるように、本社の裏手に小さな庭園を作るだけだったんだ。
でも、それから社員がより外に出て行ったり交流するようになったりしていることに気づいてね。
66 そのおかげで、社員間のコミュニケーションがかなり改善したよ。

女性：すばらしいわね。
私たちの会社でも似たようなことを実行したいわ、社員も気に入ると思うし。
67 でも、そんなに広い未使用のスペースを見つけるのは大変そうね、というのも私たちの会社は商業地域の中心に位置しているから。

65. Why was the garden built?

(A) To **reduce energy costs at the office**
(B) To **grow fresh produce for the cafeteria**
(C) To **help the environment**
(D) To **promote a good image of the company**

庭園はなぜ作られましたか？
要約 ▶「何で庭園できた？」

(A) 会社のエネルギーコストを削減するため。
(B) 社員食堂向けの新鮮な農産物を育てるため。
(C) 環境に役立てるため。
(D) 会社の良いイメージを促進するため。 **正解**

解説 男性は1回目の発言で「来訪者が会社に好印象を持ってくれるように、本社の裏手に小さな庭園を作った」と述べています。よって、正解は (D) です。

会話 so visitors get a good impression of our company
選択肢 To promote a good image of the company

---

66. What change does the man mention about the staff?

(A) They **communicate better**.
(B) They **work harder**.
(C) They are **less stressed**.
(D) They are **healthier**.

男性は社員についてどんな変化を述べていますか？
要約 ➡ 「男性何の変化のこと言ってる？」

(A) よりうまくコミュニケーションをとる。　**正解**
(B) より熱心に働く。
(C) ストレスが減る。
(D) より健康的である。

解説 65. と同じく男性の1回目の発言に「そのおかげで（庭園のおかげで）、社員間のコミュニケーションがかなり改善した」とあることから、正解は (A) です。

会話 improved communication among our staff
選択肢 They communication better.

67. Why can't the woman build a garden at her office?

(A) The **employees will protest**.
(B) The **cost would be too high**.
(C) There isn't **enough space**.
(D) The **maintenance will be too hard**.

女性はなぜ自分の会社に庭園を作ることができないのですか？

要約 ➡ 「女性何で庭園作れない？」

(A) 従業員が抵抗するから。
(B) 費用が高くなりそうだから。
(C) 十分なスペースがないから。　**正解**
(D) メンテナンスがあまりに難しそうだから。

解説 女性の2回目の発言に「そんなに広い未使用のスペースを見つけるのは大変そうね、というのも私たちの会社は商業地域の中心に位置しているから」とあります。
これを簡潔に言い換えた (C) が正解となります。
会話 it'd be hard to find so much unused space
選択肢 There isn't enough space.

語句
- office gardening club　オフィスの園芸クラブ
- work out　活動する
- it's going great　（それは）うまく進んでいる
- head office　本社
- impression　名 印象
- notice　動 気づく
- mix　動 交流する、付き合う
- significantly　副 かなり
- improve　動 改善する
- among　前 ～の間で
- implement　動 実行する
- as well　同じく、同様に
- unused space　未使用のスペース
- be located in　～にある
- central business district　商業地域の中心
- reduce energy costs　エネルギーコストを削減する
- produce　名 農産物
- environment　名 環境
- promote　動 促進する
- communicate　動 コミュニケーションをとる
- stressed　ストレスに苦しんでいる
- employee　名 従業員
- protest　動 抵抗する
- maintenance　名 メンテナンス

Questions 68 through 70 refer to the following conversation.

M : Hi, Elsie.
68 Have you found a replacement for the assistant designer position?

W : No, not yet.
69 We tried to fill the position internally, but we couldn't find a suitable candidate—so now we're extending the search to external candidates.

M : I see.
Have you contacted the university career centers?
They usually have a good pool of candidates.

W : Yes.
In fact, we have received about a dozen applications already.
70 We will meet with them face-to-face next week to select the most qualified candidates.

問題 68-70 は次の会話に関するものです。

男性: やあ、Elsie。
68 アシスタントデザイナー職の後継を見つけたかい?

女性: いいえ、まだよ。
69 社内でポジションを埋めようとしたのだけれど、適任の候補者を見つけられなかったの、それで今、社外の候補者にまで広げて探しているのよ。

男性: そういうことか。
大学のキャリアセンターには連絡を取った?
そこにはたいていかなりの候補者たちがいるよ。

女性: そうね。
実のところ、すでに十数名の応募があったの。
70 来週直接彼らに会って、最適の候補者を選ぶつもりよ。

68. What are the speakers discussing?

(A) Finding summer interns
(B) Replacing an old advertisement
(C) Hiring a new worker
(D) Holding a design competition

2人は何について話していますか?

要約 ➡ 「何の話?」

(A) 夏期のインターンを見つけること。
(B) 古い広告を取り替えること。
(C) 新しく従業員を雇うこと。 **正解**
(D) デザインコンテストを開催すること。

解説 男性の1回目の発言に「アシスタントデザイナー職の後継を見つけましたか」とあるため、正解は (C) です。

会話 Have you found a replacement for the assistant designer position?
選択肢 Hiring a new worker

69. What does the woman say they are doing?

(A) Searching for suitable advertisement designs
(B) Calling for submissions in design magazines
(C) Including candidates from outside the company
(D) Expanding the business internationally

> 女性は会社が何をしていると言っていますか？
> **要約** ➡ 「女性何やってる？」
>
> (A) 適切な広告デザインを探すこと。
> (B) デザイン雑誌への投稿を呼び掛けること。
> (C) 社外からの候補者を含めること。　**正解**
> (D) 業務を海外に広げること。

解説 女性の1回目の発言に「社内でポジションを埋めようとしたが適任の候補者を見つけられなかった。なので社外の候補者にまで広げて探している」とあります。
よって (C) が正解になります。
会話 we're extending the search to external candidates
選択肢 Including candidates from outside the company

70. What does the woman say they will do next week?

(A) Determine a contest winner
(B) Talk with the candidates in person
(C) Consult with a design specialist
(D) Conduct a phone interview

来週会社が何をするつもりだと女性は言っていますか？
要約 ▶ 「来週何やる？」

(A) コンテストの優勝者を決定する。
(B) 候補者と直接話をする。　**正解**
(C) デザインの専門家と協議する。
(D) 電話による面接を行なう。

解説 女性は2回目の発言で「来週直接彼らに会って、最適の候補者を選ぶ」ことを伝えています。これを端的にまとめた(B)が正解です。

会話 meet with them face-to-face
選択肢 Talk with the candidates in person

語句
- replacement 名 後継、代わりの人
- No, not yet. いいえ、まだです。
- fill the position ポジションを埋める
- internally 副 内部で
- suitable candidate 適任の候補者
- extend 動 伸ばす
- external 形 外部の
- candidate 名 候補者
- university career centers 大学のキャリアセンター
- a good pool of candidates 求職者の良い集まり
- in fact 実際
- dozen 形 12の、かなりたくさんの
- application 名 応募
- meet with ～に会う
- face-to-face 面と向かって
- qualified candidates 最適の候補者
- replace 動 取り換える
- advertisement 名 広告
- hire 動 雇う
- hold a design competition デザインコンテストを開催する
- search for ～を探す
- suitable 形 適切な
- calling for submissions 投稿を呼びかける
- include 動 含む
- expand 動 拡大する
- internationally 副 国際的に
- determine 動 決定する
- in person 直接
- consult with ～と協議する

Part 3　会話問題　大特訓 ④

仕上げの特訓

1 イラストを見ながら音声を聞いて、場面のイメージをつかみます。

慣れてきたら、何も見ずに会話の場面をイメージするようにしてください。さらに音声に慣れてきたら、今度は音読やシャドーイングもやってみましょう。
これらの訓練を何回も繰り返してください。

2 イラストを見なくても音声を聞くだけで会話内容のイメージが浮かぶようになってきたら、再度 65.～70. の問題をまとめて解き直しましょう。

解答する際は、必ず設問を「わかりやすくまとめる」ようにして、(A)～(D) の選択肢の先読みもしっかりと行ないましょう。
「仕上げの特訓用解答用紙」を使って演習するようにしてください。

A-61～62
65.～67.

A-63～64
68.～70.

Listening Section

Chapter 12

Part 4
説明文問題

大特訓 ①

Part 4 スクリプトと訳・正解と解説

✍ ここで再度 **Part 4** の **71.～79.** を解きなおしてから先に進んでください。

A-66

Questions 71 through 73 refer to the following advertisement.

71 Ruiz & Sons is the number one electrical contracting business in Sunnyville.

We provide electrical upgrades, installations and wiring to your home or office space.

72 With over twenty years of experience, Ruiz & Sons can offer you the professional, timely service you deserve.

73 So if you are looking for quality service, call us today at 555-2798 to receive a free quote.

問題 71-73 は次の宣伝に関するものです。

71 Ruis & Suns は、Sunnyville 地域でナンバーワンの電気工事請負業者です。

当社は電気に関する改良工事、取り付け、配線業務をご家庭または事務所スペース向けに提供しています。

72 20年以上の経験を誇るRuiz & Sonsは、あなたにふさわしい迅速で専門的なサービスをご用意しています。

73 質の高いサービスをお探しであれば、無料のお見積りを致しますので、当社宛て555-2798まですぐにお電話をおかけください。

71. What type of business is being advertised?

(A) A kitchen renovation company
(B) A real estate agency
(C) An electronic appliances store
(D) An electrical contractor

どのような事業が宣伝されていますか？

要約 ➡ 「何の会社？」

(A) キッチンの改修をする会社
(B) 不動産業者
(C) 家電店
(D) 電気工事請負業者　**正解**

解説 冒頭の **71** において、話し手は「Ruis & Sunsは、Sunnyville地域でナンバーワンの電気工事請負業者であり、当社は電気に関する工事や取り付けなどの業務を提供しています」と述べています。よって正解は (D) です。

会話 electrical contracting business
選択肢 electrical contractor

72. How many years has Ruiz & Sons been in business?

　　(A) **A** year
　　(B) **Five** years
　　(C) **Ten** years
　　(D) **More than twenty** years

> Ruiz & Suns は何年事業を行なっていますか？
> 要約 ▶ 「何年 Ruiz & Sons 事業してる？」
>
> 　(A) 1年
> 　(B) 5年
> 　(C) 10年
> 　(D) 20年以上　正解

解説 **72** に「20年以上の経験を誇る Ruiz & Sons」とあるため、正解は (D) です。
会話 over twenty years
選択肢 More than twenty years

73. Why should listeners make a call?

　　(A) To receive a sample product
　　(B) To obtain a cost estimate
　　(C) To ask for a product catalog
　　(D) To get a discount coupon

聞き手はなぜ電話をするべきですか？
要約 ➡ 「何で聞き手電話する？」

(A) サンプル製品を受け取るため。
(B) 費用の見積もりを入手するため。　**正解** 💡
(C) 製品カタログを頼むため。
(D) 割引券を手に入れるため。

解説 話し手は「サービスをお探しであれば、無料のお見積りを致しますのでお電話をおかけください」とトークの最後に述べているため、正解は (B) になります。

会話 receive a free quote
選択肢 obtain a cost estimate

語句
- electrical contracting business
  電気工事請負業者
- provide electrical upgrades
  電気に関する改良工事をする
- installation 名 取り付け
- wiring 名 配線
- offer 動 提供する
- timely service
  迅速なサービス
- deserve
  動 〜に値する、ふさわしい
- look for 〜を探す
- quality service
  質の高いサービス
- receive 動 受け取る
- free quote 無料の見積もり
- be advertised 宣伝されている
- kitchen renovation
  キッチンの改修
- real estate agency
  不動産業者
- electronic appliances store
  家電店
- make a call 電話をかける
- obtain 動 手に入れる
- cost estimate 費用の見積もり
- ask for 〜を頼む・求める

Part 4　説明文問題　大特訓 ①　153

Questions 74 through 76 refer to the following recorded message.

74 Thank you for calling Bloom Company, Sutton's first florist specializing in arrangements made from local, sustainably grown flowers.

To place an order for customized bouquets, please press 1.

75 If you would like to book us for an event and wish to schedule a meeting, please press 3 to talk with Emilie Taylor, our lead designer.

76 If you are registered for our summer class and need driving directions, please visit our Web site at www.bloomcompany.com.

問題 74-76 は次の録音メッセージに関するものです。

74 地元でずっと栽培されてきた花で作ったアレンジメントを専門とするSutton初の花屋、Bloom社にお電話いただきありがとうございます。

特注の花束をご注文される場合は、1番を押してください。

75 イベントに向けたご予約をご希望で、打ち合わせ日の設定をなさりたい方は、3番を押して当社のトップデザイナーEmilie Taylorとお話しください。

76 夏期クラスへ登録される方で、車での道順をお知りになりたい方は、当社のウェブサイトwww.bloomcompany.comをご覧ください。

74. What type of business is Bloom Company?

(A) A **vegetable farm**
(B) An **art gallery**
(C) A **flower shop**
(D) A **clothes boutique**

> Bloom社はどんな事業をしていますか？
> 要約 ▶「何の会社？」
>
> (A) 野菜農園
> (B) 画廊
> (C) 花屋　正解
> (D) 衣料品の専門店

解説 話し手は **74** で「Sutton 初の花屋、Bloom 社にお電話いただきありがとうございます」と述べているため、正解は (C) になります。

会話 florist
選択肢 flower shop

---

75. Why should listeners contact Emilie Taylor?

(A) To **register for a class**
(B) To **make an appointment**
(C) To **apply for a position**
(D) To **buy a painting**

> 聞き手はなぜ Emilie Taylor に連絡するべきですか？
> 要約 ▶「何で聞き手 Emilie Taylor にコンタクトする？」
>
> (A) クラス登録をするため。
> (B) 予約をするため。　正解
> (C) 職に応募するため。
> (D) 絵画を購入するため。

解説 「イベントに向けた予約を希望で、打ち合わせ日の設定をなさりたい方は、Emilie Taylor とお話しください」と **75** にあるため、正解は (B) です。
会話 book
選択肢 make an appointment

76. What is available on the Web site?

   (A) Course outlines
   (B) Driving directions
   (C) Order forms
   (D) Event tickets

ウェブサイトでは何が得られますか？
要約 ➡ 「ウェブで何が手に入る？」

(A) コース概要
(B) 車での道順　**正解**
(C) 注文用紙
(D) 行事のチケット

解説 話し手は **76** で「車での道順をお知りになりたい方は、当社のウェブサイトをご覧ください」と言っているので、正解は (B) です。

語句
- thank you for calling　お電話頂きありがとうございます
- florist　名 花屋
- specialize in　〜を専門としている
- local　形 地元の
- sustainably　副 持続的に
- place an order　注文する
- customized bouquets　特注の花束
- would like to do　〜したい
- book　動 予約する
- register for　〜に登録する
- driving directions　車での道順
- vegetable farm　野菜農園
- art gallery　画廊
- make an appointment　予約をする
- apply for　〜に応募する
- available　形 利用できる

Questions 77 through 79 refer to the following news report.

77 In local news, the Orange Town Community Center is holding its grand opening this Friday.

78 Afia Okoro, an award-winning novelist and a native of Orange Town, will be cutting the ribbon at 10 A.M.

79 Community members are invited to attend the open house following the ribbon-cutting to take advantage of the opportunity to tour the brand new facility and sample a few fitness programs. The event is scheduled to last until 3 P.M.

問題 77-79 は次のニュース報道に関するものです。

77 地方ニュースでは、Orange Town コミュニティーセンターが今週の金曜日にオープン記念式典を開催するということです。

78 受賞歴のある小説家で、Orange Town 出身の Afia Okoro が午前10時に開会のテープカットをする予定です。

79 地域住民はテープカットに引き続いて行なわれる一般公開に参加するよう招待され、真新しい施設内を巡ったり、フィットネスプログラムを試したりする

機会を利用できます。

このイベントは、午後3時まで続く予定です。

77. What is the report mainly about?

(A) A **facility opening**
(B) A **store renewal**
(C) A **town festival**
(D) An **award ceremony**

主に何についての報道ですか?
要約 ▶「何のレポート?」

(A) 施設のオープン　**正解**
(B) 店のリニューアル
(C) 町のフェスティバル
(D) 授賞式

解説「Orange Town コミュニティーセンターが今週の金曜日にオープン記念式典を開催する」と **77** にあるため、これを簡単にまとめた (A) が正解です。

会話 the Orange Town Community Center is holding its grand opening
選択肢 facility opening

78. Who is Afia Okoro?

   (A) A **mayor**
   (B) A **writer**
   (C) A **director**
   (D) An **actress**

Afia Okoroとは誰ですか？

要約 ➡ 「Afia Okoro誰？」

(A) 市長
(B) 作家　**正解**
(C) 館長
(D) 女優

解説 **78** にAfia Okoroさんが登場し「受賞歴のある小説家」と紹介されています。
よって正解は (B) になります。
会話 novelist
選択肢 writer

---

79. What can people do at the open house?

   (A) **Sample some dishes**
   (B) **Listen to a live band**
   (C) **Try out some programs**
   (D) **Donate some money**

一般公開で人々は何ができますか？

要約 ➡ 「オープンハウスで何できる？」

(A) 料理を試食する。
(B) 生バンドを聞く。
(C) プログラムをいくつか試してみる。　**正解**
(D) 献金する。

解説 79 の後半で話し手は「フィットネスプログラムを試したりする機会を利用できます」と述べているため、正解は (C) です。
会話 sample a few fitness programs
選択肢 Try out some programs

語句
- hold 動 開催する
- award-winning novelist 受賞歴のある小説家
- a native of ～出身の
- open house オープンハウス、一般公開
- following 前 ～に続いて
- take advantage of ～を利用する
- opportunity 名 機会
- tour 動 ～を巡る
- brand new 真新しい
- facility 名 施設
- last 動 続く
- until 前 ～までずっと
- renewal 名 更新
- mayor 名 市長
- sample 動 試食する
- donate 動 寄付する

仕上げの特訓

1　イラストを見ながら音声を聞いて、場面のイメージをつかみます。

慣れてきたら、何も見ずに会話の場面をイメージするようにしてください。さらに音声に慣れてきたら、今度は音読やシャドーイングもやってみましょう。
これらの訓練を何回も繰り返してください。

2　イラストを見なくても音声を聞くだけで会話内容のイメージが浮かぶようになってきたら、再度 71.～79. の問題をまとめて解き直しましょう。

解答する際は、必ず設問を「わかりやすくまとめる」ようにして、(A)～(D) の選択肢の先読みもしっかりと行ないましょう。
「仕上げの特訓用解答用紙」を使って演習するようにしてください。

A-66～67

71.～73.

GO ON TO THE NEXT PAGE

A-68~69

74.~76.

A-70~71

77.~79.

Listening Section

Chapter 13

Part 4
説明文問題

大特訓 ②

Part 4 スクリプトと訳・正解と解説

✎ ここで再度 *Part 4* の 80.～88. を解きなおしてから先に進んでください。

A-72

Questions 80 through 82 refer to the following talk.

80 Before we end our tour, I'd like to thank each and every one of you for participating in the one-day tour of Arlington.

81 Unfortunately we had to skip the visit to the old church due to time constraints; nevertheless, I hope you had a memorable day.

82 Don't forget to fill out the survey to tell us what you liked or didn't like about the tour.

You can drop it off in the box by the door as you leave the bus.

I look forward to seeing you again on your next visit to Arlington.

問題 80-82 は次の話に関するものです。

80 ツアーを終える前に、皆様お一人一人に、Arlington日帰りツアーにご参加いただいたことを感謝申し上げます。

81 残念ながら、時間の制約で古い教会へ立ち寄るのを諦めざるを得ませんで

したが、それでも、皆様の思い出に残る1日になりましたら幸いです。

82 アンケートに必ずご記入いただきまして、このたびのツアーに関してお気に召した点やそうでなかった点を私どもにお伝えください。

バスを降りられる際に、ドア付近の箱に用紙をお入れください。

次回 Arlington へおいでの際には、また皆様にお会いできることを楽しみにしています。

80. Who most likely are the listeners?

- (A) Factory workers
- (B) Bus drivers
- (C) Tour participants
- (D) Travel agents

聞き手は誰だと思われますか?
要約 ➡ 「話し手誰?」

- (A) 工場の労働者
- (B) バスの運転手
- (C) ツアー参加者　**正解**
- (D) 旅行代理店の業者

解説 トークの冒頭で話し手は「ツアーを終える前に、皆様お一人一人に、Arlington 日帰りツアーにご参加いただいたことを感謝申し上げます」と述べており、このことから話し手はおそらくツアーガイド、聞き手はツアーへの参加者だということがうかがえます。

よって正解は (C) になります。

81. What problem does the speaker mention?

(A) They **had to return earlier than scheduled**.
(B) They **missed the bus they were supposed to take**.
(C) They **couldn't visit one of the sights**.
(D) They **didn't get to purchase souvenirs**.

> 話し手はどんな問題を述べていますか？
> **要約** ➡ 「問題何？」
>
> (A) 予定よりも早く戻らなければならなかった。
> (B) 乗る予定だったバスを逃した。
> (C) 名所の1つを訪れることができなかった。　**正解**
> (D) 土産物を購入することができなかった。

解説 **81** で、話し手は「残念ながら、時間の制約で古い教会へ立ち寄るのを諦めざるを得ませんでした」と言っています。
これに該当するのは (C) の「名所の1つを訪れることができなかった」です。
会話 had to skip the visit
選択肢 couldn't visit

82. What are the listeners asked to do?

(A) **Return the guidebooks**
(B) **Check their belongings**
(C) **Provide a feedback**
(D) **Conduct a survey**

聞き手は何をするように求められていますか？
要約 ➡ 「聞き手何する？」

(A) ガイドブックを返却する。
(B) 所持品を確認する。
(C) 意見を提供する。　**正解**
(D) 調査を行なう。

解説 トークの中盤以降で話し手は「アンケートにご記入いただき、ツアーに関してお気に召した点やそうでなかった点をお伝えください。バスを降りられる際に、ドア付近の箱に用紙をお入れください」と伝えているため、正解は (C) です。
会話 drop it off in the box　　＊ it = the survey
選択肢 Provide a feedback

語句
- I'd like to　～したい
- each and every one　一人ずつ全員に
- participate in　～に参加すること
- unfortunately　副 残念ながら
- skip　動 飛ばす（立ち寄るのをあきらめる）
- church　名 教会
- due to　～のせいで、～を理由に
- time constraint　時間の制約
- nevertheless　副 しかしながら
- memorable　形 思い出に残る
- forget to do　～するのを忘れる
- fill out　記入する
- survey　名 アンケート
- what you liked or didn't like about　～について何が気に入り、何が気に入らなかったか
- drop it off in the box　箱に入れる
- by the door　ドアのそばの
- as　接 ～する際に
- leave the bus　バスを降りる
- look forward to doing　～することを楽しみにしている
- participant　名 参加者
- be supposed to do　～することになっている
- sight　名 場所、名所
- get to purchase　購入する
- souvenir　名 お土産
- return　動 返却する
- belonging　名 所持品
- provide　動 提供する
- conduct a survey　調査を行なう

Questions 83 through 85 refer to the following telephone message.

Hello, Stephen.

83 This is Irene Williams from the administration office of Walker University.

I'm calling about the Architectural Workshop you registered for, which takes place this afternoon at four.

There's been a change—you'll need to go to the Weaver Hall instead of Room 209.

84 This is because Professor Kelly has decided to use some scale models of famous architectural structures for the workshop, and needed a bigger room.

Oh, and one more thing—while the University has air-conditioning, the Hall can get quite warm in the afternoon.

85 I suggest you wear layers so you have options.

Thanks!

問題 83-85 は次の電話のメッセージに関するものです。

こんにちは、Stephen 様。

83 Walker 大学事務室の Irene Williams です。

ご登録いただきました本日午後 4 時開催の建築セミナーの件でお電話しています。

変更がございまして、209 号室ではなく、Weaver ホールに行っていただく必要があります。

84 これは、Kelly 教授が、有名な建築物のスケールモデルをセミナーで使用することを決めたためで、より大きな部屋が必要になったのです。

ああ、あともう 1 点、大学にはエアコンがありますが、ホールは午後、非常に温度が高くなります。

85 脱ぎ着ができるように、重ね着して来られることをお勧めします。

よろしくお願いします！

83. Who is the caller?

(A) A **course instructor**
(B) A **workshop participant**
(C) A **university employee**
(D) A **professional architect**

電話をかけている人は誰ですか？

要約 ▶ 「話し手誰？」

(A) 講座の指導者
(B) セミナーの参加者
(C) 大学の職員　**正解**
(D) プロの建築家

解説 話し手は最初に「Walker 大学事務室の Irene Williams です」と名乗っているため、正解は (C) になります。

84. Why was the workshop location changed?

(A) To **fit more people**
(B) To **carry out some construction work**
(C) To **accommodate some objects**
(D) To **fix an air-conditioner**

> なぜセミナーの場所が変更になったのですか？
> **要約** ▶「何で場所変更？」
>
> (A) より多くの人を収容するため。
> (B) 建設作業を実施するため。
> (C) いくつかの物を収容するため。　**正解**
> (D) エアコンを修理するため。

解説 トークの後半の **84** で「これは、Kelly 教授が、有名な建築物のスケールモデルをセミナーで使用することを決めたためで、より大きな部屋が必要になったのです」と話し手は言っています。これを簡単にまとめた内容の (C) が正解です。
「いくつかの物」は「建築物のスケールモデル」のことを指しています。

85. What does the caller recommend?

(A) **Bringing a notepad**
(B) **Arriving on time**
(C) **Wearing flexible clothing**
(D) **Dressing warmly**

> 電話をかけている人は何を勧めていますか？
> **要約** ▶「話し手何お勧め？」
>
> (A) メモ帳を持ってくること。
> (B) 時間通りに到着すること。
> (C) 柔軟に対応できる衣服を着ること。　**正解**
> (D) 暖かい服装にすること。

解説 トークの終盤で、話し手は「脱ぎ着ができるように、重ね着して来られることをお勧めします」と言っています。
よって正解は (C) です。
(D) も服装に関して書かれている選択肢ですが、本文の内容とは一致していません。
the Hall can get quite warm「ホールは非常に温度が高くなる（可能性がある）」と述べられているので、**Dressing warmly** にする必要はありません。
会話 wear layers
選択肢 Wearing flexible clothing

語句
- administration office 事務室
- register for 〜に申し込みをする
- take place 行なわれる
- instead of 〜の代わりに
- decide to do 〜することを決める
- scale model スケールモデル（＝ミニチュア）
- famous 形 有名な
- architectural structure 建築物
- workshop 名 ワークショップ
- while 接 〜である一方で
- air-conditioning 名 エアコン
- get quite warm かなり暖かくなる
- wear layers 重ね着をする
- option 名 選択
- instructor 名 指導者

- participant 名 参加者
- employee 名 従業員
- professional architect プロの建築家
- fit more people より多くの人を収容する
- carry out 行なう、実行する
- construction work 建設作業
- accommodate 動 収容する
- object 名 物
- fix 動 修理する
- recommend 動 推薦する
- notepad 名 メモ帳
- on time 時間通りに
- flexible clothing 柔軟に対応できる衣服
- dressing warmly 暖かい衣服にする

A-76

Ken Newman

来年
公開!

Questions 86 through 88 refer to the following radio broadcast.

Good evening.

You're listening to YELE's evening entertainment news.

86 Director Ken Newman announced today that he will be auditioning for the cast of his upcoming thriller movie at the PBT Studio in Sydney next month.

According to the E-Now Magazine, Director Newman also visited Norway in the beginning of the month, giving rise to a rumor that the movie will be filmed outside of the country.

87 However, the Australian director is well-known for not revealing the specifics of his new films until the last minute, so fans will have to wait a little longer to find out more.

88 His new film is scheduled to be released at the end of next year.

問題86-88は次のラジオ放送に関するものです。

こんばんは。
YELEの夕方のエンターテインメントニュースの時間です。

86 Ken Newman監督は、来月シドニーのPBTスタジオにおいて、次回スリラー映画のキャストのオーディションを行なうことを本日発表しました。

E-Now Magazineによると、Newman監督はまた、今月初めにノルウェーを訪れ、その映画が国外で撮影されるのではないかという噂を引き起こしました。

87 しかしながら、このオーストラリア人監督は、最後まで新しい映画の詳細を明らかにしないことで有名ですので、詳しいことがわかるまでファンは今しばらく待たなければなりません。

88 彼の新しい映画は来年の終わりに公開される予定です。

A-77

86. What will take place in Sydney?

(A) A **ballet premiere**
(B) A **movie audition**
(C) A **film festival**
(D) A **magazine launch**

シドニーで何が行なわれますか？
要約 ➡ 「Sydneyで何起こる？」

(A) バレエの初演
(B) 映画のオーディション　**正解**
(C) 映画祭
(D) 雑誌の刊行

解説 このトークはニュースであることが冒頭のあいさつからわかります。

直後に「Ken Newman監督は、次回スリラー映画のキャストのオーディションを行なうことを本日発表しました」と述べているため、正解は(B)になります。

Part 4 説明文問題 大特訓 ②

87. What is Ken Newman known for?

(A) Directing a hit documentary series
(B) Keeping the film details a secret
(C) Having lots of fans in Norway
(D) Winning a prestigious award

> Ken Newmanは何で知られていますか？
> **要約** ➡ 「Ken Newman何で有名?」
>
> (A) ドキュメンタリーのヒットシリーズを監督すること。
> (B) 映画の詳細を秘密にしておくこと。　**正解**
> (C) ノルウェーにたくさんファンがいること。
> (D) 名高い賞を受賞していること。

解説 トークの後半で「このオーストラリア人監督は、最後まで新しい映画の詳細を明らかにしないことで有名です」と述べられています。
これを簡単に言い換えた (B) の「映画の詳細を秘密にしておくこと」が正解です。
keep A B「A を B（の状態）にしておく」は頻出なのでしっかりと押さえておいてください。
会話 not revealing the specifics of his new films
選択肢 Keeping the film details a secret

88. When will the film be released?

(A) In **a week**
(B) **Next month**
(C) In **6 months**
(D) **Next year**

映画はいつ公開されますか？

要約 ➡ 「いつ映画公開？」

(A) 1週間後
(B) 来月
(C) 6カ月後
(D) 来年　**正解**

解説「彼の新しい映画は来年の終わりに公開される予定です」という内容でトークは締めくくられています。
よって正解は (D) になります。
In a week や **In 6 months** にある **in** は「〜後」という意味です。
6 months ago ↔ in 6 months のように、**ago**（〜前）と対になるものと覚えておきましょう。

語句

- entertainment news
  エンターテイメントニュース、芸能ニュース
- audition
  動 オーディションを行なう
- upcoming　形 次回の
- thriller movie　スリラー映画
- according to　〜によると
- also　副 〜もまた
- in the beginning of
  〜の初めに
- give rise to a rumor
  噂を引き起こす
- film　動 撮影する
- outside of the country
  国外で
- however　副 けれども
- be well-known for
  〜で有名だ
- reveal　動 明らかにする
- specific　名 詳細
- until the last minute
  最後までずっと
- find out　わかる
- be scheduled to do
  〜することになっている
- be released　公開される
- at the end of　〜の終わりに
- take place　起こる
- ballet premiere　バレエの初演
- magazine launch　雑誌の刊行
- direct　動 監督する
- keeping film details a secret
  映画の詳細を秘密にしておく
- win a prestigious award
  名高い賞を受章する
- in a week　1週間後

仕上げの特訓

1 イラストを見ながら音声を聞いて、場面のイメージをつかみます。

慣れてきたら、何も見ずに会話の場面をイメージするようにしてください。
さらに音声に慣れてきたら、今度は音読やシャドーイングもやってみましょう。
これらの訓練を何回も繰り返してください。

2 イラストを見なくても音声を聞くだけで会話内容のイメージが浮かぶようになってきたら、再度 80.～88. の問題をまとめて解き直しましょう。

解答する際は、必ず設問を「わかりやすくまとめる」ようにして、(A)～(D) の選択肢の先読みもしっかりと行ないましょう。
「仕上げの特訓用解答用紙」を使って演習するようにしてください。

A-72～73

80.～82.

A-74~75
83.~85.

A-76~77
86.~88.

Column

全力で先読みをする練習をしよう

Part 3 & 4 の設問と選択肢を「全力で先読みする」練習をたくさん行ってください。

同時に「場面をイメージする」こともやってみてください。

瞬時に場面をイメージすることができれば、その場面で行われる会話やトークの内容は限定され、その分早く会話やトークの中に入っていくことができるようになります。

① 設問×3つを先読み

② (設問＋選択肢4つ)×3組を先読み

③ 設問×3つを先読み

①〜③を何度も繰り返し、最終的には30秒でこなすことを目指してみてください。

このレベルまでいければ、かなり余裕を持って ***Part 3 & 4*** に対峙することができるようになりますよ。

Column

視線とペン先の位置

Part 3 & 4 の会話やトークが流れている間の視線は「見ている問題」の (B) に向けます。

(B) の選択肢に視線を向けることにより、(A)〜(D) 全体が無理なく視界に入ります。

ペン先も (B) の上で浮かせておきましょう。

(B) が正解だと判断できたときはそのまま (B) に「チョン」と印をつけることができますし、他の選択肢へも最小限の距離でペン先を移動させることができます。

Listening Section

Chapter 14

Part 4
説明文問題

大特訓 ③

Part 4 スクリプトと訳・正解と解説

📖 ここで再度 **Part 4** の **89.** ～ **94.** を解きなおしてから先に進んでください。

Questions 89 through 91 refer to the following talk.

Hi, everyone.

89 Before we start the sales meeting, I'd like to remind you all that our annual summer outing is coming up on Saturday.

This year, we will be going to Bluefin Lake, and we are planning lots of fun activities including a fishing competition, barbecue lunch and beach volleyball.

90 It's a great opportunity to socialize with your coworkers outside of the office, and I hope many of you will join.

91 Please e-mail Rosetta to inform whether you will be participating, as the organizers do need to know how many people are coming.

問題 89-91 は次の話に関するものです。

皆さん、こんにちは。

180　Listening Section | Chapter 14

89 販売会議を始める前に、毎年恒例の夏の遠足が、土曜日に迫っていることを再度お伝えいたします。

今年は、Bluefin湖に行く予定で、釣りコンテストやバーベキューランチ、ビーチバレーを含む楽しい活動をたくさん計画しているところです。

90 同僚と社外で交流するとても良い機会ですので、多くの皆さんが参加されることを期待しています。

91 幹事が参加人数を把握する必要があるので、参加の可否をRosettaにEメールで知らせてください。

A-79

89. What will take place on Saturday?

(A) A **company picnic**
(B) An **employee meeting**
(C) A **swimming competition**
(D) A **seasonal sales event**

土曜日に何が行なわれますか?
要約 ➡ 「土曜日何起こる?」
(A) 会社の遠足 **正解**
(B) 従業員会議
(C) 水泳競技
(D) 季節毎の販売イベント

解説 冒頭のあいさつの直後に、「販売会議を始める前に、毎年恒例の夏の遠足が、土曜日に迫っていることを再度お伝えいたします」と話し手は述べています。
よって正解は(A)になります。
会話 annual summer outing
選択肢 company picnic

90. According to the speaker, why should listeners participate in the event?

   (A) To exchange some sales tips
   (B) To win some prizes
   (C) To socialize with colleagues
   (D) To network with clients

> 話し手によると、なぜ聞き手はそのイベントに参加すべきですか?
> 要約 ▶ 「何で聞き手イベントに参加する?」
>
> (A) 営業のコツを交換しあうため
> (B) 賞を獲得するため
> (C) 同僚と交流するため　正解
> (D) 顧客とのネットワーク作りをするため

解説 トークの後半に「同僚と社外で交流するとても良い機会ですので、多くの皆さんが参加されることを期待しています」とあるため、これを簡単にまとめた (C) が正解です。
会話 socialize with your coworkers
選択肢 socialize with colleagues

91. What do the organizers want to know?

   (A) The number of participants
   (B) The attendees' e-mail addresses
   (C) The names of the contestants
   (D) The ideas that people may have

主催者は何を知りたいですか。

要約 ➡ 「主催者何知りたい？」

(A) 参加者数　**正解** 💡
(B) 出席者のEメールアドレス
(C) コンテスト出場者の名前
(D) 人々が持つ考え

解説「主催者が参加人数を把握する必要があるので、参加の可否をRosettaにEメールで知らせてください」という内容でトークは締めくくられています。
よって正解は(A)になります。

会話 how many people are coming
選択肢 The number of participants

語句
- □ sales meeting　販売会議
- □ would like to do　〜したい
- □ remind 人 that　人に〜を再度伝える
- □ annual　形 毎年恒例の
- □ outing　名 遠足
- □ be coming up　迫ってきている
- □ lots of fun activities　たくさんの楽しい活動
- □ including　前 〜を含む
- □ fishing competition　釣りコンテスト
- □ great opportunity　良い機会
- □ socialize with　〜と交流する
- □ coworker　名 同僚
- □ join　動 参加する、加わる
- □ e-mail　動 Eメールを送る
- □ inform　動 知らせる
- □ whether　接 〜かどうか
- □ participate in　動 参加する
- □ organizer　名 幹事、主催者
- □ take place　行なわれる
- □ employee　名 従業員
- □ swimming competition　水泳大会
- □ seasonal　形 季節毎の
- □ exchange　動 交換する
- □ tip　名 コツ
- □ win a prize　賞を獲得する
- □ network with　ネットワークを作る
- □ client　名 顧客
- □ attendee　名 参加者
- □ contestant　名 コンテスト出場者

Questions 92 through 94 refer to the following announcement.

92 We are pleased to announce that after months of discussions, Borris Inc. has decided to merge with Korn Global.

In coming together, we are able to combine our expertise and talent in the field of telecommunications to generate more revenue.

As employees, you may wonder how this development may affect you.

93 For one, you can look forward to improved benefits, such as free access to fitness facilities and a better health plan.

94 The integration team manager, Carroll Kwon, will give you more details about what to expect at a special meeting this afternoon.

We anticipate a smooth transition, and ask for your support while the transaction is being completed.

問題 92-94 は次のお知らせに関するものです。

92 何カ月も議論を重ねた結果、Borris社はKorn Global社との合併を決定したことをお知らせ致します。

共同することで、当社の専門知識と通信分野での技能を組み合わせることができ、より多くの収益を生み出すことになります。

従業員として、この発展がどのように自分に作用するのかを知りたいと思うかもしれません。

93 1つには、フィットネス施設の利用やより良い健康プランを無料で受けられるといった特典の向上が期待できます。

94 統合チーム長のCarroll Kwonが今日の午後の臨時会議で、期待しうる点の詳細をお伝えする予定です。

スムーズな移行を期待すると共に、処理業務が完了するまでの間、皆様のご協力をよろしくお願い致します。

A-81

92. What is the announcement about?

(A) An opening of a branch office
(B) A merger of two companies
(C) A relocation of a business
(D) A closure of a facility

何についてのお知らせですか?

要約 ➡ 「何の話?」

(A) 支店の開設
(B) 2社の合併　**正解**
(C) 会社の移転
(D) 施設の閉鎖

解説 トークの冒頭で「Borris社はKorn Global社との合併を決定したことをお知らせ致します」と話し手は述べているため、正解は(B) になります。
merge with「〜と合併する」は頻出の表現ですね。
前置詞の with を忘れないように気をつけてください。
会話 merge with Korn Grobal
選択肢 merge of two companies

93. According to the speaker, what will change?

  (A) Staff salaries
  (B) Office hours
  (C) Employee benefits
  (D) Headquarter location

> 話し手によると、何が変わりますか？
> **要約** ➡ 「何変わる？」
>
> (A) 社員の給与
> (B) 営業時間
> (C) 従業員の福利厚生　**正解**
> (D) 本社の場所

解説 トークの中盤に「フィットネス施設やより良い健康プランを無料で受けられるといった特典の向上が期待できます」とあるため、正解は (C) です。

94. Who is Carroll Kwon?

  (A) A department head
  (B) A team leader
  (C) A company president
  (D) A healthcare professional

> Carroll Kwonとは誰ですか？
> **要約** ➡ 「Carroll Kwon誰？」
>
> (A) 本部長
> (B) チームリーダー　**正解**
> (C) 社長
> (D) 健康管理の専門家

解説 「統合チーム長のCarroll Kwonが今日の午後の臨時会議で、期待しうる点の詳細をお伝えする予定です」と **94** で述べられています。team manager を team leader と言い換えている(B)が正解となります。
会話 team manager
選択肢 team leader

語句
- □ be pleased to announce
（聞き手にとって利益となること）をお知らせいたします
- □ months of 何カ月もの〜
- □ discussion 名議論
- □ decide to do
〜することを決定する
- □ merge with 〜と合併する
- □ in coming together
共同することで
- □ be able to do
〜することができる
- □ combine A and B
AとBを結びつける
- □ expertise 名専門知識
- □ talent 名才能
- □ in the field of
〜の分野における
- □ telecommunication 名通信
- □ generate 動生み出す
- □ revenue 名収益
- □ as 前〜として
- □ employee 名従業員
- □ wonder 動思う
- □ development 名発展
- □ affect 動作用する
- □ look forward to improved benefits 特典の向上を期待する
- □ such as 〜のような
- □ free access to
〜の無料での利用
- □ integration 名統合
- □ detail 名詳細
- □ what to expect 何を期待できるか、期待すればいいか
- □ anticipate 動予期する
- □ smooth transition
スムーズな移行
- □ ask for 〜を求める、お願いする
- □ while 接〜している間
- □ transaction 名処理業務
- □ merger 名合併
- □ relocation 名移転
- □ closure 名閉鎖
- □ facility 名施設
- □ office hours 営業時間
- □ employee benefits
従業員の福利厚生
- □ headquarter 名本社
- □ healthcare professional
健康管理の専門家

仕上げの特訓

➤ 1　イラストを見ながら音声を聞いて、場面のイメージをつかみます。

慣れてきたら、何も見ずに会話の場面をイメージするようにしてください。さらに音声に慣れてきたら、今度は音読やシャドーイングもやってみましょう。
これらの訓練を何回も繰り返してください。

**　2　イラストを見なくても音声を聞くだけで会話内容のイメージが浮かぶようになってきたら、再度 89.～94. の問題をまとめて解き直しましょう。**

解答する際は、必ず設問を「わかりやすくまとめる」ようにして、(A)～(D) の選択肢の先読みもしっかりと行ないましょう。
「仕上げの特訓用解答用紙」を使って演習するようにしてください。

A-78～79
89.～91.

A-80～81
92.～94.

Listening Section

Chapter 15

Part 4
説明文問題

大特訓 ④

Part 4 スクリプトと訳・正解と解説

✍️ ここで再度 *Part 4* の 95.～100. を解きなおしてから先に進んでください。

🔊 A-82

Questions 95 through 97 refer to the following telephone message.

Hello, this is Roger Fisher from Sky Event Planning.

95 I'm calling about the two-day marketing conference we are planning to hold at your hotel in May.

Since we are reserving over thirty rooms, I was wondering if you could give us a reduction on the catering expenses.

96 I will send the list of preferred food and beverages to your e-mail account so you can go over them and tell me if you can adjust the expenses.

97 I also want you to know that Sky Event Planning plans to hold several meetings at your hotel in the coming year.

問題 95-97 は次の電話のメッセージに関するものです。

もしもし、Sky イベント企画の Roger Fisher です。

> **95** 5月にそちらのホテルで開催する予定の2日間にわたるマーケティング会議についてお電話しています。
>
> 30以上もの部屋を予約していますので、ケータリングの費用を減額できないかと思っているところです。
>
> **96** 希望の食べ物と飲み物のリストをEメールアカウントにお送りしますので、そちらをご覧いただき、金額を調整できるかどうかをお知らせください。
>
> **97** Skyイベント企画ではまた、そちらのホテルで来年もいくつか会議を開く予定であることも併せてお知らせ致します。

95. What is the purpose of the call?

(A) To introduce a product
(B) To reserve a room
(C) To ask for a discount
(D) To inform of a change

電話の目的は何ですか?

要約 ➡ 「何の話?」

(A) 製品を紹介すること。
(B) 部屋を予約すること。
(C) 割引を頼むこと。 **正解**
(D) 変更を知らせること。

解説 冒頭で話し手は、「5月にそちらのホテルで開催する予定の2日間にわたるマーケティング会議についてお電話しています」と述べており、その直後に「ケータリングの費用を減額できないかと思っているところです」と話を続けているため正解は (C) になります。

会話 give us a reduction
選択肢 ask for a discount

96. What will the caller send?

(A) Some supplies for the conference
(B) A list of food and drinks
(C) A provisional event schedule
(D) A revised expense report

電話をかけている人は何を送りますか？
要約 ➡ 「話し手何送る？」

(A) 会議用の備品
(B) 食べ物と飲み物のリスト　**正解**
(C) 仮のイベントスケジュール
(D) 修正済みの経費報告書

解説 **96** で「希望の食べ物と飲み物のリストをEメールアカウントにお送りします」と話し手は述べているので、正解は (B) です。
会話 the list of preferred food and beverages
選択肢 A list of food and drinks

---

97. What does the caller plan to do next year?

(A) Meet with the hotel manager
(B) Hold more events at the hotel
(C) Lower accommodation costs
(D) Organize an anniversary event

> 電話をかけている人は来年何をする予定ですか？
>
> **要約** ➡ 「話し手来年何する？」
>
> (A) ホテル支配人と会う。
> (B) そのホテルでより多くのイベントを開催する。　**正解**
> (C) 宿泊費を下げる。
> (D) 記念イベントを催す。

解説「Sky イベント企画では、そちらのホテルで来年もいくつか会議を開く予定です」と ❾❼ で話し手は述べています。
よって正解は (B) です。

会話 hold several meetings at your hotel in the coming year
選択肢 Hold more events at the hotel

語句
- □ hold 動 開催する
- □ since 接 〜なので
- □ reserve 動 予約する
- □ I was wondering if you could （あなたが）〜していただけるかどうかと思っています
- □ reduction 名 割引
- □ catering expenses ケータリングの費用
- □ e-mail account E メールアカウント
- □ go over 〜を検討する
- □ adjust 動 調整する
- □ several 形 いくつかの
- □ in the coming year 来年
- □ ask for 〜を求める
- □ inform of 〜を知らせる
- □ provisional 形 仮の
- □ revised 形 改定された
- □ accommodation costs 宿泊費
- □ organize 動 催す
- □ anniversary event 記念イベント

Questions 98 through 100 refer to the following excerpt from a meeting.

Hi, team.

I have great news!

98 We have been asked to design the expedition clothing for the national research team.

More specifically, we are to design garments that can withstand the extreme temperatures of the North Pole, where the research team will be going in December.

99 As you can imagine, this project is top-priority because of its high advertisement value.

The expedition will be televised and viewers will see our company logo on the garments.

100 We have already decided on Pam Lee as the designer, but I'd like to discuss which material would be most suitable for the products.

問題 98-100 は次の会議の一部に関するものです。

チームの皆さん、こんにちは。

大ニュースです！

98 国の調査隊の探検服のデザインを依頼されました。

もっと詳しくお話しすると、調査隊が12月に行く予定の北極の極限の温度に耐えうる衣類をデザインすることになります。

99 ご想像いただけるように、このプロジェクトは高い広告価値があるので最優先になります。

探検はテレビ放映される予定で、視聴者は衣類に付いた当社のロゴを目にするでしょう。

100 デザイナーにはPam Leeをすでに決定していますが、どんな素材が製品に最も適しているかを検討したいと思っています。

98. Where does the speaker probably work?

(A) At an advertisement agency
(B) At a research institute
(C) At a clothing manufacturer
(D) At a television company

話し手はどこで働いていると思われますか？

要約 ▶ 「どこ？」

(A) 広告代理店
(B) 研究施設
(C) 衣料品メーカー　**正解**
(D) テレビ会社

解説 冒頭で話し手は「国の調査隊の探検服のデザインを依頼され、調査隊が12月に行く予定の北極の極限の温度に耐えうる衣類をデザインすることになります」と述べています。
よって正解は (C) になります。
会話 We have been asked to design the expedition clothing
選択肢 clothing manufacturer

---

99. According to the speaker, why is the project important?

(A) It affects the safety of the scientists.
(B) It is the first big project for the company.
(C) It is a good way to promote the company.
(D) It is sponsored by a cable network.

話し手によると、なぜそのプロジェクトは大切なのですか？
要約 ➡ 「何でプロジェクト重要？」

(A) 科学者の安全に影響を及ぼすから。
(B) 会社にとって初めての大きなプロジェクトだから。
(C) 会社を宣伝するのに良い方法だから。　**正解**
(D) ケーブルテレビ放送網に出資してもらっているから。

解説 トークの中盤で、話し手は「このプロジェクトは高い広告価値があるので最優先になり、探検はテレビ放映される予定なので、視聴者は衣類に付いた当社のロゴを目にすることになります」と述べています。
よって正解は (C) です。

100. What will listeners discuss next?

(A) The timeline for the project
(B) The material for the products
(C) The design of the company logo
(D) The results of a research

聞き手は次に何を話し合いますか？
要約 ➡ 「聞き手何話し合う？」

(A) プロジェクトのスケジュール
(B) 製品の素材　**正解**
(C) 会社のロゴデザイン
(D) 調査結果

解説「どんな素材が製品に最も適しているかを検討したいと思っています」と、トークの最後で話し手は述べていることから、正解は (B) になります。

語句
- expedition 名 探検
- specifically 副 特に、具体的に
- garment 名 衣類
- withstand 動 耐える
- extreme 形 極端な
- the North Pole　北極
- as you can imagine
  ご想像いただけるように
- top-priority　最優先
- because of　〜なので
- high advertisement value
  高い広告価値
- be televised　テレビ放送される
- viewer 名 視聴者
- decided on Pam Lee as the designer
  Pam Lee をデザイナーにすることに決定する
- discuss 動 検討する
- material 名 素材
- be most suitable for
  〜に最もふさわしい
- research institute　研究施設
- affect 動 影響する
- safety 名 安全
- promote 動 宣伝する
- sponsor 名 出資する
- cable network
  ケーブルテレビ放送網
- timeline 名 スケジュール

仕上げの特訓

➤ **1**　イラストを見ながら音声を聞いて、場面のイメージをつかみます。

　　慣れてきたら、何も見ずに会話の場面をイメージするようにしてください。さらに音声に慣れてきたら、今度は音読やシャドーイングもやってみましょう。
　　これらの訓練を何回も繰り返してください。

2　イラストを見なくても音声を聞くだけで会話内容のイメージが浮かぶようになってきたら、再度 95.～100. の問題をまとめて解き直しましょう。

　　解答する際は、必ず設問を「わかりやすくまとめる」ようにして、(A)～(D) の選択肢の先読みもしっかりと行ないましょう。
　　「仕上げの特訓用解答用紙」を使って演習するようにしてください。

A-82～83
95.～97.

A-84～85
98.～100.

Reading Section

Chapter 1

本番レベル実践模試

制限時間 75分

Part 5

READING TEST
In the Reading test, you will read a variety of texts and answer several different types of reading comprehension questions. The entire Reading test will last 75 minutes. There are three parts, and directions are given for each part. You are encouraged to answer as many questions as possible within the time allowed.
You must mark your answers on the separate answer sheet. Do not write your answers in your test book.

PART 5
Directions: A word or phrase is missing in each of the sentences below. Four answer choices are given below each sentence. Select the best answer to complete the sentence. Then mark the letter (A), (B), (C), or (D) on your answer sheet.

101. The Town of Sunny Hill makes a ------- profit by renting bikes to tourists who visit the town each summer.

    (A) considering
    (B) considers
    (C) considerable
    (D) considerably

102. ------- the past 20 years, Amanda Catering Service has repeatedly proven its dependability and professionalism.

    (A) Since
    (B) Between
    (C) Over
    (D) Except

103. The news of the closure of Bolton Tires' Beijing factory came ------- a surprise even to its veteran employees.

    (A) from
    (B) by
    (C) as
    (D) off

104. Petunia Airlines redesigned the seats in their airplanes to offer passengers a more ------- journey.

    (A) comfort
    (B) comfortable
    (C) comforting
    (D) comfortably

105. If you are unable to ------- log in to the library's database, you need to contact a librarian for assistance.

    (A) succeed
    (B) successful
    (C) successfully
    (D) success

106. To adjust the ------- of the display, simply press the button on the right side of your Decima 20X Alarmclock.

    (A) bright
    (B) brighten
    (C) brightness
    (D) brightly

107. The technician from the repair shop ------- Jonathan to switch off the computer and restart it to fix the problem.

    (A) said
    (B) told
    (C) talked
    (D) spoke

108. The Brian Innovation Award entries are ------- on their functionality, design and originality.

    (A) supervised
    (B) judged
    (C) promoted
    (D) upheld

109. Greenhams, the popular folk band from Spain, ------- their lively beats to the annual Jameston Festival last weekend.

    (A) brought
    (B) to bring
    (C) will bring
    (D) be brought

110. Earlier this year, KPY School of Business revised its ------- to include more subjects related to supply chain management.

    (A) brand
    (B) curriculum
    (C) admission
    (D) building

111. The position of sales clerk at AkoMart requires successful candidates to interact with customers ------- a daily basis.

    (A) within
    (B) on
    (C) during
    (D) throughout

112. If the red light on the printer's front panel is blinking, ------- the paper in the paper tray with the correct size.

    (A) will replace
    (B) replaced
    (C) to replace
    (D) replace

113. According to the traffic report, the number of accidents on Salem roads has ------- declined over the last ten years.

    (A) steadily
    (B) cautiously
    (C) accurately
    (D) mutually

114. Of the 100 survey respondents, ------- expressed concerns over using cosmetic products manufactured by Oregin Institute.

    (A) never
    (B) none
    (C) nearly
    (D) neither

115. ------- Sporta Outfitters will close its outlet in Cambridge, our other stores will continue to operate as usual.

    (A) Despite
    (B) Although
    (C) However
    (D) Because

116. Neither the bookstore on Eugene Street ------- the one on Blade Avenue carried the book Jane needed for the course.

    (A) nor
    (B) yet
    (C) or
    (D) and

GO ON TO THE NEXT PAGE

117. A number of investors ------- interest in BTT Oil's new project to build a 300 km pipeline.
   (A) is expressing
   (B) have expressed
   (C) to express
   (D) has expressed

118. The rescued hikers ------- intended to hike to the Captain's Peak, but got lost somewhere along the trail.
   (A) reports
   (B) reporter
   (C) reported
   (D) reportedly

119. When Jessica Kimberly joined the Belgua Bank more than a decade ago, she didn't know the first thing about -------.
   (A) financial
   (B) financed
   (C) finances
   (D) financially

120. ------- that the new construction project would create hundreds of jobs, the mayor of Wingsville eagerly gave his approval.
   (A) To know
   (B) Having known
   (C) Knows
   (D) Knew

121. Exhibitors of the May Technology Exhibition must register at least 10 days ------- advance by submitting a written form.
   (A) on
   (B) in
   (C) of
   (D) at

122. Since Jayden County is ------- for rain, travelers are advised to pack an umbrella and a pair of rain boots.
   (A) warned
   (B) notorious
   (C) disputable
   (D) prepared

123. Mr. Kent asked whether the conference date is -------, since he won't be in town on the scheduled date.
   (A) promised
   (B) adjustable
   (C) comparable
   (D) temporary

124. The silver label on the product is a ------- that it has passed Troy Inc.'s vigorous quality control process.
   (A) show
   (B) proof
   (C) state
   (D) remark

125. The employees at Osman-Affleck are required to fill in their timesheets every day in ------- with the employee handbook.
    (A) accordingly
    (B) according
    (C) accorded
    (D) accordance

126. The vice-president's speech at the morning meeting fuelled ------- that a merger will take place sometime in the near future.
    (A) speculate
    (B) speculated
    (C) speculation
    (D) speculatively

127. Megasound is a digital music service by Wolfbane Inc. ------- gives its users access to hundreds of songs for a small monthly fee.
    (A) what
    (B) that
    (C) while
    (D) who

128. Dr. Swan is highly regarded by the community for his selfless service and complete ------- to his patients.
    (A) donation
    (B) devotion
    (C) adoration
    (D) wellbeing

129. A long-awaited ------- to the hit movie "Tombs of Aberdeen" will finally be released this winter.
    (A) option
    (B) sequel
    (C) variant
    (D) sequence

130. At Smartsbuy.com, all transactions ------- via a secure server to protect customers against possible fraud.
    (A) are handled
    (B) to be handled
    (C) handled
    (D) are handling

131. When IOE Shipping failed to deliver the items for the third time in a row, the manager had no choice but to ------- the contract.
    (A) penalize
    (B) terminate
    (C) absorb
    (D) deposit

132. From time to time, Horac Corporation publicizes its environmental preservation efforts in order to show its ------- to the wellbeing of the society.
    (A) commits
    (B) committed
    (C) commitment
    (D) committedly

GO ON TO THE NEXT PAGE

133. For many years, Jason Industries focused exclusively on the foreign market, but it has recently decided to ------- to the domestic market as well.
    (A) practice
    (B) cater
    (C) support
    (D) appoint

134. Many paintings are submitted to the Lynch Art Contest each year, but only a ------- few will be displayed at the Bergan Hall as outstanding works of art.
    (A) selectively
    (B) selection
    (C) selecting
    (D) select

135. Access to the facility's production floor is strictly limited to company personnel and ------- visitors.
    (A) required
    (B) authorized
    (C) reasonable
    (D) urgent

136. Please be reminded that these documents are copyrighted and should not ------- without the permission of Tecto Institute.
    (A) be reproduced
    (B) will reproduce
    (C) reproduce
    (D) being reproduced

137. Due to a problem with the engine, the ferry to Pinecone Island will be out of service ------- further notice.
    (A) before
    (B) past
    (C) until
    (D) upon

138. The inspector reported that he would need an ------- few days to thoroughly review the safety practices of the power plant.
    (A) exact
    (B) additional
    (C) excessive
    (D) exceeding

139. Participants of this year's volunteer-abroad program should carefully check the expiration date on ------- passports to avoid any problems crossing the borders.
    (A) them
    (B) themselves
    (C) theirs
    (D) their

140. The management at Tavastia Automobiles ------- production costs to increase by 10% this year, due to the rise in cost of raw materials.
    (A) accepts
    (B) expects
    (C) claims
    (D) focuses

Part 6

PART 6
Directions: Read the texts that follow. A word or phrase is missing in some of the sentences. Four answer choices are given below each of the sentences. Select the best answer to complete the text. Then mark the letter (A), (B), (C), or (D) on your answer sheet.

Questions 141-143 refer to the following letter.

Dear Dr. Elaine Stewart,

The International Society of Biological Sciences (ISBS) has the pleasure of inviting you to the 15th Biomedical Research Conference. The conference ------- from March 12 to 14, at the

    141. (A) is holding
          (B) will be held
          (C) has been held
          (D) to hold

Stewartson Hotel in Berlin, Germany.
Delegates are kindly asked to arrange their own accommodation using the hotel booking form, ------- can be found on the ISBS's

    142. (A) what
          (B) whom
          (C) which
          (D) where

Web site at www.isbs.com.
The participation fee is 150 Euros and will be collected by the conference organizers on March 12. ------- must be made in

    143. (A) Refund
          (B) Payment
          (C) Donation
          (D) Purchase

cash.
We look forward to seeing you at the conference.
Sincerely,

Petra Baczewski
Executive Director,
The International Society of Biological Sciences

GO ON TO THE NEXT PAGE

Questions 144-146 refer to the following notice.

24 Hour Appointment Cancellation Policy

Ameda Salon has a 24 hour cancellation policy. If you wish to cancel or change your appointment, you must inform us at least 24 hours in advance. -------, you will be charged a £40

    144. (A) Subsequently
        (B) Otherwise
        (C) Moreover
        (D) Consequently

cancellation fee.

This policy is placed out of ------ for our team and other clients.

    145. (A) respected
        (B) respectful
        (C) respect
        (D) respecting

By cancelling at the last minute or failing to show up, you prevent someone else from being able to schedule in that time -------.

    146. (A) zone
        (B) line
        (C) limit
        (D) slot

Thank you for your understanding and cooperation.

Questions 147-149 refer to the following letter.

Customer Service Centre Maistron Watches Ltd.
266 Howe Avenue Vancouver, BC V6Y 3J7
To Whom It May Concern,
I placed an order for the Maistron Waterproof Watch on February 21. When I asked that it ------- before Friday, Ms. Sally Pott, your

147. (A) will deliver
 (B) delivers
 (C) be delivered
 (D) will be delivered

customer representative, told me that the delivery cannot be made before Saturday. I then explained to her that it is a retirement gift for one of my employees. She said she cannot promise anything, but will do her best.
------- to my surprise, the watch was delivered Friday morning.

148. (A) Very
 (B) Most
 (C) Many
 (D) Much

I was able to present the watch to the retiring employee, who appreciated it very much.
I would like to thank your company and especially Ms. Sally Pott for the ------- service. I will definitely shop again at your store for

149. (A) promptly
 (B) prompt
 (C) prompted
 (D) prompts

I know I will be getting the best in customer service.
Sincerely,
Liam Knowles
Liam Knowles

Questions 150-152 refer to the following memo.

To: Ukia Air Conditioning Systems employees
From: Bob Smith, Manager
Date: May 16
Re: Call Center Expansion

------- media attention focused on our energy-saving air
150. (A) Now that
(B) Ever since
(C) As soon as
(D) Every time

conditioning technology, we have been getting increased inquiries from potential clients. In order to take advantage of this opportunity, we -------our call center hours and doubling our call
151. (A) will have expand
(B) have expanded
(C) are expanding
(D) expanded

center staff.

Interviews and training sessions for the new call center staff are scheduled to take place throughout next week.
For this -------, you may see some changes to cafeteria
152. (A) issue
(B) reason
(C) results
(D) note

open hours and other facility operations. Please check with your department head for more details.

Part 7

PART 7
Directions: In this part you will read a selection of texts, such as magazine and newspaper articles, letters, and advertisements. Each text is followed by several questions. Select the best answer for each question and mark the letter (A), (B), (C), or (D) on your answer sheet.

Questions 153-154 refer to the following notice.

Waste Collection

Your rubbish will be collected on Monday and Thursday mornings between 8 A.M. and 12 midday from within your property boundary. Please do not put bags on the street.

Residential Recycling
Glass and plastic bottles, tins, cans and jars should be recycled. They will be collected on Wednesdays between 8 A.M. and 10 A.M. For more information on how to recycle, please call the Environmental Hot Line at 555-2798.

Don't Dump. Maximum penalty £1,500.

153. What is the notice about?
   (A) Hospital sanitization
   (B) Garbage disposal
   (C) Residential meetings
   (D) Emergency routes

154. Why should readers call the Environmental Hot Line?
   (A) To ask about recycling
   (B) To learn about penalties
   (C) To pay parking tickets
   (D) To work as a volunteer

GO ON TO THE NEXT PAGE

Questions 155-157 refer to the following Web page.

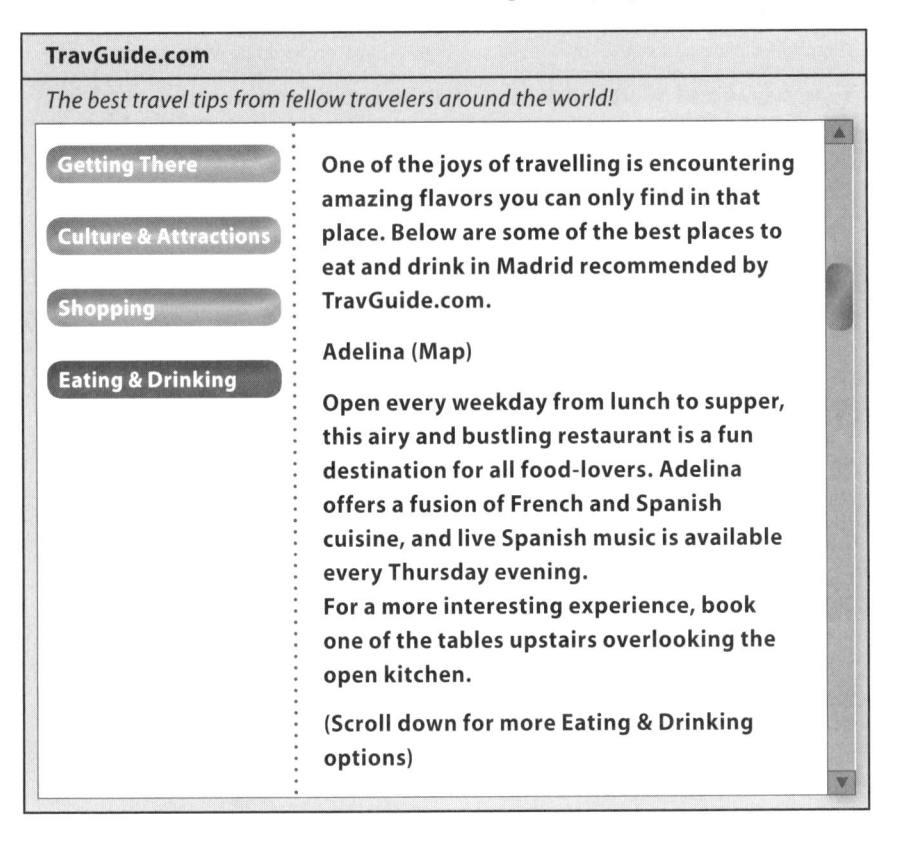

TravGuide.com

The best travel tips from fellow travelers around the world!

- Getting There
- Culture & Attractions
- Shopping
- Eating & Drinking

One of the joys of travelling is encountering amazing flavors you can only find in that place. Below are some of the best places to eat and drink in Madrid recommended by TravGuide.com.

Adelina (Map)

Open every weekday from lunch to supper, this airy and bustling restaurant is a fun destination for all food-lovers. Adelina offers a fusion of French and Spanish cuisine, and live Spanish music is available every Thursday evening.
For a more interesting experience, book one of the tables upstairs overlooking the open kitchen.

(Scroll down for more Eating & Drinking options)

155. Who is the Web page most likely intended for?
 (A) Travel insurers
 (B) Traveling persons
 (C) Food critics
 (D) Transport providers

156. On which day is Adelina closed?
 (A) On Monday
 (B) On Wednesday
 (C) On Thursday
 (D) On Sunday

157. What is the advantage of being seated upstairs?
 (A) It has an interesting view.
 (B) It overlooks the garden.
 (C) It has a spacious atmosphere.
 (D) It is close to the salad bar.

Questions 158-160 refer to the following postcard.

The Arts Council of North Dakota

You are cordially invited to
"Earth Landscapes"
A photographic exploration of our planet's landscape by
Vijay Briggs*
The exhibition will be inaugurated on September 15** at Olavi Gallery by world-renowned photographer
Neal Geddes
Professor, Desmond University and Founder, Watnick Photography Society

Gallery hours: 10 A.M.- 5 P.M.

Exhibition closes: September 25

*A complete biography is available at the artist's Web site.
**Complimentary snacks and drinks will be served on the Opening day.

Mr. George Scott

32 Maxell Street

Dickinson, ND

58922

158. What is the purpose of this postcard?
(A) To advertise photographic equipment
(B) To invite people to see some artwork
(C) To remind of an upcoming appointment
(D) To offer an excursion to the countryside

159. Who is Neal Geddes?
(A) An owner of a gallery
(B) An amateur photographer
(C) A world-famous explorer
(D) A founder of an organization

160. According to the postcard, what will invitees receive on September 15?
(A) A biography of Vijay Briggs
(B) A ticket to another event
(C) A commemorative photo
(D) Free food and drinks

GO ON TO THE NEXT PAGE

Questions 161-162 refer to the following advertisement.

Petersen Kitchen

Petersen Kitchen has been providing luxury custom-designed kitchens to satisfied customers for over twenty years.

Visit one of our twelve showrooms to meet with a friendly design consultant. During the initial consultation, you can discuss materials, finishes and appliance options you'd like for your new ideal kitchen. Once the basic plan is made, our staff will visit your home to take actual measurements of the existing kitchen. A computer-generated image of the finished kitchen will then be created so you can see what the finished kitchen will look like.

If you would like to reserve a time to meet with our design consultant, please use the form on our Web site www.pkitchen.com, e-mail us at customers@pkitchen.com or call us at 555-8921.

161. What is suggested about Petersen Kitchen?

(A) It has been operating for a decade.
(B) It uses the latest computer technology.
(C) It caters specially prepared food.
(D) It has more than one showroom.

162. What is NOT mentioned as a topic of discussion at the initial consultation?

(A) What materials will be used
(B) What kind of finishes are desired
(C) What appliances will be installed
(D) When the product will be completed

Questions 163-164 refer to the following article.

Letter to the Editor

I read the article "Driving the Quickest Way" in your March 26 issue with interest. While I strongly agree with Mr. Wire's view that pedestrians must be cautious when crossing roads, I don't think we need to hurry across the road to accommodate the needs of the drivers to get quickly to their destinations. I believe drivers can and should wait an extra minute to ensure safe crossing. Too many drivers fail to stop for pedestrians at crosswalks and intersections when there are no traffic lights. During winter, the roads are often slippery and it's unsafe for pedestrians to hurry across the street. Is it too much to ask that the drivers be a little patient with the pedestrians when they are behind the wheel?

Mabel Sorel
Richmond

163. What is the purpose of the article?

(A) To point out a mistake in a previous issue
(B) To discuss the safety features of a car
(C) To express a reader's opinion about an article
(D) To complain about the behavior of pedestrians

164. What is NOT mentioned by the writer?

(A) People must be cautious when crossing streets.
(B) The government needs to build more traffic lights.
(C) It is not safe for people to hurry when the roads are slippery.
(D) Drivers should be more patient with pedestrians.

Questions 165-168 refer to the following e-mail.

E-mail Message

FROM:	Mathew Fujita [MFujita@alkana.edu]
TO:	Peter Tajuddin [Tajuddin@roseman.com]
SUBJECT:	Fourth Economics Research Conference
DATE:	August 30

Dear Dr. Tajuddin

I am writing in response to your e-mail on August 25. We regret to hear that you will not be able to participate as planned in the Fourth Economics Research Conference to be held in October. Although, as the head researcher at Roseman Global, your input was greatly anticipated, we understand that situations change. We have cancelled your flights and accommodations accordingly.

On a related note, Alkana University is planning to compile the papers presented at the conference into a book. Even though you will not join the conference, we would still like to include your paper in the publication. For the conference participants, the deadline for submitting the papers is in September. However, in your case we can push back the deadline to the beginning of November when the editing work of the book begins. Please let me know whether you still wish to contribute to the publication. I have attached a paper by Dr. Ayush Lakhani on the Economics of India to give you an idea of the expected length and writing format. A detailed writing guideline will be sent to you later should you wish to participate.

Sincerely,
Mathew Fujita
Professor of Economics
Alkana University

165. What is the main purpose of the e-mail?

(A) To cancel an international conference
(B) To ask for a paper submission
(C) To introduce a new research paper
(D) To promote a new publication

166. Who most likely is Dr. Tajuddin?

(A) A professor at a University
(B) A research project participant
(C) An author of an academic book
(D) A researcher at a company

167. When is the planned deadline of Dr. Tajuddin's paper?

(A) In August
(B) In September
(C) In October
(D) In November

168. What is sent with the e-mail?

(A) A confirmation letter
(B) A detailed writing guideline
(C) A sample paper
(D) A conference agenda

GO ON TO THE NEXT PAGE

Questions 169-172 refer to the following letter

Jumping Jack Adventures

Dear Mr. Jonathan Miller,

Thank you for choosing Jumping Jack Adventures. The goal of our corporate package is to foster trust, open communication and cooperation among team members through various exciting activities. Below is the tentative schedule we have especially prepared for your XT62 Webcam Project Group.

Schedule for Xenic Co. Employees	
Day 1	Arrival at Lodge Kota. Hike to Tahoe Waterfalls and nature appreciation. After lunch, river rafting training with certified instructor Achak Hunt.
Day 2	Motivation Business meeting at the Lodge Conference Room. In the afternoon, bus trip to Oswego Village. Participants will be free to explore the village using a map which will be provided to each person. Meet back at bus.
Day 3	Wild animal watching at Kalamzoo Wildlife Park. In the afternoon, raft race. Winning team gets tickets to sunset dinner cruise.
Day 4	Visit to Lilac Hotsprings by boat. Close meeting.

We are happy to make any changes to the plan before June 1. Please note that a $1,000 deposit is required by May 25. The final payment is due on June 5.

169. What is indicated as a purpose of the trip?

    (A) To stimulate new thinking
    (B) To learn to work as a team
    (C) To assess personal skills
    (D) To reward group members

170. What is provided in the letter?

    (A) A provisionary agenda
    (B) A payment confirmation
    (C) A finalized travel itinerary
    (D) A bank account number

171. When will Xenic employees participate in a competition?

    (A) Day 1
    (B) Day 2
    (C) Day 3
    (D) Day 4

172. What is expected to happen during the trip?

    (A) A sunset cruise ticket will be awarded to all.
    (B) A raft guide certificate will be earned through lessons.
    (C) A map of Oswego Village will be distributed to participants.
    (D) A business meeting will take place each morning.

GO ON TO THE NEXT PAGE

Questions 173-175 refer to the following memo.

MEMO

From: Kim Palmer, HR
To: All ZEK employees
Date: July 20
Re: Workforce development

At ZEC, workforce development is a continued effort on the part of both the company and the employees. Therefore, we recommend all our employees to attend the Workforce Development Meeting next Monday. At the meeting, learning options will be discussed and a calendar of internal training opportunities will be distributed. The internal training opportunities include lectures and seminars by department heads and specialists working for ZEC. Employees are also encouraged to choose from hundreds of work-skill related online courses available free of charge for ZEC employees. You may also decide to take courses outside of work. In that case, please consult the Human Resource Department as tuition fees may be partially subsidized by ZEC. It is important that you talk with the Human Resource Department prior to enrollment, as we do not reimburse retroactively.

173. What will take place on Monday?

(A) Employee training
(B) A safety lecture
(C) Career consultation
(D) An employee meeting

174. What is NOT mentioned as a learning option?

(A) Going to in-company seminars
(B) Attending external courses
(C) Travelling to other branch offices
(D) Studying through online courses

175. What is indicated about the course fees?

(A) The employee may apply for a study loan.
(B) The employee is responsible for all costs.
(C) The company may pay part of the tuition.
(D) The company will refund tuition at a later date.

Questions 176-180 refer to the following announcement.

Goldtree Resorts

Dear guests,

Goldtree Resorts is pleased to announce that a $10 million upgrade is scheduled for our 350 guest rooms and Goldtree Restaurant for the comfort and safety of our valued customers.

Work will begin in the beginning of February with the guest rooms. After the guest rooms are completed, the renewal of the hotel's Goldtree Restaurant will commence. This is expected to be completed by March 30.

New features in the guest rooms will include innerspring mattress beds and oak night stands, as well as a luxurious credenza. In the bathroom, guests can enjoy the same, high-quality bathroom amenities as before, such as shampoo and hair conditioner from quality skincare manufacturer, La Rosa, but with the additional comfort of a modern bathtub and contemporary back-lit mirrors. In addition, the television in the guest rooms will be replaced with a bigger and better 32-inch wall-mounted plasma TV. The walls will also be painted in soft shell white instead of the current beige.

We apologize for any inconvenience caused during the transition period, and are happy to offer free entrance to our exclusive in-door swimming pool for all guests staying at our hotel during the period. Entrance to Goldtree Resort swimming pool is normally $10 for guests and $20 for visitors.

176. Who most likely issued the announcement?

    (A) A guest at a resort
    (B) An employee of a hotel
    (C) A member of a gym
    (D) A president of a construction company

177. The word "Work" in paragraph 2, line 1, is closest in meaning to:

    (A) Inspections
    (B) Attempts
    (C) Renovations
    (D) Production

178. How long will the process take to complete?

    (A) Around one week
    (B) Around two weeks
    (C) Around one month
    (D) Around two months

179. What will remain the same?

    (A) Room furniture
    (B) Bathroom toiletries
    (C) Television size
    (D) Wall color

180. What will guests receive during the transition period?

    (A) Discounted room price
    (B) Gift shop voucher
    (C) Free access to a facility
    (D) Complimentary meals

GO ON TO THE NEXT PAGE

Questions 181-185 refer to the following advertisement and letter.

Why MEXPO?

As many countries prepare for population aging, there is a growing demand for better hospital equipment, preventive medicine and nursing-care systems. MEXPO is a comprehensive international healthcare exposition, held for the 24th time this year at the Berlin Convention Center in Germany. Based on past experiences, around 300 booths and 40,000 visitors are expected.

MEXPO is confident that we can offer your business an unparalleled opportunity and look forward to having you display your products at the exhibition.

The booth costs are as follows: € 1,000 for a 3m^2 Standard Booth, € 3,000 for a 5m^2 Deluxe Booth and €5,000 for a 7m^2 Corner Booth.

Schedule for Exhibitors	
March 3	Application form submission deadline
March 12	Payment due date
March 20 – March 24	Delivery of invitation tickets to exhibitors for distribution
March 24 – April 10	Promotion in specialized magazines
April 12, April 13	Move-in period
April 14 – April 17	Exhibition period

Ms. Joan Lynch
MEXPO Administration Office
April 19

Dear Organizers,

I would like to give feedback on this year's MEXPO from an

exhibitor's point of view. We decided to participate in MEXPO primarily because unlike multimedia advertisements, it gives us a chance to meet with hundreds of potential customers face to face. To this end, we feel MEXPO was more than satisfactory. The turnout was great and we even saw a few of our own customers.

Unfortunately, there were some administrative problems. The invitation tickets were received late. Also, we found out on the set-up day that the deluxe booth we requested was mistakenly overbooked, and we had to use a smaller booth. The booth price was adjusted appropriately, but we had prepared displays for a larger booth so it was hard to get everything into the smaller booth. Also it compromised the design of our displays.

I hope these issues will not come up again in the future.

Sincerely,

Jack Baudin

Jack Baudin

---

181. What is the theme of MEXPO?

(A) Population aging
(B) Healthcare
(C) Pension systems
(D) Mexican culture

182. What is NOT indicated about MEXPO in the advertisement?

(A) The venue it will be held at
(B) The expected scale of the event
(C) The organizers of the event
(D) The date it will take place on

GO ON TO THE NEXT PAGE

183. What reason does Mr. Baudin give for his company's decision to become an exhibitor?

(A) To gain more brand exposure
(B) To keep in touch with existing customers
(C) To meet directly with potential clients
(D) To demonstrate new products and services

184. In the e-mail, the word "end" in paragraph 1, line 5, is closest in meaning to

(A) contingency
(B) purpose
(C) belief
(D) achievement

185. What was Mr. Baudin unhappy about?

(A) MEXPO did not attract enough visitors.
(B) The exposition was not thoroughly promoted.
(C) The size of the booth limited the display design.
(D) The administrative personnel were rude to him.

Questions 186-190 refer to the following notice and article.

Welcome to Vita Park

Vita Park is a hidden gem on the shores of Lake Montreaux. Managed by the city of Kingston, an assortment of well-known plants and flowers, as well as those rarely seen in other places, grow in the 400 acres of beautifully maintained land.
Some of the attractions of the park include the Hampton Theater, built in 1947 by famous architect Faith Smith, located on the east side of the park, a Japanese garden next to the south entrance, and a playground on the west end. There is also a visitor center and park café near the north entrance. Throughout the year, the park's tree contractors, Smith and Sons, continues to prune trees and remove dead branches for the safety of park users.

Join the Friends of Vita Park! For more details, contact the Vita Park office at 555-2890.

Vita Park Allotment Harvest Festival

KINGSTON — Last Sunday saw the harvest celebration at Vita Park Allotment, marking the end of summer and beginning of autumn. The festival took place outside the south entrance of the park. Children enjoyed fun activities organized by volunteers, like apple bobbing and lantern making. The petting zoo where children could pet ponies and rabbits was a huge success at last year's harvest festival. This year, it returned with not only ponies and rabbits but with guinea pigs and goats. Needless to say, the children had an amazing time learning about the animals and enjoying their furry company.
The adults took the opportunity to purchase natural produce from the allotment such as carrots, potatoes and tomatoes. Festival organizers said all proceeds will be put towards repairing the tool shed and acquiring more gardening tools.

186. What is the purpose of the notice?

   (A) To inform of recent park news
   (B) To give an overview of the park
   (C) To explain the rules for visitors
   (D) To provide details of membership

187. What is indicated about Vita Park?

   (A) It is well-known and popular.
   (B) It has a lake in the center.
   (C) It has rare plant species.
   (D) It is managed by a company.

188. Where did the Harvest Festival take place?

   (A) In the Hampton Theater
   (B) Near the Japanese garden
   (C) At the playground
   (D) In the visitor center

189. What is the purpose of the article?

   (A) To report a seasonal event
   (B) To advertise an upcoming festival
   (C) To review organic food products
   (D) To recommend a family activity

190. What could visitors do at the Harvest Festival?

   (A) Learn how to repair gardening sheds
   (B) Rent a plot of land to grow vegetables on
   (C) Purchase cheap produce from overseas
   (D) Interact with domesticated animals

Questions 191-195 refer to the following e-mails.

===== E-mail Message =====

TO:	Erika Steward [stewart@jenkins.com]
FROM:	Brandon Shanks [brandon_shanks@koffman.com]
DATE:	April 2, 10:00 A.M.
SUBJECT:	Rental Office Space

Hello. We are a financial consultation firm looking to rent office space in downtown Montreal in an effort to trim down operational costs. Currently we occupy the entire top floor of a three-story building, but the space is more than we need. Ms. Tyler, an acquaintance of mine at Mumbai Electronics, recommended your company to me. I read on your homepage that you specialize in office rentals, and I hope you can send us information on good-sized properties for our relocation.
The new office should preferably be close to our warehouse on Sherbrook Boulevard, near the Regal Plaza. The size should be around 800 to 1,000 square feet with a price range of $1,500 to $2,000.
Thank you.

Brandon Shanks

===== E-mail Message =====

TO:	Brandon Shanks [brandon_shanks@koffman.com]
FROM:	Erika Steward [stewart@jenkins.com]
DATE:	April 2, 11:50 A.M.
SUBJECT:	Re: Rental Office Space

Dear Mr. Shanks,

Thank you for your e-mail. We checked our database for the properties that best match your preferences. The following spaces are all located within a 10 minute walk from the Regal Plaza and are available for rent as of today. If you are interested, please call us as soon as possible to arrange a viewing. We advise you not to delay; the properties go pretty quickly in this popular neighborhood!

- 3176 Desmond St.
  870 sq ft, first floor, $2,500
  Luxuriously decorated office space with oak doors and frames. New carpet, granite floor in entrance.

- 278 Sierra Blvd.
  2,300 sq ft, fifth floor (penthouse), $2,600
  Beautiful red brick building. Interior can be renovated to tenant's specifications. Quick access to Highway #18.

- 2988 Longview Avenue
  1,600 sq ft, second floor, $1,900
  Ideally located with convenience store on first floor. Alarm System. Elevator. 2 exterior parking spaces available (not included in rent).

- 567 Xavier Blvd.
  950 sq ft, ground floor, $1,950
  Recently constructed building, fully furnished. Less than 2 minutes from bus stop.

Erika Steward
Jenkins Real Estate

191. What reason does Mr. Shanks give for the relocation?

 (A) The current office is getting old.
 (B) The current office is too small.
 (C) The current office is too large.
 (D) The current office is geographically inconvenient.

192. How did Mr. Shanks learn about Jenkins Real Estate?

 (A) He has used the company's services before.
 (B) He saw the company's advertisement on the Internet.
 (C) A person he knows recommended the company.
 (D) A worker at his firm knows the company owner.

193. What is included in the search criteria for the new office?

 (A) The size of the reception area.
 (B) The number of the floor the property is on.
 (C) The availability of parking spaces.
 (D) The area the property is located in.

194. What is suggested in the second e-mail?

 (A) Mr. Shanks should write back Ms. Steward to arrange a viewing.
 (B) Office rental prices have been rising in the last few years.
 (C) The clients can check the company database for available properties.
 (D) Many people are looking for properties in the same area as Mr. Shanks.

195. Which property best matches what Mr. Shanks is looking for?

 (A) 3176 Desmond St.
 (B) 278 Sierra Blvd.
 (C) 2988 Longview Avenue
 (D) 567 Xavier Blvd.

GO ON TO THE NEXT PAGE

Questions 196-200 refer to the following article and e-mail.

An Unlikely Winner
by Lucy Brighton

Joe Benally, a seasoned electrician and writer, never expected to win the Nez Book Award when he e-mailed his manuscript to Lora Publishing earlier this year. For 6 months, Benally and his editor Janet Swan painstakingly worked on the sensational non-fiction novel *Lessons of Fire*, but Benally was so surprised he spilled a glass of water when the winner was announced at a dinner at Goldlock Hotel on the night of September 9. Amazingly, Benally and Swan had never met in person before the awards dinner. "We worked on his book through e-mails and phone messages," Swan says. The public will meet Benally for the first time on September 17 when he does a signing at the Capitol Hill Library.

This is also the first time for Lora Publishing, which is a small family run publishing firm, to produce a book that won an award. "We are thrilled," says company executive Noah Black. Besides being a first-time novelist, Benally was the only one out of the four nominees who does not have a contract with a publishing giant such as Longin Books or Temple Publishers.

E-mail Message

TO:	nblack@lorapublishing.com
FROM:	jswan@lorapublishing.com
DATE:	September 30
SUBJECT:	Book tour

Noah,

I am thrilled to hear that Legendary Studios has approached us about putting Mr. Benally's book into screen format. I checked his schedule for this Friday, and we can make it back in time for the meeting in New York if we can reverse the order of the book reading at Elemar Books. Then we can fly out of California in the morning. I have already contacted the bookstore and am waiting for their response. I hope they agree, because I really want to attend this meeting.

It's impossible for us to return any earlier, as Mr. Benally is scheduled for an interview on Wednesday with local radio show host Nick Donovan, which will be aired next week. On Thursday, Mr. Benally will speak at a district elementary school.

Let me know if this arrangement is okay.

Janet Swan
Editor
Lora Publishing

196. What is indicated about Mr. Benally?

(A) He was confident that he would win the award.
(B) He works as a full-time writer.
(C) He submitted his work a year ago.
(D) He attended an event in September.

197. In the article, the word "seasoned" in paragraph 1, line 1, is closest in meaning to

(A) permanent
(B) temporary
(C) hard-working
(D) veteran

198. Who is the e-mail addressed to?

(A) An executive of Lora Publishing
(B) A colleague of Joe Benally
(C) An employee at Legendary Studios
(D) An editor at Temple Publishers

199. According to the e-mail, what does Ms. Swan wish to do?

(A) Advertise the book on television
(B) Publish a special edition of a book
(C) Cancel a book reading in California
(D) Return to New York for a meeting

200. According to the e-mail, what will occur next week?

(A) Mr. Benally will meet with Lucy Brighton.
(B) A radio show starring Mr. Benally will be broadcasted.
(C) Mr. Benally will sign books at Capitol Hill Library.
(D) A workshop for local school children will be hosted.

Stop! This is the end of the test. If you finish before time is called, you may go back to Part 5, 6, and 7 and check your work.

Reading Section

Chapter 2

Part 5
短文穴埋め問題

大特訓 ①

パートの概要

1 全部で40問の問題があります。

2 不完全な文章を完成させるために、4つの答えの中から最も適当なものを選び解答用紙にマークします。

解答時の *Point*

✍ ここで再度 ***Part 5*** の **101.～110.** を解きなおしてから先に進んでください。

101. と **102.** の2問を使い、***Part 5*** の問題をどのように解答していけばいいのかを解説していきます。

Part 5 は、以下の2パターンのいずれかを用いて解答するようにします。

解答の手順 例1

まず、品詞問題の解法を説明します。

101. The Town of Sunny Hill makes a ------- profit by renting bikes to tourists who visit the town each summer.

(A) considering
(B) considers
(C) considerable
(D) considerably

> Sunny Hill 町は、毎年夏に町を訪れる観光客へ自転車を貸すことによって、かなりの利益を得ています。
>
> (A) ～であることを考慮すれば
> (B) ～を考慮する
> (C) かなりの
> (D) かなり

解答の手順 1. 最初に選択肢を確認します

選択肢を読むのではなく、品詞問題であることを「見て確認」できれば十分です。

[1]➡～➡[2] は1語1語を読まないでください、一目見て「よし、品詞問題だな」と確認するだけでOKです。

この問題のように選択肢に派生語が並んでいるものを、本書では品詞問題と呼ぶことにします。

品詞問題は、空欄の前後を確認するだけで解けるものが多いのが特徴です。

ただし、そのためには英文法の知識が必要であり、英文中のどこからどこまでが意味のカタマリであるのかを理解する力が求められます。

問題文と設問・選択肢に番号をつけました、英文をどのような順に読み進めて解答していけば良いのかを理解するための目安にしてください。
例えば [1]➡ …… ➡[2] とある場合、まずは [1]➡～➡[2] までの英文を読んで理解した後で [2]➡ に進むということを表しています。

---

101. [2]➡ The Town of Sunny Hill makes a ------- profit by renting bikes to tourists who visit the town each summer. ➡[3]

(A) [1]➡ considering
(B) considers
(C) [3]➡ considerable 　正解
(D) considerably ➡[2]

解答の手順 2. 一通り全文の内容を確認し、次は空欄の前後にフォーカスします

「**makes ／ a ------- profit ／ by renting bikes**」のように、a～profit までが1つのカタマリであることを確認します。

英文を区切ってカタマリに分ける際は、以下の基本ルールを適用します。

Part 5 短文穴埋め問題 大特訓① 235

> 1　主語（のカタマリ）の後で区切る
> 2　動詞（のカタマリ）の前後で区切る
> 3　関係詞の前で区切る
> 4　前置詞、to 不定詞の前で区切る

このルールに当てはめて空欄の前後を区切ってみると、**makes**（動詞）の後で区切り、**by**（前置詞）の前で区切ることになります。
冠詞の **a** から始まるカタマリは、基本的に名詞のカタマリになります。

　　（例）**a big goal**（大きな目標）

この表現は、**a** の次に **big**（大きい）という形容詞があり、それが次にある **goal**（目標）という名詞を修飾（限定）しています。
修飾というのは、「意味や内容をくわしく説明すること」です。
今回の問題にこれを当てはめてみると、空欄には形容詞が入ることになります。
形容詞（となり得るもの）は選択肢 (A) の **considering** と (C) の **considerable** ですが **considering profit** にしてしまうと、**profit**（利益）が **considering**（考えている）ということになってしまい文脈が通じません。
よって、(C) の **considerable**（かなりの）が正解になります。

正解 (C) **considerable**

101. 《The Town (of Sunny Hill)》【makes】／ a ------- profit ／ by renting bikes ／ to tourists ／
who visit the town each summer.

　　(A) considering
　　(B) considers
　　(C) considerable
　　(D) considerably

文頭から意味をとっていくと以下のようになります。

《街 (Sunny Hill)》は【つくる】／かなりの利益／
自転車を貸すことによって／観光客へ／毎年夏に町を訪れる。

- 《　　　》→ 主部：(　　　) 内は主語を説明
  【　　　】→ 動詞 (動詞句)

  ※主部………主語を含む、主語を限定したり説明したりする部分を含むカタマリ
  ※動詞句……2 語以上で動詞の意味を持つカタマリ

復習時は選択肢の意味、品詞は何なのかをきちんと確認しておきましょう。品詞の性質やはたらきがわからない場合には、一度英文法の本に戻って確認するようにしてみてください。

(A) considering　接続詞・前置詞「〜であることを考慮すれば」
(B) considers　動詞 consider「〜を考慮する」〈3単現〉
(C) considerable　形容詞「かなりの」
(D) considerably　副詞「かなり」

語句　□ make a profit　利益を得る　　□ tourist　名観光客
　　　　□ rent　動貸す

解答の手順 例2

次は、文脈依存型の問題（接続詞・前置詞の問題、語彙問題など）の解法を説明します。

102. ------- the past 20 years, Amanda Catering Service has repeatedly proven its dependability and professionalism.

   (A) Since
   (B) Between
   (C) Over
   (D) Except

> 過去20年間にわたり、Amanda Catering Service 社は、その信頼性と専門性をたびたび証明してきました。
>
> (A) 〜以来
> (B) 〜の間で
> (C) （ある期間）を通して、〜の間中
> (D) 〜を除いて

解答の手順 1

▶ 品詞問題と同じように、***Part 5*** の問題を解く際は、まず「選択肢を最初に見る」のが基本です。
  ４つの選択肢の単語を確認し、問題文に進みます。

▶ 文頭から意味をとりつつ読み進めていきます。
  次のページにある例題の英文には基本に忠実にスラッシュをつけてありますが、前から区切って意味をとる練習を続けていくうちに、少しずつある程度長い意味のカタマリで英文を理解することができるようになってきます。
  英文を読む際は、徐々に大きめのカタマリごとに意味をとらえるようにしていってください。
  慣れるまでは良いのですが、あまり細かく分けすぎると、かえって理解するのに時間がかかってしまいます。
  このあたりのさじ加減は、日々の学習でだんだんと身についてきます。

102. 2➡ ------- the past 20 years, Amanda Catering Service has repeatedly proven its dependability and professionalism. ➡3

(A) 1➡ Since
(B) Between
(C) 3➡ Over　正解💡
(D) Except ➡2

解答の手順 2

では区切った英文の内容を、文頭から確認してみましょう。

102. ------- the past 20 years, ／《Amanda Catering Service》【has repeatedly proven】／ its dependability and professionalism.

(A) Since
(B) Between
(C) Over
(D) Except

⬇

文頭から意味をとっていきます。

------- 過去20年間／《Amanda Catering Serviceは》／【たびたび証明してきました】／その信頼性と専門性を。

> ☞　《　　　》→ 主部：(　　　)内は主語を説明
> 　　【　　　】→ 動詞（動詞句）
>
> ※主部………主語を含む、主語を限定したり説明したりする部分を含むカタマリ
> ※動詞句……2語以上で動詞の意味を持つカタマリ

選択肢の内容は以下になります。

(A) Since　前置詞「〜以来」
(B) Between　前置詞「〜の間で」
(C) Over　前置詞「(ある期間)を通して、〜の間中」
(D) Except　前置詞「〜を除いて」

全体の内容から、空欄には「(過去20年間)にわたって」のような意味の前置詞を入れると文意が通じることがわかります。
選択肢 (C) の **Over** には「〜の間中、〜(の期間)を通して」という意味があるため、これが正解となります。

正解 (C) **Over**

語句
- □ over the past 20 years 過去20年間にわたって
- □ repeatedly 副 繰り返し
- □ prove 動 証明する
- □ dependability 名 信頼性
- □ professionalism 名 専門性

➤ 1つの問題に対して「ここまでのことができれば良い」という復習の目安を、以下にまとめておきます。

> ❶ 問題に正解することができ、それを解説できるようにする
> ❷ 問題文を意味のカタマリごとにスラッシュで分けることができるようにする
> ❸ 選択肢がどの品詞なのか、どんな形なのかを説明できるようにする
> ❹ 問題文を訳すことができ、意味がとれるようにする
> ❺ 知らない単語&フレーズがあった場合、それを覚えるようにする

上記の❶〜❺を完璧にできるよう、単に問題を解いて終わりにするのではなく、より完成度の高い復習を行なうように心がけましょう。
「一度解いて、答えを確認して終わり」ではありません。
辛い作業であろうとも、自分があやふやだった知識や考えと向き合うことが、実は最も効率的で効果的なやり方なのです。

※ 103. 以降の問題は、上記の 101. と 102. の解法を手本にして解答する訓練を積んでください。

Part 5 スクリプトと訳・正解と解説

103. 《The news (of the closure of Bolton Tires' Beijing factory)》
【came】 ------- a surprise ／ even to its veteran employees.

(A) from
(B) by
(C) as
(D) off

Bolton Tires社北京工場閉鎖のニュースには、ベテラン社員さえも驚かされました。

(A) 前置詞「～から」
(B) 前置詞「～によって」
(C) **come as a surprise to** で「(主語が)～を驚かせる」 【正解】
(D) 前置詞「～から離れて」

解説 come as a surprise to を知っていれば解答できる問題です。as を空欄に入れて、問題文全体の文意を前から取ってみてください。
as は「コメントを貼り付ける」というイメージの単語です。
「news が来たよ、で、surprise がそれ (news) にくっついているよ」という感覚です。
「驚きを伴うニュースが社員に来た」という内容であることが理解できれば良いでしょう。

語句
- closure 名 閉鎖
- factory 名 工場
- come as a surprise (to) (主語が)～を驚かせる
- even 副 ～でさえ
- veteran employee ベテラン社員

Part 5 短文穴埋め問題 大特訓① 241

104. 《Petunia Airlines》【redesigned】the seats ／ in their airplanes ／ to offer passengers ／ a more ------- journey.

(A) comfort
(B) comfortable
(C) comforting
(D) comfortably

Petunia 航空は、乗客により快適な旅を提供するために、飛行機の座席を一新しました。

(A) 名詞「快適さ」
(B) 形容詞「心地よい」　**正解**
(C) 形容詞「慰めとなる、元気づける」
(D) 副詞「心地よく」

解説 品詞問題は、まずは空欄の前後を確認しましょう。読むべき部分を区切り、その範囲内で解答するようにしてみます。
空欄前に **more** があり、空欄後には **journey** があるため、ここには形容詞 (B) **comfortable** が入ると判断することができます。
文法的に合うものを選択するようにし、それでも1つに絞りきれない場合には文脈的な判断も入れるようにします。

語句
□ redesign 　動 再設計する、デザインをし直す
□ offer 　動 提供する
□ passenger 　名 乗客
□ journey 　名 旅

105. If 《you》【are unable to ------- log】 in to the library's database, 《you》【need to contact】 a librarian ／ for assistance.

(A) succeed
(B) successful
(C) successfully
(D) success

図書館のデータベースにうまくログインできない場合は、司書に連絡して支援を求める必要があります。

(A) 動詞「成功する」の原形・現在形
(B) 形容詞「成功した」
(C) 副詞「うまく、首尾よく」　正解
(D) 名詞「成功」

解説 品詞問題なので、空欄の前後だけをまずは確認してみます。**be unable to log in**（〜にログインすることができない）が、すでに完成形として存在するので、空欄には副詞が入ります。
副詞は基本的に名詞以外の品詞を修飾し、それ自体がなくても文が成立するというのが特徴です。
(C) の **successfully**（うまく）を入れると **be unable to log in** という動詞のカタマリを修飾し、「うまくログインできない」となって文意が通ります。

語句
- be unable to do 〜することができない
- log in to 〜にログインする
- database 名 データベース
- contact 動 連絡する
- librarian 名 司書
- assistance 名 支援

106. To adjust the ------- ／of the display, ／【simply press】 the button ／on the right side ／of your Decima 20X Alarmclock.

(A) bright
(B) brighten
(C) brightness
(D) brightly

Decima 20X 目覚まし時計のディスプレイの明るさを調整するには、右側にあるボタンを押すだけです。

(A) 形容詞「明るい」
(B) 動詞「〜を明るくする」の原形・現在形
(C) 名詞「明るさ」　**正解**
(D) 副詞「明るく」

解説 選択肢から、品詞問題であることがわかります。
　読む範囲を区切ると、**To adjust the -------** だけを読めばいいと判断することができます。
冠詞 **the** の後には名詞が来るので、(C) の **brightness**（明るさ）が正解になります。
空欄の前後を見るだけで解答できる問題でも、選択肢を含めた全体に対する確認を必ず行なうようにしてください。

語句
☐ adjust 動 調整する　　　　☐ press the button ボタンを押す
☐ simply 副 単に〜だけ　　　☐ on the right side of 〜の右側に

107. 《The technician (from the repair shop)》【-------】Jonathan ／ to switch off the computer ／ and restart it ／ to fix the problem.

(A) said
(B) told
(C) talked
(D) spoke

修理店の技術者は、問題を解決するためにコンピュータの電源を切り、再起動するようにと Jonathan に言いました。

(A) 動詞 say「言う」の過去形・過去分詞
(B) 動詞 tell「〜と教える」の過去形・過去分詞　　**正解**
(C) 動詞 talk「話す」の過去形・過去分詞
(D) 動詞 speak「話す」の過去形

解説 選択肢には「話す」という意味を持つ 4 つの単語が並んでいます。
これらの中で直後に人を目的語（＝動作の対象）として直接置けるのは、(B) の **told**（原形は **tell**）だけです。
話す相手を後に続ける場合は、**say to you**、**talk to / with you**、**speak to / with you** などのように、人の前には前置詞が必要です。

語句
- technician 名 技術者
- repair shop 修理店
- switch off 電源を切る
- restart 動 再起動する
- fix the problem 問題を解決する

Part 5 短文穴埋め問題　大特訓 ①

108. 《The Brian Innovation Award entries》【are -------】 on their functionality, design and originality.

(A) supervised
(B) judged
(C) promoted
(D) upheld

Brian Innovation 賞のエントリー作品は、機能性、デザイン、独創性によって評価されます。

(A) 動詞 **supervise**「〜を監督する」の過去形・過去分詞
(B) 動詞 **judge**「〜を評価する」の過去形・過去分詞　　**正解**
(C) 動詞 **promote**「〜を促進する」の過去形・過去分詞
(D) 動詞 **uphold**「〜を支える」の過去形・過去分詞

解説 選択肢には動詞が並んでおり、このようなタイプの問題は文脈から判断して解答しなくてはなりません。
空欄前には be 動詞があるので、選択肢に並ぶ動詞の形（過去分詞）から受動態の文を完成させる問題だと判断します。
「**The Brian Innovation Award entries** は **their functionality, design and originality** に基づいて（＝on）〜される」という内容だと考え、文意が通る (B) **judged**（評価される）を選びます。
on は「接触している」というイメージの単語です。
評価されるという状況に **design and originality** がくっついている・接触している。
そこから「〜に基づいて」という意味が生まれます。

語句　□ award 名賞　　　　　　　□ originality 名独創性
　　　　□ functionality 名機能性

109. 《Greenhams, (the popular folk band from Spain)》, 【-------】 their lively beats ╱ to the annual Jameston Festival ╱ last weekend.

(A) brought
(B) to bring
(C) will bring
(D) be brought

スペインの人気フォークバンド Greenhams は先週末、毎年恒例の Jameston Festival に陽気なビートと共に登場しました。

(A) 動詞 **bring**「〜を持ってくる」〈過去形・過去分詞〉 **正解**
(B) 〈**to** 不定詞〉
(C) 〈未来を表す表現〉
(D) 〈原形の受動態〉

解説 選択肢には過去や未来、不定詞に受け身など、**bring** のさまざまな形が並んでいます。

同じ動詞のさまざまな形が並んでいる問題を解くときは、以下の3点に注意します。

- 主述の一致（主語と動詞の組み合わせ）
- 時制（現在・過去・未来を表す表現）
- 態（能動態か受動態か）

まずは主述の一致と時制を確認し、それだけでは解くことができない場合には態の確認に移ります。

時制に関するキーワードを探してみると、最後の方に **last weekend**（先週末）という過去を表す表現が見つかります。

選択肢 (A) の **brought** だけが過去形なので、これを正解としてマークします。

語句
□ folk band　フォークバンド
□ lively　副 陽気な、生き生きと
□ beat　名 ビート
□ annual　形 年1回の

110. Earlier this year, ╱《KPY School of Business》【revised】its ------- ╱ to include more subjects ╱ related to supply chain management.

(A) brand
(B) curriculum
(C) admission
(D) building

KPYビジネススクールは今年の初めにカリキュラムを改訂し、サプライチェーンマネジメント関連の科目を増やしました。

(A) 名詞「銘柄」
(B) 名詞「カリキュラム」　**正解**
(C) 名詞「入学、入場料」
(D) 名詞「建物」

解説 意味の異なる同じ品詞（名詞）が並んでいるので文脈を追う必要があると判断し、問題文の文頭から意味を取りつつ読み進めていきます。

KPYビジネススクールは何かを **revised** したのですが、それは **include more subjects** するためだったということがわかります。

「より多くの科目を含ませる」のが **revised** の目的であると判断できるので、(B) の **curriculum** を入れれば文意が通ります。

カリキュラムを変えれば、より多くの科目数をそれ（＝カリキュラム）に含ませることができるからです。

語句
- earlier this year　今年の初め
- revise　動 改定する
- include　動 含む
- subject　名 科目
- related to　～に関連する
- supply chain management　サプライチェーンマネジメント

仕上げの特訓

➤ **101.〜110.** の問題の復習です。

空欄の場所を変え、品詞問題を中心とした文法問題に作成し直しました。

解答を終えて復習をする際は、正解の選択肢になる理由をできる限り簡潔に自分の言葉で言えるようにしましょう。

101. The Town of Sunny Hill makes a considerable profit by renting bikes to tourists ------- visit the town each summer.

(A) when
(B) who
(C) which
(D) what

102. Over the past 20 years, Amanda Catering Service has ------- proven its dependability and professionalism.

(A) repeat
(B) repeats
(C) repeatedly
(D) repeating

103. The news of the ------- of Bolton Tires' Beijing factory came as a surprise even to its veteran employees.

(A) close
(B) closed
(C) to close
(D) closure

104. Petunia Airlines ------- the seats in their airplanes to offer passengers a more comfortable journey.

(A) redesigned
(B) redesigning
(C) to redesign
(D) redesign

GO ON TO THE NEXT PAGE

105. If you are unable to successfully log in to the library's database, you need to contact a librarian for -------.

    (A) assistant
    (B) assist
    (C) assistance
    (D) assists

106. To adjust the brightness of the display, simply ------- the button on the right side of your Decima 20X Alarmclock.

    (A) press
    (B) presses
    (C) to press
    (D) pressing

107. The technician from the repair shop told Jonathan to switch off the computer and ------- it to fix the problem.

    (A) restarted
    (B) restarting
    (C) restart
    (D) restarts

108. The Brian Innovation Award entries ------- judged on their functionality, design and originality.

    (A) are
    (B) be
    (C) is
    (D) to be

109. Greenhams, the popular folk band from Spain, brought their ------- beats to the annual Jameston Festival last weekend.

    (A) live
    (B) lively
    (C) living
    (D) lives

110. Earlier this year, KPY School of Business revised its curriculum to include more subjects related ------- supply chain management.

    (A) at
    (B) to
    (C) in
    (D) with

解答と解説

101. The Town of Sunny Hill makes a considerable profit by renting bikes to tourists ------- visit the town each summer.

(A) when
(B) who　**正解**
(C) which
(D) what

解説 空欄の直前に人を表す **tourists** があり、直後には動詞の visit があります。
直前にある **tourists**（人）を表し、なおかつ続く文の主語になれるのは、関係代名詞の **who** です。
make a profit（利益を得る）、**by doing**（〜することによって）も押さえておきましょう。

102. Over the past 20 years, Amanda Catering Service has ------- proven its dependability and professionalism.

(A) repeat
(B) repeats
(C) repeatedly　**正解**
(D) repeating

解説 現在完了形の **has proven** の間に割って入り、なおかつそれを修飾することができるのは副詞です。
over the past 20 years（過去20年間にわたって）は **over the last 20 years** と言い換えることもできます。
professionalism は「プロ意識、専門的知識」という名詞です。
professional（専門家、プロの）や **profession**（職業）ときちんと区別できるように覚えておいてください。

103. The news of the ------- of Bolton Tires' Beijing factory came as a surprise even to its veteran employees.

(A) close
(B) closed
(C) to close
(D) closure　**正解**

解説 空欄の前には冠詞の **the** があり、後ろには **of** があります。前置詞の前は文法的な切れ目なので、見るべき部分は **the** と空欄だけです。
the の後ろには名詞（のカタマリ）が入るため、正解は **closure** になります。
come as a surprise to（〜に驚きをもたらす）も押さえておいてください。
employ（雇う）から派生する名詞 **employer**（雇用者）と **employee**（従業員）も頻出です。

104. Petunia Airlines ------- the seats in their airplanes to offer passengers a more comfortable journey.

(A) redesigned　**正解**
(B) redesigning
(C) to redesign
(D) redesign

解説 問題文中には動詞が存在しないので、空欄には動詞を入れます。
主語の **Petunia Airlines** は単数形の固有名詞（会社名）です。
よって選択できるのは (A) の **redesigned** という過去形だけになります。
(D) の **redesign** は「動詞の原形もしくは主語が1人称か2人称で現在形の文」で使う形です。

105. If you are unable to successfully log in to the library's database, you need to contact a librarian for -------.

(A) assistant
(B) assist
(C) assistance　　**正解**
(D) assists

解説 前置詞の **for** の後は、名詞（のカタマリ）が来るため、(A) の **assistant** か (C) の **assistance** が正解の候補となります。
ただし、**assistant** は可算名詞（1人、2人と数えることができる）なので、**the** や **a** などがその直前に必要となります。
よって正解は (C) の **assistance**（助け、補助）になります。
assistance は不可算名詞（1つ、2つと数えられない）であるため、前置詞の後に単独で置くことができます。
librarian（司書）も押さえておきましょう。

106. To adjust the brightness of the display, simply ------- the button on the right side of your Decima 20X Alarmclock.

(A) press　　**正解**
(B) presses
(C) to press
(D) pressing

解説 この問題の, (カンマ) 以降には主語も動詞もありません。
よってこの文は主語がなくても文をつくることができる命令文（〜しなさい）であると判断し、空欄には動詞の原形を入れれば文意が通ります。
simply press で「単に〜を押してください」という意味です。

107. The technician from the repair shop told Jonathan to switch off the computer and ------- it to fix the problem.

(A) restarted
(B) restarting
(C) restart　　正解
(D) restarts

解説 接続詞の **and** は、「同じタイプのもの」をつなぎます。**and** の前が **switch off the computer** なので、後ろも同様に動詞から始まるカタマリが来ると考えます。
fix は「固定する、修理する」と覚えておきましょう。
また、**told Jonathan to switch** で使われている、**tell ＋人＋ to do**（人に～するように言う）も押さえておいてください。

108. The Brian Innovation Award entries ------- judged on their functionality, design and originality.

(A) are　　正解
(B) be
(C) is
(D) to be

解説 主語が複数形（**entries**）なので、これに対応する **be** 動詞の **are** を選びます。
functionality（機能性）の関連語に **function** があります。
自動詞で「機能する」、名詞で「機能」という意味がありますが、他に重要な「会合」という意味があることを必ず覚えておいてください。
conference, convention, meeting と一括にしておくと良いでしょう。

109. Greenhams, the popular folk band from Spain, brought their ------- beats to the annual Jameston Festival last weekend.

(A) live
(B) lively　　正解
(C) living
(D) lives

> **解説** 後に続く **beats**（名詞の複数形）を修飾するカタチを選びます。
> 名詞を修飾するのは形容詞なので、**lively**（生き生きとした）と **living**（生きている）が考えられるが、**living** だと意味が通らないので **lively** を選びます。
> **bring A to B**（AをBにもたらす）も覚えておきましょう。

110. Earlier this year, KPY School of Business revised its curriculum to include more subjects related ------- supply chain management.

(A) at
(B) to　　正解
(C) in
(D) with

> **解説** 空欄直前にある **related** とつながる前置詞は **to** です。
> **related to** で「～に関連している」という意味になります。
> 同じように使える **in relation to** や **pertaining to** も出題されるので一緒に押さえておきましょう。

Column

着実な積み重ねが大切

筋トレやダイエット・楽器などは、一朝一夕であっという間に成果が出るものではありません。

TOEICテストのための勉強も同じです。

毎日コツコツ確実に積み重ねていったことが、ある一定の期間を経て成果に変わるのです。

まずは3日続けてみてください。

3日続いたら、次は1週間、1週間続けられたら2週間。
2週間の継続を達成できたならば、次は3週間を目指します。

3週間継続できたことは、すでにあなたの中で「当たり前の習慣」に変わっているはずです。

がんばっていきましょう、**絶対できる！**と自分を信じて。

Reading Section

Chapter 3

Part 5
短文穴埋め問題

大特訓 ②

Part 5 スクリプトと訳・正解と解説

✎ ここで再度 *Part 5* の **111.**～**120.** を解きなおしてから先に進んでください。

111. 《The position (of sales clerk at AkoMart)》【requires】 successful candidates ╱ to interact with customers ╱ ------- a daily basis.

- (A) within
- (B) on
- (C) during
- (D) throughout

AkoMart の店員職に採用された応募者は、毎日のように顧客と話をする必要があります。

- (A) 前置詞「〜の範囲内に」
- (B) **on a daily basis** で「毎日のように、日常的に」 正解
- (C) 前置詞「〜の期間に」
- (D) 前置詞「〜の間中ずっと」

解説 選択肢には前置詞が並んでいます。
前置詞の問題は、基本的に後に続く名詞（のカタマリ）との組み合わせから判断するようにします。
on a daily basis（毎日のように）とすれば「毎日顧客と話をする」となり文意が通ります。

語句
- □ position of sales clerk　店員職
- □ require somebody to do　人が〜することを必要とする
- □ successful candidate　採用された応募者
- □ interact with　〜と話をする
- □ customer　图 顧客
- □ on a daily basis　毎日のように

258　Reading Section | Chapter 3

112. If 《the red light (on the printer's front panel)》【is blinking,】
------- the paper ／ in the paper tray ／ with the correct size.

(A) will replace
(B) replaced
(C) to replace
(D) replace

プリンター前面のパネル上の赤いライトが点滅している場合は、用紙を正しいサイズの用紙トレイに入れ直してください。

(A) 動詞 **replace**「〜を置き換える」〈未来を表す表現〉
(B) 〈過去形・過去分詞〉
(C) 〈**to** 不定詞〉
(D) 〈原形・現在形〉 **正解**

解説 選択肢には動詞のさまざまな形が並んでいます。
文頭に接続詞の if があるので、問題文全体には動詞が 2 つ必要であると判断します。
2 つ目の文の最初に置くことができ、なおかつ文意も通るのは、(D) の **replace** です。
文頭に動詞の原形を置くことにより「〜してください」という命令文をつくることができます。

語句 □ blink 動 点滅する　　□ correct 形 正しい
　　　　□ paper tray 用紙トレイ

113. According to the traffic report,《the number (of accidents／on Salem roads)》【has ------- declined】／over the last ten years.

(A) steadily
(B) cautiously
(C) accurately
(D) mutually

交通報告書によると、Salemの路上事故の件数は、この10年間で着実に減少してます。

(A) 副詞「着実に」　　正解
(B) 副詞「慎重に」
(C) 副詞「正確に」
(D) 副詞「相互に」

解説 同じ品詞が選択肢に並んでいるので語彙問題であると判断し、文頭から意味を取りながら問題文を読み進めていきます。**accidents** が **has declined** しているという内容なので「減少している」という動詞のカタマリを説明するのにふさわしい (A) の **steadily**（着実に）を選べば正解です。

over the last ten years の **over** は「上に円弧」があるイメージの単語です。10年という時間の上をすべて覆う感じ、それが「10年間にわたって」という意味につながります。

語句
- □ according to　〜によると
- □ traffic report　交通報告書
- □ the number of accidents　事故件数
- □ decline　動 減少する
- □ over the last ten years　この10年間で

114. Of the 100 survey respondents, 《-------》【expressed】 concerns / over using cosmetic products / manufactured by Oregin Institute.

(A) never
(B) none
(C) nearly
(D) neither

アンケート回答者100名のうち、Oregin 研究所製の化粧品を使用することについて不安を述べた人は1人もいませんでした。

(A) 副詞「決して～ない」
(B) 代名詞「誰も～ない」　**正解**
(C) 副詞「ほとんど」
(D) 代名詞「どちらも～ない」

解説 空欄の直後には **expressed**（述べた、表現した）という動詞があるため、空欄には人を表す主語になり得るものが入ります。選択肢の中では (B) の **none**（誰も～ない）だけが人を表すことができる代名詞です。
文頭の **of** は「～の中で」という意味を表しています。
Akira is one of the best players in the game.（Akira はその試合の中で最高の活躍をした選手の中の1人だ）にある **of** と同じような使い方です。

語句
- □ survey respondent　アンケート回答者
- □ express concerns　不安を述べる
- □ cosmetic products　化粧品
- □ manufactured by　～によって製造された

115. ------- 《Sporta Outfitters》【will close】its outlet ／ in Cambridge, ／《our other stores》【will continue to operate】as usual.

(A) Despite
(B) Although
(C) However
(D) Because

Sporta Outfitters は Cambridge 店を閉店しますが、当社の他店は通常通り営業を続けます。

(A) 前置詞「〜にもかかわらず」
(B) 接続詞「〜ではあるが」　**正解**
(C) 副詞「しかしながら」
(D) 接続詞「なぜならば」

解説 選択肢には前置詞、接続詞、そして副詞が並んでいます。

文頭から問題文を読み進めていくと、S＋V（主語＋動詞）の組み合わせが2つ登場することがわかるため、2つの節（S＋V）をつなぐ接続詞が空欄には必要だということがわかります。

接続詞は (B) の **Although**（〜ではあるが）と (D) の **Because**（なぜならば）の2つです。

次に2つの節の関係を確認します。

最初の節には「Sporta Outfitters は Cambridge 店を閉店します」と述べられており、次の節には「他店は通常通り営業を続けます」と書かれています。

2つの節の内容が逆（＝逆接）であるとわかるため、正解は (B) の **Although** になります。

although S+V で「S＋V ではあるが」という意味です。
because S+V は「S＋V という理由で」という意味になります。

語句
□ outlet 名（直販）店
□ continue to operate 営業を続ける
□ as usual 通常通り

116. 《Neither the bookstore (on Eugene Street) ------- the one (on Blade Avenue)》【carried】 the book ／ Jane needed ／ for the course.

(A) nor
(B) yet
(C) or
(D) and

Eugene Streetの書店もBlade大通りの書店も、Janeがその講座のために必要としている本を扱っていませんでした。

(A) **neither A nor B** で「AとBのどちらも〜ない」 正解
(B) 副詞「まだ」
(C) 接続詞「または」
(D) 接続詞「〜と」

解説 選択肢に並んでいる表現は、すべてTOEICテストに頻出する定番表現です。
- **both A and B** (AとBの両方) ≒ **A and B alike**
- **either A or B** (AかBのどちらか)
- **neither A nor B** (AでもBでもない)
- **not only A but also B** (AだけでなくBも)

上記の表現はすべて頻出なので、これを機会にまとめてしっかりと覚えておくようにしてください。
本問では文頭にneitherがあるため、これに呼応する(A)が正解です。

語句
- □ neither A nor B　AとBのどちらも〜ない
- □ carry　動 扱っている

117. 《(A number of) investors》【-------】 interest ／ in BTT Oil's new project ／ to build a 300 km pipeline.

(A) is expressing
(B) have expressed
(C) to express
(D) has expressed

多くの投資家が、300kmのパイプラインを建設するというBTT Oil's社の新プロジェクトに関心を示しています。

(A) 動詞 express「～を表明する」〈現在進行形〉
(B) 〈現在完了形〉 **正解**
(C) 〈to 不定詞〉
(D) 〈主語が3人称単数の場合の現在完了形〉

解説 選択肢には **express**（表明する）という動詞の変化形が並んでいます。
空欄以外に動詞がないので、ここには動詞（のカタマリ）が必要です。
主語が **investors** という複数形になっているため、それに対応する(B)の **have expressed** が正解になります。
have＋過去分詞という現在完了形は「過去～現在のワクの中で起きている継続・経験・完了・結果」を表します。

語句
□ a number of　多くの、いくつかの
□ investor　名 投資家
□ interest in　～への関心
□ pipeline　名 パイプライン

118. 《The rescued hikers》------- 【intended to hike】 to the Captain's Peak, ／ but 【got lost】 somewhere ／ along the trail.

(A) reports
(B) reporter
(C) reported
(D) reportedly

報道によると、救出されたハイカーたちはCaptain's Peakをハイキングするつもりでしたが、小道沿いのどこかで道に迷ってしまいました。

(A) 名詞「報道」の複数形
(B) 名詞「記者」
(C) 動詞 report「～を報道する」〈過去形・過去分詞〉
(D) 副詞「報道によると、伝えられるところによれば」　**正解**

解説 report（報告する）という動詞を基本とするさまざまな品詞が選択肢に並んでいます。
空欄の後を見ると intend という動詞があるため、ここには動詞は入りません。
また、空欄の部分がなくても文は成立しているので、「それ自体がなくても文が成立する」品詞である副詞を選べば正解になります。
正解となる副詞の (D) **reportedly**（報道によると）は、問題文全体を修飾しています。

語句
- □ rescued hikers　救出されたハイカーたち
- □ intend to do　～するつもりだ
- □ hike to　～へハイキングする
- □ get lost　道に迷う
- □ somewhere along the trail　小道沿いのどこか

119. When 《Jessica Kimberly》【joined】 the Belgua Bank ／ more than a decade ago, ／《she》【didn't know】 the first thing ／ about -------.

(A) financial
(B) financed
(C) finances
(D) financially

10年以上前にBelgua銀行に入社したとき、Jessica Kimberly は財務に関する基本的な事も知りませんでした。

(A) 形容詞「財務の」
(B) 動詞 finance「〜に出資する」〈過去形・過去分詞〉
(C) 名詞「財務」の複数形　**正解**
(D) 副詞「財政上」

解説 品詞問題なので、空欄の前後をまずは確認します。読むべき部分は空欄前の **about** 以降だけです。
正解は前置詞の後に来る名詞の **finances**（財務）になります。
前置詞の後は名詞（のカタマリ）が来る、という基本を押さえておけばすぐに解答できる問題です。

語句　□ join 　加わる　　　　□ a decade ago　10年前

120. ------／that 《the new construction project》【would create】 hundreds of jobs, 《the mayor (of Wingsville)》 eagerly 【gave】 his approval.

(A) To know
(B) Having known
(C) Knows
(D) Knew

新たな建設プロジェクトが何百もの職を創出することを知り、Wingsville市長は、はやる思いで承認を与えました。

(A) 動詞 know「～を知る」〈to 不定詞〉
(B) 〈doing 形〉　正解
(C) 〈3 単現〉
(D) 〈過去形〉

解説 分詞構文の問題で、正解は (B) の **Having known** です。
分詞構文とは、2 つの節の片方 (理由などを表している方) を分詞を使って表している文のことです。
Having known that で「～を知ったので」という意味で、もともとの形は **because the mayor had known that** (市長は that 以下のことを知ったので) になります。
もう 1 つの節 (S＋V) の主語が同じ場合、接続詞と主語を取り去った後で動詞を **doing** の形にすれば分詞構文が完成します。
2 つの文の主語が同じ場合にはこのような手順で分詞構文をつくり、主語などの重複を避けたシンプルな表現にすることができるのです。

語句
- □ construction project 建設プロジェクト
- □ create 動 創出する
- □ hundreds of jobs 何百もの職
- □ mayor 名 市長
- □ eagerly 副 はやる思いで、熱心に
- □ give one's approval ～の承認を与える

仕上げの特訓

➤ **111.**〜**120.** の問題の復習です。

空欄の場所を変え、品詞問題を中心とした文法問題に作成し直しました。

解答を終えて復習をする際は、正解の選択肢になる理由をできる限り簡潔に自分の言葉で言えるようにしましょう。

111. The position of sales clerk at AkoMart requires ------- candidates to interact with customers on a daily basis.

   (A) successful
   (B) succeed
   (C) success
   (D) successfully

112. If the red light on the printer's front panel is blinking, replace the paper in the paper tray ------- the correct size.

   (A) to
   (B) as
   (C) in
   (D) with

113. According to the traffic report, the number of accidents on Salem roads has steadily declined ------- the last ten years.

   (A) under
   (B) over
   (C) during
   (D) among

114. Of the 100 survey respondents, none expressed ------- over using cosmetic products manufactured by Oregin Institute.

   (A) concern
   (B) concerned
   (C) concerning
   (D) concerns

115. Although Sporta Outfitters will close its outlet in Cambridge, our other stores will ------- to operate as usual.
    (A) continuing
    (B) continued
    (C) continue
    (D) to continue

116. ------- the bookstore on Eugene Street nor the one on Blade Avenue carried the book Jane needed for the course.
    (A) Both
    (B) Between
    (C) Not
    (D) Neither

117. A number of investors have expressed interest ------- BTT Oil's new project to build a 300 km pipeline.
    (A) in
    (B) on
    (C) with
    (D) on

118. The ------- hikers reportedly intended to hike to the Captain's Peak, but got lost somewhere along the trail.
    (A) rescue
    (B) rescued
    (C) rescues
    (D) rescuing

119. When Jessica Kimberly ------- the Belgua Bank more than a decade ago, she didn't know the first thing about finances.
    (A) join
    (B) joins
    (C) joining
    (D) joined

120. Having known that the new construction project would create hundreds of jobs, the mayor of Wingsville eagerly gave his -------.
    (A) approval
    (B) approving
    (C) approves
    (D) approved

解答と解説

111. The position of sales clerk at AkoMart requires ------- candidates to interact with customers on a daily basis.

(A) successful　【正解】
(B) succeed
(C) success
(D) successfully

解説 空欄直後にある名詞 **candidates**（候補者）を前から修飾するのは、形容詞の **successful** です。
~ ful は典型的な形容詞の語尾の中の1つなので覚えておきましょう。**interact with**（〜と交流する）や **on a daily basis**（毎日）も重要表現です。

112. If the red light on the printer's front panel is blinking, replace the paper in the paper tray ------- the correct size.

(A) to
(B) as
(C) in
(D) with　【正解】

解説 同じ節にある **replace**（交換する）と呼応する前置詞は **with** です。
replace A with B（AをBと交換する）を押さえておきましょう。
if（もし〜ならば）がある場合、もう1つの節に **will** ＋動詞の原形（〜するだろう）や、この問題のように命令文（〜してください）がくることが多いと覚えておきましょう。

113. According to the traffic report, the number of accidents on Salem roads has steadily declined ------- the last ten years.

    (A) under
    (B) over 【正解】
    (C) during
    (D) among

    解説 空欄後の **the last ten years** という期間の前に置いて文意が通るのは **over** です。
    over the last ten years で「過去10年間にわたって」です。
    over the past ten years という表現も一緒に押さえておきましょう。
    over は「〜をおおう」という意味の前置詞なので、「過去10年間の上をおおっている」感じをイメージしましょう。
    the number of は「〜の数」という意味で、単数形の名詞の前に置きます。
    また、**a number of** は「いくつかの〜」という意味で複数形の名詞の前に置き、**a few** や **several** と同じように使えると覚えておきましょう。

114. Of the 100 survey respondents, none expressed ------- over using cosmetic products manufactured by Oregin Institute.

    (A) concern
    (B) concerned
    (C) concerning
    (D) concerns 【正解】

    解説 **concern**（不安、心配）は可算名詞（1つ、2つと数えられるクッキリとした形を感じられる単語）です。
    express concerns とすれば「懸念を示す」という意味になります。
    concerning は「〜に関して」という意味の前置詞として押さえておきましょう。
    また、同じように使える表現として、**regarding, in regard to, with regard to, about** を一括りにして覚えておくと良いです。

115. Although Sporta Outfitters will close its outlet in Cambridge, our other stores will ------- to operate as usual.

(A) continuing
(B) continued
(C) continue　　**正解**
(D) to continue

> **解説** 助動詞（**will**）の直後に置く動詞は原形にします、よって (C) の **continue** が正解です。
> **as usual** は「通常通り」という意味です。
> **outlet** には「店舗」という意味と「コンセント」という意味があります。

116. ------- the bookstore on Eugene Street nor the one on Blade Avenue carried the book Jane needed for the course.

(A) Both
(B) Between
(C) Not
(D) Neither　　**正解**

> **解説** ① **both A and B ≒ A and B alike**（A と B の両方）
> ② **between A and B**（A と B の間）
> ③ **not only A but also B**（A だけでなく B も）
> ④ **not A but B**（A ではなく B）
> ⑤ **either A or B**（A か B のどちらか）
> ⑥ **neither A nor B**（A でも B でもない）
> 上記の 6 パターンの呼応関係はまとめて覚えておきましょう。
> この問題文中の **carry** は「（在庫として）かかえている」という意味です。

117. A number of investors have expressed interest ------- BTT Oil's new project to build a 300 km pipeline.

(A) in　　**正解**
(B) on
(C) with
(D) on

> **解説** 空欄前の **interest**（興味、関心）と相性の良い前置詞は **in** です。
> **be interested in**（〜に興味がある）も覚えておきましょう。
> また、**express**（表現する）は感情を表現するときによく使われます。
> **express interest**（興味を示す）、**express concerns**（懸念を示す）などを覚えておくと良いでしょう。

118. The ------- hikers reportedly intended to hike to the Captain's Peak, but got lost somewhere along the trail.

(A) rescue
(B) rescued　　**正解**
(C) rescues
(D) rescuing

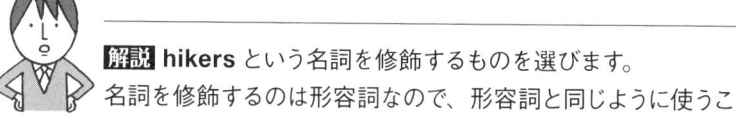

> **解説** **hikers** という名詞を修飾するものを選びます。
> 名詞を修飾するのは形容詞なので、形容詞と同じように使うことのできる過去分詞の (B) と現在分詞の (D) が正解の候補になります。
> **現在分詞（〜している）と過去分詞（〜される）の使い分けは、修飾される名詞の立場で考えるようにしてください。**
> **hikers** は、文脈から「助けられる」立場にあることがわかります。
> よって、過去分詞の **rescued** が正解になります。
> 問題文中に登場する **intend to do**（〜する意図がある、〜しようとする）も押さえておきましょう。

119. When Jessica Kimberly ------- the Belgua Bank more than a decade ago, she didn't know the first thing about finances.

(A) join
(B) joins
(C) joining
(D) joined　**正解**

解説 時制を判断して解答する基本的な問題です。
過去を表す **a decade ago**（10年前）があるため、動詞は過去形にすれば良いということがわかります。

120. Having known that the new construction project would create hundreds of jobs, the mayor of Wingsville eagerly gave his -------.

(A) approval　**正解**
(B) approving
(C) approves
(D) approved

解説 **his**（彼の）という所有格の後にくるのは名詞（のカタマリ）です。
名詞は (A) の **approval**（承認）になります。
hundreds of は **thousands of** と同様に「非常に多くの」という意味です。

Reading Section

Chapter 4

Part 5
短文穴埋め問題

大特訓 ③

Part 5 スクリプトと訳・正解と解説

✍ ここで再度 *Part 5* の **121.〜130.** を解きなおしてから先に進んでください。

---

121. 《Exhibitors (of the May Technology Exhibition)》【must register】 at least 10 days / ------- advance / by submitting a written form.

(A) on
(B) in
(C) of
(D) at

> May技術展の出展者は、少なくとも10日前に書面を提出して登録する必要があります。
>
> (A) 前置詞「〜の上に」
> (B) **in advance** で「前もって」　　正解 💡
> (C) 前置詞「〜の」
> (D) 前置詞「(場所・時間) において」

解説 前置詞の問題です。
空欄後の **advance** と結びついて意味をなすのは (B) の **in** です。**in advance**(前もって) はTOEICテストに頻出の表現なので、ここできちんと押さえておくようにしましょう。

語句
- □ exhibitor 名 出展者
- □ register 動 登録する
- □ at least 少なくとも
- □ in advance 前もって
- □ submit 動 提出する
- □ written form 書面

276　Reading Section | Chapter 4

122. Since 《Jayden County》【is】 ------- ／ for rain, 《travelers》【are advised to pack】 an umbrella and a pair of rain boots.

(A) warned
(B) notorious
(C) disputable
(D) prepared

Jayden 地方は雨が多いことで有名なので、旅行される方は傘やレインブーツを荷物に入れるようお勧めします。

(A) 動詞 warn「〜に警告する」〈過去形・過去分詞〉
(B) 形容詞「(悪いことで)有名である、悪名高い」　**正解**
(C) 形容詞「議論の余地がある、疑わしい」
(D) 形容詞「準備が整った」

解説 *Part 5* の問題で be 動詞の後に単独で入るのは、形容詞 (現在分詞・過去分詞を含みます) か不可算名詞だと頭に入れておきましょう。
選択肢には形容詞が並んでいるため、文脈を追って文意が通るものを選ぶ語彙問題です。
主語＝形容詞になり、全体の文意が通るものを選べば正解になります。
後半の節が「旅行される方は傘やレインブーツを荷物に入れるようお勧めします」という内容なので、(B) の **notorious**(悪いことで有名である) を入れれば前半の内容が「**Jayden County** は雨で (悪い意味で)有名なので」となるため文脈が通じます。
be famous for (〜で有名である) という表現がありますが、同じように **be notorious for** も覚えておきましょう。
かなり難易度の高い語彙問題です。
このような問題と本番で遭遇したときには、わからない場合はサッと適当なものをマークして次に進むようにしてください。

語句
□ be advised to do 〜するよう勧める
□ pack 動 荷物に入れる

123. 《Mr. Kent》【asked】whether《the conference date》【is】-------, since《he》【won't be】in town／on the scheduled date.

   (A) promised
   (B) adjustable
   (C) comparable
   (D) temporary

Kent さんは、予定の日に町にいないため、会議の日が調整可能であるかどうかを尋ねました。

   (A) 形容詞「約束した」
   (B) 形容詞「調整可能な」　　**正解**
   (C) 形容詞「同等の」
   (D) 形容詞「一時的な」

解説 be 動詞の直後に空欄があり、そこに形容詞を入れる問題です。
Kent さんは **the conference date** がどうなのかを尋ねていて、**since** 以降でその理由を述べています。
「予定の日に町にいない」のが前半の節の内容を尋ねている理由なので、正解は (B) の **adjustable**（調整可能な）になります。
since は **because, as, for** などと同様に、「理由」をS＋Vの形で後に置くことができる接続詞であると覚えておきましょう。

語句　□ whether 接 ～かどうか　　□ conference 名 会議

124. 《The silver label (on the product)》【is】a ------- that 《it》【has passed】 Troy Inc.'s vigorous quality control process.

(A) show
(B) proof
(C) state
(D) remark

製品に貼られた銀のラベルは、Troy 社の積極的な品質管理プロセスに合格したことの証です。

(A) 名詞「見せること」
(B) 名詞「証明」　　正解
(C) 名詞「状態」
(D) 名詞「発言」

解説 選択肢にはさまざまな名詞が並んでいるため語彙問題であると判断し、文頭から意味を取っていきます。

すると、前半は「銀のラベル／製品に貼られた／は〜です」という内容で、後半は「**that**（それは）／ Troy 社の積極的な品質管理プロセスに合格したということなのです」という内容であることがわかります。

(B) の **proof** を入れれば「銀のラベル／製品に貼られた／は証明です」となり、文脈が通じます。

語句
- product 名 製品
- vigorous 形 積極的な
- quality 名 品質
- control process 管理プロセス

125. 《The employees (at Osman-Affleck)》【are required to fill】in their time sheets ／ every day ／ in ------- with the employee handbook.

(A) accordingly
(B) according
(C) accorded
(D) accordance

Osman-Affleck 社の従業員は、従業員ハンドブックに従って毎日タイムシートに記入する必要があります。

(A) 副詞「その結果」
(B) 形容詞「一致した」
(C) 形容詞「〜にふさわしい」
(D) **in accordance with** で「〜に従って」　**正解**

解説 accord の変化形が選択肢に並んでいるので品詞問題と判断し、空欄の前後を確認します。

空欄前には **in**、空欄後には **with** があるため、**in accordance with**（〜に従って）をつくる (D) が正解になります。

もし **in accordance with** を知らなかったとしても、(D) の **accordance** が名詞であるとわかれば、**in**（前置詞）の後に入れることができるでしょう。

語句
- □ employee 名 従業員
- □ be required to do 〜する必要がある
- □ fill in 記入する
- □ time sheet 名 タイムシート

126. 《The vice-president's speech (at the morning meeting)》【fuelled】------- that《a merger》【will take】place ／ sometime in the near future.

(A) speculate
(B) speculated
(C) speculation
(D) speculatively

朝礼での副社長のスピーチは、近い将来に合併があるという憶測を呼びました。

(A) 動詞 speculate「〜だと憶測する」〈原形・現在形〉
(B) 〈過去形・過去分詞〉
(C) 名詞「憶測」　**正解**
(D) 副詞「考え込むように」

解説 これはかなりの難問です。
選択肢には **speculate** の変化形が並んでいるので品詞問題と判断し、空欄の前後を確認します。
空欄後には同格の **that** があるため、その前でいったん区切りが入ります。
fuel は「(感情を)あおる、刺激する」という意味で、後に感情に関する表現を目的語として取ることができます。
よって、**fuel** の目的語になる (C) の **speculation** が正解です。
fuel speculation で「憶測をあおる」という意味になり文意が通ります。

語句
- vice-president 名 副社長
- fuel 動 (感情を)あおる、刺激する
- merger 名 合併
- take place 起こる
- sometime in the near future 近い将来(のいつか)

127. 《Megasound》【is】a digital music service ／ by Wolfbane Inc. ／
《-------》【gives】its users access ／ to hundreds of songs ／ for a small monthly fee.

(A) what
(B) that
(C) while
(D) who

Megasoundは、少ない月額料金でユーザーが数百曲にアクセスできるようにする、Wolfbane社のデジタル音楽サービスです。

(A) 関係代名詞 what
(B) 関係代名詞 that　**正解**
(C) 接続詞「〜の間ずっと」
(D) 関係代名詞 who

解説 接続詞や関係詞が選択肢に並んでいます。このような問題は文頭から文意を取りながら読み進めていく必要があります。

「**Megasound** は **a digital music service** で **Wolfbane Inc.** によるものだ」というのが前半の内容で、後半は空欄が **gives its users access** の主語になっています。

何が **gives its users access** をするのかを考えると、**Wolfbane Inc.** がそれを行なう主語であることがわかり、**its** の正体も **Wolfbane Inc.** と考えれば文脈が通じます。

空欄には2度目の登場の **Wolfbane Inc.** に代わる関係代名詞の **that** が入ります。

関係代名詞は「直前に登場した名詞が再登場」したものだと考えてください。

語句　□ access to　〜へのアクセス　　□ monthly fee　月額料金

128. 《Dr. Swan》【is highly regarded】by the community ／ for his selfless service ／ and complete ------- ／ to his patients.

- (A) donation
- (B) devotion
- (C) adoration
- (D) wellbeing

Swan先生は、患者に対する無私の奉仕と徹底的な献身のため、地域社会から高く評価されています。

- (A) 名詞「寄付、献金」
- (B) 名詞「献身、専念」　**正解**
- (C) 名詞「崇拝、敬愛」
- (D) 名詞「幸福、福祉」

解説 さまざまな名詞が選択肢に並んでいます。

文頭から意味を取りつつ読み進めていくと、前半は「Swan先生は、地域社会から高く評価されています」という内容であることがわかります。後半は、なぜ高く評価されているのかを説明する内容になっていて、**his selfless service and complete -------** がその理由になっていることがわかります。

接続詞の **and** は、前後を同じ性質のもので結ぶ機能があるため、**selfless service** に似た内容のものを選ぶと文意が通ると考えます。

正解は (B) の **devotion** です。

devotion を選べば「無私の奉仕と徹底的な献身」という意味が成立し、文脈が通じます。

語句
- □ be highly regarded for 〜を高く評価されている
- □ selfless 形 無私無欲の
- □ complete 形 徹底的な、完全な
- □ patient 名 患者

129. 《A long-awaited ------(to the hit movie "Tombs of Aberdeen")》【will finally be released】 this winter.

(A) option
(B) sequel
(C) variant
(D) sequence

ヒット映画「Aberdeenの墓」の待望の続編が、ついにこの冬、公開される予定です。

(A) 名詞「選択肢」
(B) 名詞「続編」　**正解**
(C) 名詞「異形」
(D) 名詞「ひと続きのもの」

解説 選択肢にはさまざまな名詞が並んでいます。
文頭から意味を取っていくと「待望の〜／ヒット映画「Aberdeenの墓」／ついに公開される予定／この冬」となります。
「待望のヒット映画の〜が公開される」ので、(B) の **sequel** (続編)を空欄に入れると文意が通ります。

語句
- long-awaited 形 長く待たれてきた
- hit movie ヒット映画
- finally 副 ついに
- be released 公開される

130. At Smartsbuy.com, 《all transactions》【-------】 via a secure server ／ to protect customers ／ against possible fraud.

(A) are handled
(B) to be handled
(C) handled
(D) are handling

Smartsbuy.comでは、起こり得る詐欺から顧客を保護するため、すべての取引を安全なサーバーで処理します。

(A) 動詞 handle「～を処理する」〈現在形の受動態〉　**正解**
(B) 〈to 不定詞の受動態〉
(C) 〈過去形・過去分詞〉
(D) 〈現在進行形〉

解説 選択肢には、動詞 handle（処理する）の変化形が並んでいます。
主語の **all transactions** に対応するものが、(A)、(C)、(D) と3つもあり、特に時制に関する表現も問題文中にはありません。
このような場合は「能動態なのか受動態なのか」に意識を切り替えて考えます。
all transactions は「処理する」ものではなく「処理される」ものなので、正解は受動態の (A) になります。

語句
□ transaction 名 取引
□ via 前 ～を経由して
□ secure 形 安全な
□ protect against ～から保護する
□ possible 形 起こり得る
□ fraud 名 詐欺

仕上げの特訓

▶ **121.**〜**130.** の問題の復習です。

空欄の場所を変え、品詞問題を中心とした文法問題に作成し直しました。

解答を終えて復習をする際は、正解の選択肢になる理由をできる限り簡潔に自分の言葉で言えるようにしましょう。

121. Exhibitors of the May Technology Exhibition must register at ------- 10 days in advance by submitting a written form.

(A) little
(B) less
(C) least
(D) much less

123. Mr. Kent asked whether the conference date is adjustable, ------- he won't be in town on the scheduled date.

(A) soon
(B) however
(C) therefore
(D) since

122. Since Jayden County is notorious for rain, travelers are ------- to pack an umbrella and a pair of rain boots.

(A) advice
(B) advising
(C) advise
(D) advised

124. The silver label on the product is a proof that it ------- passed Troy Inc.'s vigorous quality control process.

(A) have
(B) has
(C) to have
(D) having

125. The ------- at Osman-Affleck are required to fill in their timesheets every day in accordance with the employee handbook.

    (A) employee
    (B) employees
    (C) employer
    (D) employment

126. The vice-president's speech at the morning meeting fuelled speculation that a merger will take place ------- in the near future.

    (A) anytime
    (B) sometimes
    (C) everytime
    (D) sometime

127. Megasound is a digital music service by Wolfbane Inc. that gives its users access ------- hundreds of songs for a small monthly fee.

    (A) to
    (B) at
    (C) with
    (D) on

128. Dr. Swan is highly regarded by the community for his selfless service and complete devotion ------- his patients.

    (A) on
    (B) with
    (C) to
    (D) around

129. A long-awaited sequel to the hit movie "Tombs of Aberdeen" will finally be ------- this winter.

    (A) released
    (B) releases
    (C) release
    (D) releasing

130. At Smartsbuy.com, all transactions are handled via a secure server ------- customers against possible fraud.

    (A) protect
    (B) to protect
    (C) protecting
    (D) have protected

解答と解説

121. Exhibitors of the May Technology Exhibition must register at ------- 10 days in advance by submitting a written form.

(A) little
(B) less
(C) least　　**正解**
(D) much less

解説 空欄前にある **at** とセットになって意味をなすのは (C) の **least** で、**at least** で「少なくとも」という意味です。
exhibit は「展示する」、**exhibitor** は「出展者」、**exhibition** は「展示」です。いずれも頻出なので、ここでまとめて覚えておきましょう。

122. Since Jayden County is notorious for rain, travelers are ------- to pack an umbrella and a pair of rain boots.

(A) advice
(B) advising
(C) advise
(D) advised　　**正解**

解説 be 動詞の後に動詞の変化形を置く問題は、現在分詞（**doing**）か過去分詞が来るのではないかと予想します。
分詞は形容詞のはたらきをするので、それが修飾する名詞を中心に考えるようにします。
主語は **travelers**（旅行者）であり、**travelers are advised** とすれば「旅行者は〜だとアドバイスを受ける」という意味になるので文意が通ります。
be advised to do「〜するようにアドバイスされる」を覚えておいてください。

123. Mr. Kent asked whether the conference date is adjustable, ------- he won't be in town on the scheduled date.

(A) soon
(B) however
(C) therefore
(D) since　　**正解**

> **解説** 空欄の前に節（S＋V～）があり、空欄の後にも節があります。節と節をつなぐのは接続詞です。選択肢のうち、接続詞は **since**（～という理由で）だけです。
> 理由を表す接続詞として、**because, since, as, for** の4つをセットで覚えておくようにしましょう。

124. The silver label on the product is a proof that it ------- passed Troy Inc.'s vigorous quality control process.

(A) have
(B) has　　**正解**
(C) to have
(D) having

> **解説** 接続詞の **that** が空欄の前にあるため、後にはS＋V～が続きます。
> 主語が **it** なので、これに呼応する動詞は (B) の **has** になります。

125. The ------- at Osman-Affleck are required to fill in their timesheets every day in accordance with the employee handbook.

(A) employee
(B) employees　　**正解**
(C) employer
(D) employment

解説 空欄の前が冠詞の **The**、空欄の後は前置詞の **at** になっています。

前置詞の前は、文法的に区切りを入れることができるため、たいていの場合は **The** と空欄だけでこの問題を解答することができます。

冠詞の後には名詞（のカタマリ）が来るのですが、正解候補を見てみると、何とすべての選択肢が名詞になっています。

よって文脈から判断するように頭を切り替え「**Osman-Affleck** の〜は毎日タイムシートに記入することを要求される」という内容から、空欄には立場的に「従業員」が入るということがわかります。

動詞が **are** なので、対応する主語は複数形、よって正解は (B) の **employees** です。

126. The vice-president's speech at the morning meeting fuelled speculation that a merger will take place ------- in the near future.

(A) anytime
(B) sometimes
(C) everytime
(D) sometime　　**正解**

解説 選択肢の単語の意味は、**anytime**（いつでも）、**sometimes**（ときどき）、**everytime**（毎回）、**sometime**（いつか）です。**sometime in the near future** で「近い将来のいつか」という、不確定な時を表すことができます。

merger（合併）が **take place**（行なわれる）することを説明するにふさわしいのは、この **sometime in the near future** です。

127. Megasound is a digital music service by Wolfbane Inc. that gives its users access ------- hundreds of songs for a small monthly fee.

(A) to　　**正解**
(B) at
(C) with
(D) on

解説 空欄前にある、名詞 **access** と一緒に使う前置詞は、(A) の **to** です。
access to で「〜に入る権利、〜を利用できること」という意味です。
動詞の **access** は他動詞なので、**access the data**「データにアクセスする」のように使うことができます。
access は名詞と動詞をきちんと区別して使えるようにしておきましょう。

128. Dr. Swan is highly regarded by the community for his selfless service and complete devotion ------- his patients.

(A) on
(B) with
(C) to　　**正解**
(D) around

解説 空欄前にある **devotion**（献身）とセットで使う前置詞は **to** です。**devotion to** で「〜への献身」と覚えておきましょう。
動詞の **devote** は、以下の使い方を他の頻出動詞と共に押さえておくと良いでしょう。
be devoted / dedicated / committed to doing「〜することに専念する」**devote / dedicate / commit oneself to doing**「〜することに専念する」

129. A long-awaited sequel to the hit movie "Tombs of Aberdeen" will finally be ------- this winter.

(A) released　正解
(B) releases
(C) release
(D) releasing

解説 主語は **sequel**（続編）なので、（映画の）続編は「リリースされるもの」だということがわかります。
よって正解は過去分詞の **released** です。

130. At Smartsbuy.com, all transactions are handled via a secure server ------- customers against possible fraud.

(A) protect
(B) to protect　正解
(C) protecting
(D) have protected

解説 空欄の前までで、すでに文は完成しています。
そこまでの文意は「**Smartsbuy.com** では、すべての取引は安全なサーバーを経由して行なわれています」となっています。
空欄以下は「なぜ安全なサーバーを使っているのか」の説明を「補っている」部分であり、「言い足りないことを補う」ときに使えるのが to ＋動詞の原形＝不定詞です。
「どうして安全なサーバーを使っているのか」というと「お客様を詐欺の可能性から守るため」に使っているのです。

Reading Section

Chapter 5

Part 5
短文穴埋め問題

大特訓 ④

Part 5 スクリプトと訳・正解と解説

✎ ここで再度 **Part 5** の **131.**〜**140.** を解きなおしてから先に進んでください。

131. When 《IOE Shipping》【failed to deliver】the items ／ for the third time ／ in a row, ／《the manager》【had】no choice ／ but to ------- the contract.

(A) penalize
(B) terminate
(C) absorb
(D) deposit

連続で3回、IOE 輸送会社による商品配達の不履行があったとき、部長には契約打ち切り以外に選択の余地がありませんでした。

(A) 動詞「〜を罰する」の原形・現在形
(B) 動詞「〜を終了させる」の原形・現在形　　正解
(C) 動詞「〜を吸収する」の原形・現在形
(D) 動詞「〜を預ける」の原形・現在形

解説 動詞が選択肢に並んでいるため語彙問題と判断し、文頭から文意を取って読み進めていきます。
When から始まる最初の節の内容が「連続で3回、IOE 輸送会社による商品配達の不履行があったとき」なので、後半のもう1つの節では「当然その結果起きること」が内容として続くと予想することができます。
have no choice but to do は「〜する以外に選択の余地がない」という意味ですが、それを知らなくても「打ち切る、やめる」という意味の動詞を入れれば文脈が通じるということがわかれば (B) の **terminate** を選ぶことができるでしょう。

語句
- fail to do　〜しそこなう
- deliver　動 配達する
- item　名 商品
- for the third time in a row　連続で3回
- have no choice but to do　〜する以外に選択の余地がない
- contract　名 契約

132. From time to time, /《Horac Corporation》【publicizes】its environmental preservation efforts / in order to show / its ------- / to the wellbeing / of the society.

(A) commits
(B) committed
(C) commitment
(D) committedly

Horac社は随時、社会福祉へのコミットメントを示すため、自社の環境保全の取り組みを公表しています。

(A) 動詞 commit「(犯罪などを)行なう」の3単現
(B) 形容詞「献身的な」
(C) 名詞「献身、コミットメント」 **正解**
(D) 副詞「献身的に」

解説 commit の変化形が並んでいるので品詞問題だと判断し、空欄の前後をまずは確認します。

空欄の前をさかのぼると動詞の **show** があり、空欄の後には前置詞の **to** があります。

動詞の前後や前置詞の前は区切りになるため、**its -------** にフォーカス、**its**（それの）という所有格の代名詞の後には名詞が来るため、正解は (C) の **commitment** になります。

頻出の関連表現として、**be committed / devoted / dedicated to doing**（〜に専心する）≒ **commit / devote / dedicate oneself to doing** をセットで押さえておきましょう。

語句
- from time to time 随時
- publicize 動 公表する
- environmental preservation effort 環境保全の取り組み
- in order to do 〜するために
- wellbeing 名 福祉
- society 名 社会

Part 5 短文穴埋め問題 大特訓 ④

133. For many years, /《Jason Industries》【focused】 exclusively / on the foreign market, / but《it》【has recently decided】 to ------- / to the domestic market as well.

(A) practice
(B) cater
(C) support
(D) appoint

長年にわたり、Jason Industries 社は海外市場のみに注力していましたが、最近になって国内市場の要望にも応じることを決定しました。

(A) 動詞「練習する」の原形・現在形
(B) **cater to** で「(要求などに)応じる」の原形・現在形　**正解**
(C) 動詞「〜を支援する」の原形・現在形
(D) 動詞「〜を任命する」の原形・現在形

解説 選択肢には動詞が並んでいるので語彙問題であると判断し、文頭から文意を取って読み進めていきます。

前半は「長年にわたり、Jason Industries 社は海外市場のみに注力していました」という内容ですが、接続詞の **but** があるので後半の内容はその逆のことを述べてくるはずだと予想します。

よって「国外専門でやってきたが、国内の市場にも対応する」という文意になると予想し、(B) の **cater** を選択すれば正解となります。

語句
- for many years　長年にわたり
- focused on　〜に注力する
- exclusively　副 独占的に、もっぱら、〜のみに
- recently　副 最近
- decided to do　〜することを決定する
- domestic market　国内市場
- as well　〜も

134. 《Many paintings》【are submitted】【to the Lynch Art Contest / each year, but 《only a ------- few》 will be displayed at the Bergan Hall as outstanding works of art.

(A) selectively
(B) selection
(C) selecting
(D) select

毎年、多くの絵画がLynchアートコンテストに出品されますが、傑出した芸術作品としてBerganホールに展示されるのは、ごく一握りの作品のみです。

(A) 副詞「選択して」
(B) 名詞「選択」
(C) 動詞 select「〜を選択する」〈doing 形〉
(D) 形容詞「選り抜きの、優良な」、動詞「〜を選択する」の原形・現在形　正解

解説 品詞問題なので、まずは空欄の前後を確認しましょう。
空欄前をさかのぼると **but** があり、空欄後には **will be displayed** があるため、その範囲だけ (**but only a ------- few**) にフォーカスして考えます。
この **few** は名詞で「少数の人・物」という意味なので、これを修飾する形容詞が空欄に入ります。
よって正解は (D) の **select** (選り抜きの) になります。
select は動詞 (選択する) として使うことを知っている人は多いかもしれませんが、形容詞も同じ形だということをここでは押さえておきましょう。

語句
- painting 名 絵画
- submit to 〜に提出される
- each year 毎年
- few 名 少数
- be displayed 展示される
- as 前 〜として
- outstanding 形 傑出した
- works of art 芸術作品

135. 《Access (to the facility's production floor)》【is strictly limited】 to company personnel and ------- visitors.

- (A) required
- (B) authorized
- (C) reasonable
- (D) urgent

当施設の生産現場への立ち入りは、会社の担当者と承認を受けた訪問者のみに厳しく制限されています。

- (A) 形容詞「所要の」
- (B) 形容詞「権限を与えられた」　正解
- (C) 形容詞「合理的な」
- (D) 形容詞「緊急の」

解説 選択肢には形容詞が並んでいます。

文意を取っていくと「当施設の生産現場への立ち入りは、厳しく制限されています」となっていて、その後に「制限されていても立ち入ることができるのは誰なのか」が述べられています。

be limited to は「〜に制限されている」という意味で、**to** の後には「立ち入りがOKな人」が来ます。

よって、(B) の **authorized**（権限を与えられた）を空欄に入れると **authorized visitors**（権限を与えられた訪問者）となって文意が通ります。

語句
- access to　〜への立ち入り
- facility　名 施設
- production floor　生産現場
- be strictly limited to　厳しく制限されている
- company personnel　会社の担当者
- visitor　名 訪問者

136. 【Please be reminded】 that 《these documents》 【are copyrighted and should not ------】 without the permission ／ of Tecto Institute.

(A) be reproduced
(B) will reproduce
(C) reproduce
(D) being reproduced

これらの文書は著作権で保護されており、Tecto協会の許可なく複製してはなりませんので、ご了承ください。

(A) 動詞 **reproduce**「〜を複製する」〈原形の受動態〉　**正解**
(B) 〈未来を表す表現〉
(C) 〈原形・現在形〉
(D) 〈受け身の進行形〉

解説 動詞の変化形の問題なので、主述の一致、そして時制と態に意識を向けます。

空欄に入る動詞の主語は **these documents** であるため **reproduce**「する」のか、それとも「される」のかを考えます。

文書は **reproduce**「される」ものなので、正解は受動態の (A) です。

語句
- please be reminded that (that 以下のことを) ご了承ください
- document 图文書
- be copyrighted 著作権で保護されている
- without 前〜なしで
- permission 图許可

137. Due to a problem ／ with the engine, 《the ferry (to Pinecone Island)》【will be】 out of service ／ ------- further notice.

(A) before
(B) past
(C) until
(D) upon

エンジンに問題があるため、追って通知があるまでPinecone島へのフェリーは運行を中止します。

(A) 前置詞「〜の前に」
(B) 前置詞「〜を過ぎて」
(C) 前置詞「〜まで」　　**正解**
(D) 前置詞「〜の上に」

解説 選択肢には前置詞が並んでいます。
語彙問題だと判断し、文頭から意味を取りつつ読み進めていくと「エンジンに問題があるため、Pinecone島へのフェリーは運行を中止します」という内容であることがわかります。
further notice（さらなる通知）の前に置いて文意が通るのは、(C) の **until** です。
until は「〜までずっと」という継続を表します。
つまり「通知があるまでずっと、運行は中止した状態が続きます」ということです。
「締め切り」を表す **by** と混同しないように注意しましょう。

語句
- due to 〜が原因で
- problem with 〜の問題
- be out of service 運行を中止している
- until further notice 追って通知があるまで

138. 《The inspector》【reported】that《he》【would need】an ------- few days ／ to thoroughly review ／ the safety practices ／ of the power plant.

(A) exact
(B) additional
(C) excessive
(D) exceeding

発電所の安全対策を徹底的に検討するためには、さらに数日は必要だろうと、検査官は報告しました。

(A) 形容詞「正確な」
(B) 形容詞「さらなる、追加の」　**正解**
(C) 形容詞「過度の」
(D) 形容詞「過度の」

解説 形容詞の語彙問題です。

つづりが似ていて意味も似ている単語が並んでいるため、正確な知識が求められる問題になっています。

空欄以外の部分の大意を追っていくと「発電所の安全対策を徹底的に検討するためには、数日は必要だろうと、検査官は報告しました」という内容であることがわかります。

空欄直後の **few days** を修飾し、なおかつ全体の文意に即している形容詞は、(B) の **additional**（さらなる、追加の）です。

徹底的に検討をするためにはさらに数日が必要である、とすれば文意が通ります。

語句
- inspector 名 検査官
- report 動 報告する
- thoroughly review 徹底的に検討する
- safety practices 安全対策
- power plant 発電所

139. 《Participants (of this year's volunteer-abroad program)》 【should carefully check】 the expiration date ／on ------- passports ／ to avoid any problems ／ crossing the borders.

(A) them
(B) themselves
(C) theirs
(D) their

今年の国際ボランティアプログラムの参加者は、国境を越える際のあらゆる問題を避けるために、パスポートの有効期限を慎重に確認しなくてはなりません。

(A) 「彼らを」(目的格)
(B) 「彼ら自身」(再帰代名詞)
(C) 「彼らのもの」(所有代名詞)
(D) 「彼らの」(所有格)　　正解

解説 選択肢には代名詞が並んでいます。
空欄の直後には **passports** という名詞があるため、これを前から修飾(限定)する (D) の **their** が正解になります。

語句
- participant 图 参加者
- volunteer-abroad program 国際ボランティアプログラム
- carefully 副 慎重に
- check 動 確認する
- expiration date 有効期限
- avoid 動 避ける
- cross the borders 国境を越える

140. 《The management (at Tavastia Automobiles)》【-------】 production costs ／ to increase ／ by 10% this year, ／ due to the rise ／ in cost ／ of raw materials.

(A) accepts
(B) expects
(C) claims
(D) focuses

Tavastia Automobiles 社の経営陣は、原材料費の上昇のため、今年の生産コストは10％増加するものと予測しています。

(A) 動詞 accept「〜を受け入れる」〈3単現〉
(B) 動詞 expect「〜を予測する」〈3単現〉　正解
(C) 動詞 claim「〜を主張する」〈3単現〉
(D) 動詞「〜に焦点を合わせる」〈3単現〉

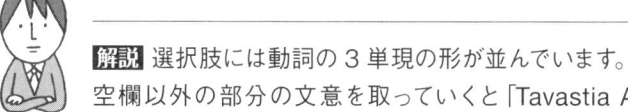

解説 選択肢には動詞の3単現の形が並んでいます。
　空欄以外の部分の文意を取っていくと「Tavastia Automobiles 社の経営陣は、原材料費の上昇のため、今年の生産コストは10％増加するものと〜しています」となります。
due to 以下の理由によって生産コストは10％増加する、と **the management**（経営陣）は **expect**（予想する）とすれば文意が通ります。
expect ＋目的語＋ **to do** で「目的語が〜することを予想する、期待する」という意味になることを押さえておきましょう。

語句
□ management 名経営陣
□ production costs 生産コスト
□ increase by 10% 10％増加する
□ rise 名上昇
□ in cost of 〜の費用

仕上げの特訓

➤ **131.〜140.** の問題の復習です。

空欄の場所を変え、品詞問題を中心とした文法問題に作成し直しました。

解答を終えて復習をする際は、正解の選択肢になる理由をできる限り簡潔に自分の言葉で言えるようにしましょう。

131. When IOE Shipping failed to deliver the items for the third time ------- a row, the manager had no choice but to terminate the contract.

(A) at
(B) on
(C) in
(D) for

132. From time to time, Horac Corporation ------- its environmental preservation efforts in order to show its commitment to the wellbeing of the society.

(A) publicizes
(B) publicize
(C) publicly
(D) public

133. For many years, Jason Industries focused exclusively on the foreign market, but it has ------- decided to cater to the domestic market as well.

(A) previously
(B) formerly
(C) shortly
(D) recently

134. Many paintings are submitted to the Lynch Art Contest each year, but only a select few will be displayed at the Bergan Hall as outstanding ------- of art.

(A) working
(B) worked
(C) work
(D) works

135. Access to the facility's production floor is ------- limited to company personnel and authorized visitors.
    (A) unanimously
    (B) strictly
    (C) potentially
    (D) quietly

136. Please be ------- that these documents are copyrighted and should not be reproduced without the permission of Tecto Institute.
    (A) remind
    (B) reminded
    (C) reminding
    (D) reminds

137. ------- a problem with the engine, the ferry to Pinecone Island will be out of service until further notice.
    (A) According to
    (B) Despite
    (C) Due to
    (D) Notwithstanding

138. The inspector reported ------- he would need an additional few days to thoroughly review the safety practices at the power plant.
    (A) that
    (B) which
    (C) where
    (D) what

139. ------- of this year's volunteer-abroad program should carefully check the expiration date on their passports to avoid any problems crossing the borders.
    (A) Participant
    (B) participation
    (C) Participants
    (D) Participating

140. The management at Tavastia Automobiles expects production costs to increase ------- 10% this year, due to the rise in cost of raw materials.
    (A) by
    (B) on
    (C) until
    (D) with

解答と解説

131. When IOE Shipping failed to deliver the items for the third time ------- a row, the manager had no choice but to terminate the contract.

(A) at
(B) on
(C) in　**正解**
(D) for

解説 空欄の後ろに続く **a row** の前に置いて意味をなすのは、(C) の **in** です。
in a row「並んで、連続して」を覚えておきましょう。
in a row と、複数形の **in rows** は、**Part 1** にも登場します。

132. From time to time, Horac Corporation ------- its environmental preservation efforts in order to show its commitment to the wellbeing of the society.

(A) publicizes　**正解**
(B) publicize
(C) publicly
(D) public

解説 問題文には動詞がないため、空欄には動詞を入れます。主語が **Horac Corporation**（3人称単数）なので (A) の **publicizes** が入り、時制は現在形の文が完成します。

133. For many years, Jason Industries focused exclusively on the foreign market, but it has ------- decided to cater to the domestic market as well.

(A) previously
(B) formerly
(C) shortly
(D) recently　　正解

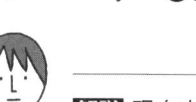

解説 現在完了形と一緒に用いる副詞を選ぶ問題です。
(D) の **recently**（最近）がそれにふさわしく、**previously/formerly**（以前）は過去形の文で、**shortly**（間もなく）は未来表現と共に使うことが多い副詞です。

134. Many paintings are submitted to the Lynch Art Contest each year, but only a select few will be displayed at the Bergan Hall as outstanding ------- of art.

(A) working
(B) worked
(C) work
(D) works　　正解

解説 **outstanding**（ずば抜けた、素晴らしい）が修飾する名詞を入れる問題です。
work は名詞だと「作品」という意味（可算名詞）があります。空欄の前をさかのぼっても、**a** などの冠詞類が一切ないことから、単独で空欄に入れることができる複数形の **works** が正解です。

135. Access to the facility's production floor is ------- limited to company personnel and authorized visitors.

(A) unanimously
(B) strictly　**正解**
(C) potentially
(D) quietly

> **解説** 選択肢にはすべて副詞が並んでいるので、文脈から判断する語彙問題です。空欄の前後に **be limited** があるため、「どのように」制限されているのかと考えます。(B) の **strictly**（厳しく）だけが **be limited** とつながったときに文意が通ります。
> 他の選択肢の単語も頻出のものばかりなので、しっかりと意味を押さえておきましょう。
> **unanimously**（満場一致で）　　**potentially**（潜在的に）
> **quietly**（静かに）

136. Please be ------- that these documents are copyrighted and should not be reproduced without the permission of Tecto Institute.

(A) remind
(B) reminded　**正解**
(C) reminding
(D) reminds

> **解説** **please be reminded that** で「~を覚えておいてください」という意味になります。
> **please be advised that**（~するようにしてください）と一緒に押さえておきましょう。

137. ------- a problem with the engine, the ferry to Pinecone Island will be out of service until further notice.

(A) According to
(B) Despite
(C) Due to　**正解**
(D) Notwithstanding

解説 選択肢には前置詞が並んでいるので、文脈から正解がどれになるのかを判断します。

前半は「エンジンに問題が~」、後半は「運行が停止されるでしょう」という内容になっています。

前半の内容は運行停止の理由を述べているため、正解は (C) の **Due to**（~という理由で）になります。

理由を述べる前置詞（のカタマリ）として、以下の5つをまとめて覚えておきましょう。

due to, thanks to, owing to, because of, on account of

また、以下のグループは「~にもかかわらず」という意味をもつ前置詞になります。こちらもまとめて押さえておきましょう。

despite, despite of, in spite of, notwithstanding

138. The inspector reported ------- he would need an additional few days to thoroughly review the safety practices at the power plant.

(A) that　**正解**
(B) which
(C) where
(D) what

解説 空欄の後ろには **report** の内容がきています。**report that** とすれば、「(**that** 以下のことを) 報告する」になります。

139. ------- of this year's volunteer-abroad program should carefully check the expiration date on their passports to avoid any problems crossing the borders.

(A) Participant
(B) participation
(C) Participants 【正解】
(D) Participating

解説 選択肢には **participate**（参加する）の名詞形が並んでいます。
主語を選ぶ問題なので、動詞との呼応をチェックします。
動詞以下は **should carefully check the expiration date**（注意深く期限をチェックすべきだ）とあるため、空欄にはこの動作を行なう人が入ることがわかります。
人を表すのは **participant(s)** ですが、可算名詞なので **participant** を使う場合には直前に冠詞類が必要です。
よって正解は (C) の複数形 **Participants** です。

140. The management at Tavastia Automobiles expects production costs to increase ------- 10% this year, due to the rise in cost of raw materials.

(A) by 【正解】
(B) on
(C) until
(D) with

解説 **increase by 10%** で「10%の増加」です。
increase by ~ %（～%の増加）と **increase in**（～の増加）を押さえておきましょう。

Reading Section

Chapter 6

Part 6
長文穴埋め問題

大特訓 ①

パートの概要

1 全部で12問の問題があります。

2 不完全な文章を完成させるために、4つの答えの中から最も適当なものを選び解答用紙にマークします。

解答時の *Point*

➤ *Part 6* は *Part 5* の文脈依存型問題を解くときと同様に「**文頭からきちんと読み進めて解く**」ことが大切です。
ただし、特筆すべき注意事項が1つだけあります。
それは「**時制を問う問題は、空欄のある文よりも後の文中に正解の根拠が登場することがある**」ということです。
1問目の正解の手がかりが、問題文の中盤、もしくは後半に登場することすらあるのです。
この「**Delayed Clue**」(**遅れて現れる手がかり**) がからむ問題かもしれないということを意識して、問題文を読み進めていくようにします。

> 問題文と設問・選択肢に番号をつけました。英文をどのような順に読み進めて解答していけば良いのかの目安にしてください。
> 例えば **1➡** ……**➡2** とある場合、まずは **1➡** 〜 **➡2** までの英文を読んで理解した後で **2➡** に進むということを表しています。

Part 6 スクリプトと訳・正解と解説

✍ ここで再度 *Part 6* の **141.~146.** を解きなおしてから先に進んでください。

Questions 141-143 refer to the following letter.

[1]➡ Dear Dr. Elaine Stewart,

[141] The International Society of Biological Sciences (ISBS) has the pleasure of inviting you to the 15th Biomedical Research Conference. [2]➡ **[141]** The conference ------- from March 12 to 14, at the Stewartson Hotel in Berlin, Germany. ➡[2]

141. (A) is holding
(B) will be held ➡[3] **正解** 💡
(C) has been held
(D) to hold

> **解説** 主語が The conference、conference は「開かれる」ものなので受動態です。
> よって正解は (B) と (C) に絞られます。
> 文脈から組織が「これから相手を招待する」内容であると判断できるので、この状況に当てはまる時制は (B) の未来を表す表現になります。

[3]➡ Delegates are kindly asked to arrange their own accommodation using [4]➡ the hotel booking form, ------- can be found on the ISBS's Web site at www.isbs.com.

142. (A) what
(B) whom
(C) which ➡[5] **正解** 💡
(D) where ➡[4]

Part 6 長文穴埋め問題 大特訓 ① 313

> **解説** 空欄前には **the hotel booking form** と , (カンマ) があります。
> また、空欄はその後の **can be found** の主語になり、**can be found** されるのは **the hotel booking form** であると考えれば文脈が通じます。カンマの直後に置くことができ、なおかつ直前の **the hotel booking form** を表すことができるのは、選択肢の中では関係代名詞の **which** だけです。

[5]➡ The participation fee is 150 Euros and will be collected by the conference organizers on March 12. [6]➡ ------- must be made in cash.

143. (A) Refund
(B) Payment ➡タスク終了　**正解**
(C) Donation
(D) Purchase

> **解説** 直前に **participation fee** (参加費) の話題があり、それは **be made in cash** (現金でなされなければならない) とあるので、(B) の **Payment** (支払い) を入れれば文意が通じます。

We look forward to seeing you at the conference.

Sincerely,

Petra Baczewski
Executive Director,
The International Society of Biological Sciences ➡[6]

問題 141 から 143 は次の手紙に関するものです。

Elaine Stewart 博士

国際生物科学学会 (ISBS) は、博士を第15回生物医学研究会議にご招待させていただきます。会議は、3月12日から14日まで、ドイツのベルリンにある Stewartson ホテルにて行なわれます。

代表者の方々には、宿泊のご手配はホテル宿泊申込用紙を使ってご自身でなさいますようお願い申し上げます。申込用紙はISBSのウェブサイトwww.isbs.comにございます。

参加費用は150ユーロで、3月12日に会議の主催者が集めさせていただきます。支払いは現金でお願いいたします。

では会議でお会いできることを楽しみにしております。

敬具

Petra Baczewski
事務局長
国際生物科学学会

141. (A) 動詞 hold「〜を開催する」〈現在進行形〉
 (B) 〈未来を表す表現の受動態〉
 (C) 〈受け身の完了形〉
 (D) 〈to 不定詞〉

142. (A) 関係代名詞 what
 (B) 関係代名詞 whom
 (C) 関係代名詞 which
 (D) 関係副詞 where

143. (A) 名詞「返金」
 (B) 名詞「支払い」
 (C) 名詞「寄付(金)」
 (D) 名詞「購入」

語句		
	□ have the pleasure of inviting you to 〜へご招待させていただきます	□ find 動 見つける ⇒ find-found-found 原形−過去形−過去分詞形
	□ conference 名 会議	□ participation fee 参加費用
	□ from March 12 to 14 3月12日から14日まで	□ conference organizer 会議の主催者
	□ delegate 名 代表者	□ in cash 現金で
	□ arrange one's own accommodation 宿泊の手配を自分で行なう	□ look forward to doing 〜することを楽しみにしている □ executive director 事務局長

Questions 144-146 refer to the following notice.

1➡ 24 Hour Appointment Cancellation Policy

Ameda Salon has a 24 hour cancellation policy. **2➡** If you wish to cancel or change your appointment, you must inform us at least 24 hours in advance. -------, you will be charged a £40 cancellation fee.

144. (A) Subsequently
    (B) Otherwise ➡3 【正解】
    (C) Moreover
    (D) Consequently ➡2

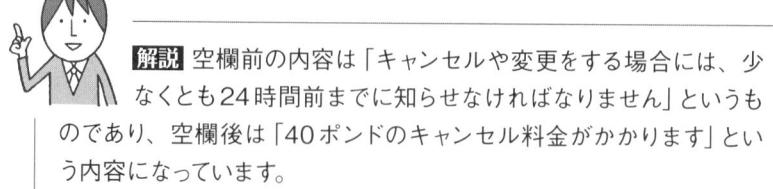

解説 空欄前の内容は「キャンセルや変更をする場合には、少なくとも24時間前までに知らせなければなりません」というものであり、空欄後は「40ポンドのキャンセル料金がかかります」という内容になっています。
この前後関係から、空欄にふさわしいのは「さもなければ」という意味を持つ(B)の **otherwise** になります。

③④➡ This policy is placed out of ------ for our team and other clients.

145. (A) respected
(B) respectful
(C) respect ➡⑤ 正解
(D) respecting

解説 out of respect for（〜に敬意を表して）を知らなかったとしても、空欄が前置詞の of の直後でなおかつ前置詞 for の前にあるため、名詞が入ることは明白です。
よって正解は名詞の respect になります。

⑤➡ By cancelling at the last minute or failing to show up, you prevent someone else from being able to schedule in that time -------.

146. (A) zone
(B) line
(C) limit
(D) slot ➡タスク終了 正解

解説 空欄前後の内容は「ぎりぎりになってからのキャンセルは、他の誰かをそのタイム〜に予定を入れることをできなくさせる」というものです。
time slot で「時間枠」という意味になり、文脈も通じるのでこれが正解になります。

Thank you for your understanding and cooperation. ➡④

問題 144 から 146 は次のお知らせに関するものです。

予約の24時間前キャンセル規約

Amedaサロンでは、24時間前キャンセル規約を設けています。予約の取り消しまたは変更を希望される場合は、少なくとも24時間前にお知らせいただかなければなりません。さもなければ、40ポンドのキャンセル料を請求させていただきます。
この規約は、当チームやほかのお客様に配慮して導入されています。ぎりぎりになってキャンセルされたり、ご来店されなかったりとなると、他の人をその時間枠の予定に入れられなくしてしまうことになるのです。
ご理解とご協力のほどよろしくお願いいたします。

144. (A) 副詞「後に、続いて」
　　　(B) 副詞「さもなければ」
　　　(C) 副詞「さらに」
　　　(D) 副詞「その結果として」

145. (A) 動詞 respect「〜を尊敬する」〈過去形・過去分詞〉
　　　(B) 形容詞「敬意を表する、丁重な」
　　　(C) 名詞「尊重、配慮」
　　　(D) 前置詞「〜に関しては」、動詞 respect〈現在分詞〉

146. (A) 名詞「地域、区域」; time zone「時間帯」
　　　(B) 名詞「線、列」; time line「スケジュール」
　　　(C) 名詞「制限」; time limit「制限時間、期限」
　　　(D) 名詞「時間枠」; time slot「時間枠」

語句
- cancellation policy キャンセル規約
- appointment 图 予約
- inform 動 知らせる
- at least 少なくとも
- in advance 前もって
- £40 cancellation fee 40ポンドのキャンセル料
- client 图 お客様
- at the last minute ぎりぎりになって
- fail to do 〜できない
- show up 現れる
- prevent someone else from doing 誰か他の人を〜できなくさせる
- be able to 〜できる
- schedule in that time その時間の予定に入れる
- understanding and cooperation ご理解とご協力

Column

自分の人生は自分のもの

あなたの人生はあなたのためにあります。

そして、自分のしていることに意味を持たせることができるのも自分だけです。

そのために、人に勝つのではなく**「自分に勝つ」**のです。

まず自分を満たし、あふれた分を他の学習者の器に分けてあげてください。

仕上げの特訓

➤ **141.～146.** の問題の復習です。

Chapter 2～5 の仕上げの特訓と同じように空欄の場所を変え、品詞問題を中心とした文法問題に作成し直しました。

きちんと問題文を文頭から読み進めていくようにし、その過程の中で問題を解くようにしてください。

解答を終えて復習をする際は、正解の選択肢になる理由をできる限り簡潔に自分の言葉で言えるようにしましょう。

Questions 141-143 refer to the following letter.

Dear Dr. Elaine Stewart,

The International Society of Biological Sciences (ISBS) has the ------ of inviting you to the 15th Biomedical Research

141. (A) please
　　　 (B) pleased
　　　 (C) pleasing
　　　 (D) pleasure

Conference. The conference will be held from March 12 to 14, at the Stewartson Hotel in Berlin, Germany.

Delegates are kindly asked to arrange their own ------ using

142. (A) accommodation
　　　　(B) accommodate
　　　　(C) accommodating
　　　　(D) accommodated

the hotel booking form, which can be found on the ISBS's Web site at www.isbs.com.

The participation fee is 150 Euros and will ------ by the

143. (A) collect
   (B) collecting
   (C) be collected
   (D) collection

conference organizers on March 12. Payment must be made in cash.

We look forward to seeing you at the conference.

Sincerely,

Petra Baczewski
Executive Director,
The International Society of Biological Sciences

GO ON TO THE NEXT PAGE

Questions 144-146 refer to the following notice.

24 Hour Appointment Cancellation Policy

Ameda Salon has a 24 hour cancellation policy. ------ you wish

144. (A) Unless
      (B) If
      (C) Although
      (D) But

to cancel or change your appointment, you must inform us at least 24 hours in advance. Otherwise, you will be charged a £40 cancellation fee.

This policy is placed out of ------ for our team and other

145. (A) respect
      (B) respective
      (C) respectable
      (D) respectably

clients.

By ------ at the last minute or failing to show up, you prevent

146. (A) cancelled
      (B) to cancel
      (C) cancels
      (D) cancelling

someone else from being able to schedule in that time slot.

Thank you for your understanding and cooperation.

解答と解説

Questions 141-143 refer to the following letter.

Dear Dr. Elaine Stewart,

The International Society of Biological Sciences (ISBS) has the ------ of inviting you to the 15th Biomedical Research Conference. The conference will be held from March 12 to 14, at the Stewartson Hotel in Berlin, Germany.

141. (A) please
　　 (B) pleased
　　 (C) pleasing
　　 (D) pleasure　　正解

解説 冠詞の **the** と前置詞 **of** の間には名詞（のカタマリ）が入ります。
よって、正解は (D) の **pleasure**（楽しみ）です。

Delegates are kindly asked to arrange their own ------ using the hotel booking form, which can be found on the ISBS's Web site at www.isbs.com.

142. (A) accommodation　　正解
　　 (B) accommodate
　　 (C) accommodating
　　 (D) accommodated

解説 one's own「～自身の」の後ろには名詞が入ります。
よって正解は (A) の **accommodation**（宿泊施設）になります。
「1人で」を表す **on one's own, by oneself** もここで覚えておくようにします。
one's は主語に合わせて **my, your, his, her, its, our, their** のように変化します。
oneself も同様に **myself, yourself, himself, herself, itself, ourselves, themselves** と変化します。

The participation fee is 150 Euros and will ------ by the conference organizers on March 12. Payment must be made in cash.

143. (A) collect
(B) collecting
(C) be collected　　**正解**
(D) collection

解説 動詞の変化形の問題です。
主語の **The participation fee**（参加費）は「徴収される」ものなので、受け身を表す (C) の **be collected** が正解です。

We look forward to seeing you at the conference.

Sincerely,

Petra Baczewski
Executive Director,
The International Society of Biological Sciences

Questions 144-146 refer to the following notice.

24 Hour Appointment Cancellation Policy

Ameda Salon has a 24 hour cancellation policy. ------ you wish to cancel or change your appointment, you must inform us at least 24 hours in advance. Otherwise, you will be charged a £40 cancellation fee.

144. (A) Unless
(B) If　**正解**
(C) Although
(D) But

> **解説** 選択肢には接続詞が並んでいます。
> 最初の節の内容は「あなたが予約をキャンセルする、もしくは変更する」、後の節の内容は「少なくとも24時間前には知らせなくてはなりません」となっています。
> この2つの節の関係から、(B) の **If**（もし～ならば）を空欄に入れると文意が通ることがわかります。

This policy is placed out of ------ for our team and other clients.

145. (A) respect　**正解**
(B) respective
(C) respectable
(D) respectably

仕上げの特訓

解説 空欄が 2 つの前置詞に挟まれています。
前置詞の後には名詞（のカタマリ）が来るため、正解は (A) の **respect**（敬意）です。

By ------ at the last minute or failing to show up, you prevent someone else from being able to schedule in that time slot.

146. (A) cancelled
(B) to cancel
(C) cancels
(D) cancelling　**正解**

解説 空欄の前には前置詞の **by** があります。
後ろには名詞（のカタマリ）が続くため、正解は **doing** 形の **cancelling** です。
by doing（〜することによって）を、以下の 4 つの表現と一緒に覚えておくようにしましょう。
when doing（〜するとき）
while doing（〜する間）
before doing（〜する前に）
after doing（〜した後で）

Thank you for your understanding and cooperation.

Reading Section

Chapter 7

Part 6
長文穴埋め問題

大特訓 ②

Part 6 スクリプトと訳・正解と解説

ここで再度 **Part 6** の **147.〜152.** を解きなおしてから先に進んでください。

Questions 147-149 refer to the following letter.

---

①➡ Customer Service Centre Maistron Watches Ltd.
266 Howe Avenue Vancouver, BC V6Y 3J7

To Whom It May Concern,

I placed an order for the Maistron Waterproof Watch on February 21. ②➡ When I asked that it ------- before Friday, Ms. Sally Pott, your customer representative, told me that the delivery cannot be made before Saturday. I then explained to her that it is a retirement gift for one of my employees. She said she cannot promise anything, but will do her best. ➡②

147. (A) will deliver
(B) delivers
(C) be delivered ➡③ 【正解】
(D) will be delivered

解説 空欄を含む節の前の節の動詞に **asked** が使われています。**that** 以下の主語 **it** は **the Maistron Waterproof Watch** のことであり、それは「配達される」ものなので受動態を使います。
受動態は (C) の **be delivered** と (D) の **will be delivered** ですが、**that** の前に **asked** があることから時制は過去であることがわかります。よって、(D) には **will** がそのままの形で使われているため不正解、正解は (C) の **be delivered** になります。
要求・提案・依頼・希望などを表す動詞が **that** 節の直前にある場合、**that** 節の動詞は原形、もしくは **should** を伴った形になります。

③④➡ ------- to my surprise, the watch was delivered Friday morning. I was able to present the watch to the retiring employee, who appreciated it very much.

148. (A) Very
(B) Most
(C) Many
(D) Much　→5　正解

解説 to my surprise は「驚いたことに」という意味です。何に驚いたのかというと、金曜日の朝に時計が届いたことに対してだということが直後の内容からわかります。
to my surprise という句（主語＋動詞を含まない単語の集まりやフレーズ）を修飾することができるのは「非常に」という意味を持つ副詞の **much** になります。

5 6→ I would like to thank your company and especially Ms. Sally Pott for the ------- service. →6 I will definitely shop again at your store for I know I will be getting the best in customer service.

149. (A) promptly
(B) prompt　→タスク終了　正解
(C) prompted
(D) prompts

解説 直後の **service**（名詞）を修飾することができるのは、形容詞の **prompt**（迅速な）です。
(C) の **prompted** も形容詞の役割を果たしますが「促されたサービス」という意味になってしまうので不適切です。
形容詞と過去分詞のどちらを選べば良いのか迷ったときは、修飾する対象の名詞が「する」のか「される」のかを考えて判断しましょう。

Sincerely,

Liam Knowles
Liam Knowles →4

問題 147 から 149 は次の手紙に関するものです。

顧客サービスセンター　Maistron Watches 社
266 Howe Avenue　バンクーバー、BC　V6Y 3J7

ご担当者様

私は2月21日に、Maistron 防水腕時計を注文しました。金曜日前に届けるように依頼したとき、顧客サービス担当の Sally Pott さんは、土曜日前に届けることはできないとおっしゃいました。そこで、それはある従業員に対しての退職記念品だと説明しました。彼女は、約束はできないけれど、最善を尽くすと言ってくれました。

とても驚いたことに、その時計は金曜日の朝に届きました。私はその時計を退職する従業員に贈ることができて、その従業員もそれをとても感謝してくれました。

その迅速なサービスに対して、御社と特に Sally Pott さんにお礼を申し上げたいのです。こんな最高の顧客サービスを受けられるのですから、また貴店で必ず買い物をさせていただきたいと思っています。

敬具

Liam Knowles

147. (A) 動詞 deliver「〜を届ける、配達する」〈未来を表す表現〉
　　　(B) 〈3 単現〉
　　　(C) 〈原形の受動態〉
　　　(D) 〈未来を表す表現の受動態〉

148. (A) 副詞「とても、非常に」
　　　(B) 副詞「最も」(much の最上級)、
　　　(C) 形容詞「たくさんの」
　　　(D) 副詞「大いに、とても」

149. (A) 副詞「迅速に」
　　　(B) 形容詞「迅速な」
　　　(C) 動詞 prompt「〜を鼓舞する」〈過去形・過去分詞〉
　　　(D) 動詞 prompt〈3 単現〉

語句
- To Whom It May Concern, ご担当者様、関係各位
- place an order　注文する
- customer representative　顧客サービス担当
- the delivery cannot be made　届けることはできない
- explain　動 説明する
- retirement gift　退職記念品
- employee　名 従業員
- promise　動 約束する
- do one's best　最善を尽くす
- much to my surprise　とても驚いたことに
- be delivered　(〜が)届く
- retiring employee　退職する従業員
- appreciate　動 感謝する
- would like to do　〜したい
- especially　副 特に
- definitely　副 必ず、間違いなく
- shop　動 買い物をする

Questions 150-152 refer to the following memo.

To: Ukia Air Conditioning Systems employees
From: Bob Smith, Manager
Date: May 16
Re: Call Center Expansion

-------- media attention focused on our energy-saving air conditioning technology, we have been getting increased inquiries from potential clients.

150. (A) Now that
(B) Ever since
(C) As soon as
(D) Every time

解説 空欄のある節と次の節の内容から「〜して以来、問い合わせが増え続けている」とすれば文脈が通じることがわかります。節の動詞が過去形なので、現在形で使う (A) の **Now that** は不適切、(C) の **As soon as**（〜するとすぐに）は、ある動作を行なった直後に別の動作を行なうことを述べる際に使う表現なのでこれも不適切です。(D) **Every time**（〜するたびに）も直後に続く節の内容と合わないため正解にはなり得ません。

In order to take advantage of this opportunity, we -------- our call center hours and doubling our call center staff.

151. (A) will have expand
(B) have expanded
(C) are expanding
(D) expanded

解説 call center が営業時間を延ばし、スタッフを倍増する内容だということが文脈からわかります。

時制を問う問題なので「いつ」それを行なったのか、もしくは行なうのかに意識をフォーカスします。

次の文を読むと、面接や研修は来週行なわれる予定であることがわかるため「現在ある計画が進められている」ことを表す現在進行形の **are expanding** が正解になります。

(A) の未来完了形を使うのであれば「完了する未来のある時点」を明確にする必要があり、(B) の現在完了形であれば現時点で **expand** が完了している必要があります。

(D) は単なる過去形なので、来週面接や研修が行なわれるという事実に反することになります。

Interviews and training sessions for the new call center staff are scheduled to take place throughout next week. ➡️4
5 6 ➡️ For this -------, you may see some changes to cafeteria

152. (A) issue
 (B) reason ➡️タスク終了 **正解**
 (C) results
 (D) note

open hours and other facility operations. Please check with your department head for more details. ➡️6

解説 For this の前には「来週面接と研修が行なわれます」と述べられていて、空欄後には「カフェテリアに関する変更があります」と書かれています。

前後の文脈から「来週は面接と研修がある、だからカフェテリアの運営に変更が生じる」という内容になるはずだと考えることができます。

よって空欄の前の内容は「カフェテリアに関する変更が生じる理由」であると判断することができるため、正解は **reason**（理由）になります。

問題 150 から 152 は次のメモに関するものです。

宛先： Ukia Air Conditioning System社　従業員各位
送信者：部長Bob Smith
日付：　5月16日
件名：　コールセンターの拡張

メディアの注目がわが社の省エネ型の空調技術に集まってからというもの、顧客となる可能性のある方々からの問い合わせが増えてきています。この機会を利用するために、コールセンターの営業時間を延ばし、コールセンターのスタッフを倍にするつもりです。

新しいコールセンターのスタッフに対しての面接や研修は、来週中ずっと行なわれる予定です。このため、カフェテリアの営業時間と他の施設の運営に変更があります。詳細については、所属部門長に問い合わせてください。

150. (A)　〜からには
(B)　〜して以来ずっと
(C)　〜するやいなや
(D)　〜するたびに

151. (A)　will have expand は変？
　　　　Will have expanded なら〈未来完了形〉
(B)　動詞 expand「〜を拡張する」〈現在完了形〉
(C)　〈doing 形〉
(D)　〈過去形・過去分詞〉

152. (A)　名詞「問題、争点」
(B)　名詞「理由」
(C)　名詞「結果」
(D)　名詞「覚え書き、注釈」

語句
- manager 名部長
- expansion 名拡大
- attention 名注目、注意
- focus on 〜に注目する
- energy-saving 形省エネ型の
- air conditioning technology 空調技術
- increased 形増加した
- inquiry 名問い合わせ
- potential clients 顧客となる可能性のある人たち
- in order to do 〜するために
- take advantage of 〜を利用する
- opportunity 名機会
- double 動倍にする
- training session 研修
- be scheduled to do 〜する予定だ
- take place 行なわれる
- throughout next week 来週中ずっと
- facility operation 施設の運営
- check with 〜に問い合わせる
- department head 所属部門長
- detail 名詳細

Column

情熱は内に秘め、腰は低く

謙虚な姿勢があなたを成功へと導きます。

そういう姿勢で行動しましょう。

仕上げの特訓

➤ **147.〜152.** の問題の復習です。

空欄の場所を変え、品詞問題を中心とした文法問題に作成し直しました。

きちんと問題文を文頭から読み進めていくようにし、その過程において問題を解くようにしてください。

解答を終えて復習をする際は、正解の選択肢になる理由をできる限り簡潔に自分の言葉で言えるようにしましょう。

Questions 147-149 refer to the following letter.

Customer Service Centre
Maistron Watches Ltd.
266 Howe Avenue
Vancouver, BC
V6Y 3J7

To Whom It May Concern,

I ------ an order for the Maistron Waterproof Watch on
147. (A) placed
(B) gave
(C) continued
(D) proposed

February 21. When I asked that it be delivered before Friday, Ms. Sally Pott, your customer representative, told me that the delivery cannot be made before Saturday. I then explained to her that it is a retirement gift for one of my employees. She said she cannot promise anything, but will do her best. Much to my surprise, the watch was delivered Friday morning.

I was able to present the watch to the retiring employee, who ------- it very much.

148. (A) appreciated
(B) appreciation
(C) appreciating
(D) to appreciate

I would like to thank your company and especially Ms. Sally Pott ------- the prompt service. I will definitely shop again at

149. (A) on
(B) through
(C) against
(D) for

your store for I know I will be getting the best in customer service.

Sincerely,

Liam Knowles
Liam Knowles

Questions 150-152 refer to the following memo.

To: Ukia Air Conditioning Systems employees
From: Bob Smith, Manager
Date: May 16
Re: Call Center Expansion

Ever since media attention focused ------- our energy-saving

150. (A) into
(B) on
(C) throughout
(D) between

air conditioning technology, we have been getting -------

151. (A) have increased
(B) increase
(C) increased
(D) increases

inquiries from potential clients. In order to take advantage of this opportunity, we are expanding our call center hours and doubling our call center staff.

Interviews and training sessions for the new call center staff are scheduled to take ------- throughout next week. For this

152. (A) place
(B) convention
(C) competition
(D) venue

reason, you may see some changes to cafeteria open hours and other facility operations. Please check with your department head for more details.

解答と解説

Questions 147-149 refer to the following letter.

Customer Service Centre Maistron Watches Ltd.
266 Howe Avenue Vancouver, BC V6Y 3J7

To Whom It May Concern,

I ------ an order for the Maistron Waterproof Watch on February 21. When I asked that it be delivered before Friday, Ms. Sally Pott, your customer representative, told me that the delivery cannot be made before Saturday. I then explained to her that it is a retirement gift for one of my employees. She said she cannot promise anything, but will do her best.

147. (A) placed　**正解**
　　　 (B) gave
　　　 (C) continued
　　　 (D) proposed

解説 後に続く **an order** とフレーズをつくるのは (A) の **placed** です。
place an order（注文する）を押さえ、同じ意味の **put an order** も一緒に覚えておきましょう。

Much to my surprise, the watch was delivered Friday morning. I was able to present the watch to the retiring employee, who ------- it very much.

148. (A) appreciated　【正解】
     (B) appreciation
     (C) appreciating
     (D) to appreciate

> **解説** 空欄の前には関係代名詞の **who** があり、この **who** は直前にある名詞 **employee** のことを表しています。
> 関係代名詞の **who** は主格と呼ばれ、後に動詞が続きます。
> よって正解は (A) の **appreciated** です。
> **employee, who appreciated it very much** は「それにとても感謝している従業員」という意味です。

I would like to thank your company and especially Ms. Sally Pott ------- the prompt service. I will definitely shop again at your store for I know I will be getting the best in customer service.

149. (A) on
     (B) through
     (C) against
     (D) for　【正解】

> **解説** 同じ節にある動詞の **thank** と呼応する前置詞を選びます。
> **thank A for B** で「A に B のことで感謝する」という意味です。
> よって (D) の **for** が正解になります。

Sincerely,

Liam Knowles
Liam Knowles

Questions 150-152 refer to the following memo.

To: Ukia Air Conditioning Systems employees
From: Bob Smith, Manager
Date: May 16
Re: Call Center Expansion

Ever since media attention focused ------- our energy-saving air conditioning technology,

150. (A) into
   (B) on   【正解】
   (C) throughout
   (D) between

解説 空欄前にある **focus** とセットで使う前置詞を選ぶ問題です。
fucus on で「〜に焦点を当てる、フォーカスする」という意味です。

we have been getting ------- inquiries from potential clients. In order to take advantage of this opportunity, we are expanding our call center hours and doubling our call center staff.

151. (A) have increased
   (B) increase
   (C) increased   【正解】
   (D) increases

解説 空欄後にある **inquiries**（問い合わせ）を修飾するものを選ぶ問題です。

選択肢の中で形容詞の働きをするものは、過去分詞の **increased** です。

increased inquiries で「増えた問い合わせ」という意味になります。

Interviews and training sessions for the new call center staff are scheduled to take ------- throughout next week. For this reason, you may see some changes to cafeteria open hours and other facility operations. Please check with your department head for more details.

152. (A) place 【正解】
   (B) convention
   (C) competition
   (D) venue

解説 直前にある **take** とセットになってフレーズを作るものを選びます。

(A) の **place** を選ぶと **take place**（起こる、開催される）となり文意が通ります。

Reading Section

Chapter 8

Part 7
読解問題

大特訓 ①

パートの概要

1 全部で48問の問題があります。
（1つの文書：28問、2つの文書：20問）

2 いろいろな文書が印刷されています。

3 設問を読み、4つの答えの中から最も適当なものを選び解答用紙にマークします。

4 各文書には設問が数問ずつあります（2〜5問）。

解答時の *Point*

► ***Part 7*** の解答手順・方法は、解説の中で実際に問題を解き進めていく流れに沿って説明していきます。

> ***Part 5 & 6*** と同様に、問題文と設問・選択肢に番号をつけました。英文をどのような順に読み進めて解答していけば良いのかの目安にしてください。例えば **1➡** …… **➡2** とある場合、まずは **1➡** 〜 **➡2** までの英文を読んで理解した後で **2➡** に進むということを表しています。

Questions 153-154 refer to the following notice.

Waste Collection

Your rubbish will be collected on Monday and Thursday mornings between 8 A.M. and 12 midday from within your property boundary. Please do not put bags on the street.

Residential Recycling
Glass and plastic bottles, tins, cans and jars should be recycled. They will be collected on Wednesdays between 8 A.M. and 10 A.M. For more information on how to recycle, please call the Environmental Hot Line at 555-2798.

Don't Dump. Maximum penalty £1,500.

153. What is the notice about?

(A) Hospital sanitization
(B) Garbage disposal 【正解】
(C) Residential meetings
(D) Emergency routes

解説 まず設問を読み、その内容を要約して記憶し、問題文に進みます。

リスニングセクションの「要約リテンション」の要領です。

設問が2問の場合は問題文（本文）を2分割し、1つ目のカタマリを読み終えた後に選択肢 (A)〜(D) と内容を照合します。

その時点で正解の根拠が問題文に登場していない場合には、2つ目のカタマリに進みます。

また、時間を少しでも多く節約するために、正解の選択肢だと思われるものが登場した時点でそれをマーク、残りの選択肢を読まずに次の設問に進むという方法もあります。

第1段落に **Your rubbish will be collected**（ごみは収集されます）とあるため、これを簡潔に表した (B) の **Garbage disposal** が正解です。

本文中の単語やフレーズを字面（じづら）で追うのではなく「**内容を理解し、それを簡潔に言い換えている選択肢を選ぶ**」ようにしましょう。

154. Why should readers call the Environmental Hot Line?

(A) To ask about recycling　　**正解**
(B) To learn about penalties
(C) To pay parking tickets
(D) To work as a volunteer

解説 第2段落に **For more information on how to recycle, please call the Environmental Hot Line** とあるため、リサイクル方法の詳細について知りたい場合には環境ホットラインに電話をかければ良いということがわかります。

問題 153-154 は次のお知らせに関するものです。

ごみの収集

ごみは、月曜日と木曜日の午前8時から正午の間に敷地の境界線内から収集

します。路上にごみ袋を置かないようにしてください。

家庭用リサイクル
ガラスやペットボトル、缶やびんはリサイクルに出してください。水曜日の午前8時から10時の間に収集します。リサイクル方法の詳細につきましては、環境ホットライン555-2798までお電話ください。

投棄禁止。罰金最高額 1,500 ポンド。

153. 何についてのお知らせですか？

要約 ▶「何のお知らせ？」

(A) 病院の衛生化
(B) ごみ処理
(C) 居住地域の会議
(D) 緊急ルート

154. 読み手はなぜ環境ホットラインに電話しなければならないのですか？

要約 ▶「なぜ読者はEnvironmental Hot Lineに電話する？」

(A) リサイクルについて問い合わせるため。
(B) 刑罰について学ぶため。
(C) 駐車違反切符の支払いをするため。
(D) ボランティアとして働くため。

語句
- □ rubbish 名 ごみ
- □ between 8 A.M. and 12 midday 午前8時から正午の間
- □ property boundary 敷地の境界線
- □ bag 名 ごみ袋
- □ residential 形 家庭用の
- □ jar 名 びん
- □ environmental 形 環境の
- □ hot line ホットライン
- □ dump 動 投棄する
- □ maximum penalty £1,500 罰金最高額 1,500ポンド
- □ notice 名 お知らせ
- □ sanitization 名 衛生化
- □ garbage disposal ごみ処理
- □ emergency 名 緊急
- □ penalty 名 罰、罰金

Questions 155-157 refer to the following Web page.

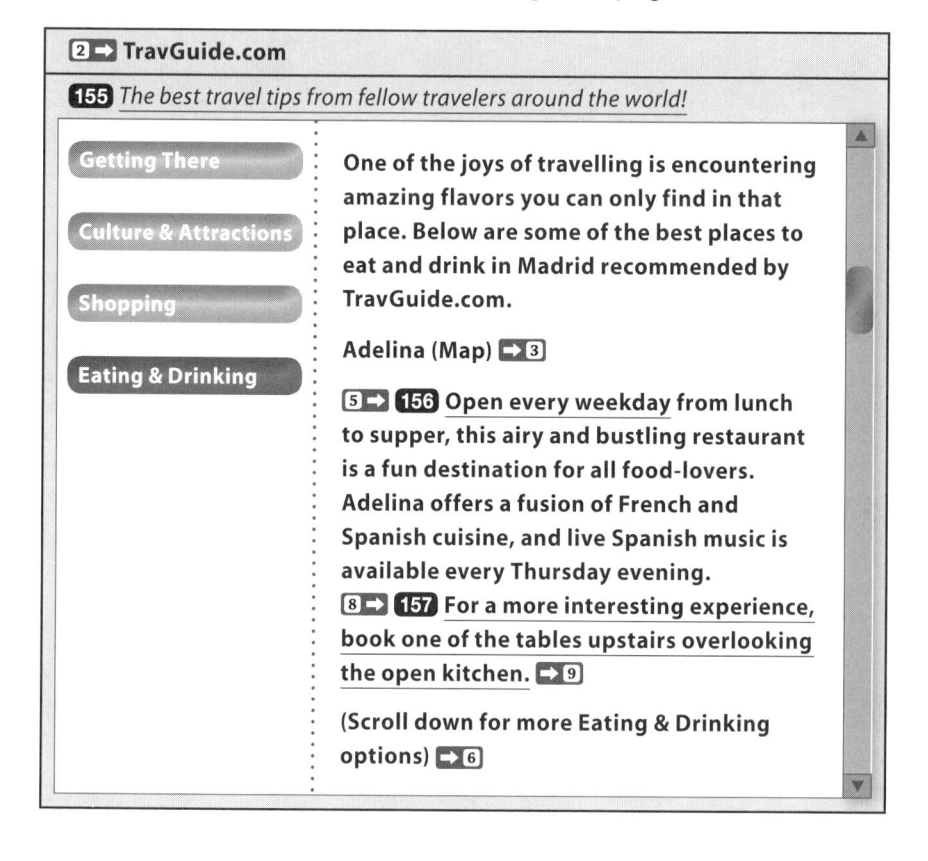

---

② ➡ TravGuide.com

155 *The best travel tips from fellow travelers around the world!*

- Getting There
- Culture & Attractions
- Shopping
- Eating & Drinking

One of the joys of travelling is encountering amazing flavors you can only find in that place. Below are some of the best places to eat and drink in Madrid recommended by TravGuide.com.

Adelina (Map) ➡③

⑤➡ 156 Open every weekday from lunch to supper, this airy and bustling restaurant is a fun destination for all food-lovers. Adelina offers a fusion of French and Spanish cuisine, and live Spanish music is available every Thursday evening.
⑧➡ 157 For a more interesting experience, book one of the tables upstairs overlooking the open kitchen. ➡⑨

(Scroll down for more Eating & Drinking options) ➡⑥

---

155. ①➡ Who is the Web page most likely intended for? ➡②

(A) ③➡ Travel insurers
(B) Traveling persons ➡④   正解
(C) Food critics
(D) Transport providers

解説 左上の2行目(枠内)頭に **The best travel tips from fellow travelers around the world!**（世界中の旅行仲間から、最高の旅のヒントを!）とあるため、旅行者を対象としたウェブページであることがわかります。

348　Reading Section | Chapter 8

156. On which day is Adelina closed?

   (A) On Monday
   (B) On Wednesday
   (C) On Thursday
   (D) On Sunday   **正解**

> **解説** 問題文の中盤に **Open every weekday**（平日は毎日開いています）とあるため、開いていないのは週末の土日であると考えられます。
> よって (D) の **On Sunday** が正解です。

157. What is the advantage of being seated upstairs?

   (A) It has an interesting view.   **正解** タスク終了
   (B) It overlooks the garden.
   (C) It has a spacious atmosphere.
   (D) It is close to the salad bar.

> **解説** 156. の問題に解答した時点で、すでに問題文の全文を読み終えています。
> そのため、すぐに問題文中にある「2階に座るメリット」が書かれているところに戻ることができるはずです。
> **For a more interesting experience, book one of the tables upstairs overlooking the open kitchen.**（さらに興味深い体験をしたい方は、オープンキッチンを見渡せる2階のテーブルをご予約ください）とあるので、これを簡潔に言い表している (A) が正解になります。
> 「一度読んだ部分の内容は、このセットのタスクが終了するまでは記憶に残す」というつもりで問題文を読むようにしてください。

問題 155-157 は次のウェブページに関するものです。

TravGuide.com
世界中の旅行仲間から、最高の旅のヒントを!

アクセス方法	旅行の楽しみの1つは、その土地でしか見つけられない素晴らしい味に出会えることです。TravGuide.com が推薦するマドリッドで最高の飲食店を以下にいくつか挙げます。
文化と魅力	
ショッピング	Adelina (地図)
飲食店	平日は毎日、お昼から夕食の時間まで営業している、この風通しが良く賑やかなレストランは、食事好きな人なら誰もが楽しめる場所です。Adelinaは、フランス料理とスペイン料理を融合させた料理を提供しており、毎週木曜日の夜にはスペイン音楽の生演奏を聴くことができます。さらに興味深い体験をしたい方は、オープンキッチンを見渡せる2階のテーブルをご予約ください。 (さらに他の飲食店を探す場合は、スクロールダウンしてください)

155. ウェブページは誰に向けたものだと考えられますか?
 要約 ➡ 「誰向け?」

 (A) 旅行保険業者
 (B) 旅行者
 (C) 食品評論家
 (D) 運送業者

156. Adelinaは何曜日に休業しますか?
 要約 ➡ 「いつAdelina閉まっている?」

 (A) 月曜日
 (B) 水曜日
 (C) 木曜日
 (D) 日曜日

157. 2階に座るメリットは何ですか？

要約 ➡ 「2階に座るメリットは？」

(A) 面白い光景を見ることができる。
(B) 庭を見渡せる。
(C) ゆったりとした雰囲気がある。
(D) サラダバーに近い。

語句
- tip 名ヒント
- fellow 名仲間
- joy 名楽しみ
- encounter 動出会う
- amazing 形素晴らしい
- flavor 名味
- below be 以下に〜を挙げます
- weekday 名平日
- supper 名夕食
- airy and bustling 風通しが良くにぎやかな
- fun destination 楽しめる場所
- food-lover 食事好きな人
- offer 動提供する
- fusion 名融合
- cuisine 名料理
- available 形利用できる、入手できる
- upstairs 形階上の、副階上で
- overlook 動見渡す、見下ろす
- scroll down スクロールダウンする
- option 名選択
- be intended for 〜に向けられている
- insurer 名旅行保険業者
- critic 名評論家
- transport provider 運送業者
- view 名光景
- spacious 形ゆったりとした
- atmosphere 名雰囲気

仕上げの特訓

➤ この **Chapter** の問題を使った読解練習を行ないます。

前から意味を理解しつつ英文を読み進めてください。

声に出して英文を読む（＝音読する）とより効果的です。

最初はスラッシュによる区切りを入れた英文を使い、スラッシュで区切られたカタマリの単位で英文の意味を理解する練習を何回も行なってください。

英文は、**SVOC**（主語・動詞・目的語・補語）や接続詞の前、前置詞の前などで適宜区切ってあります。

> この **Chapter** では、スラッシュをどこに入れて英文を区切ると理解しやすくなるのかの例を掲載しておきました。
> 英文を読む際の参考にしてください

なお、便宜上主語を含むカタマリ（主部）を主語とし、動詞を含むカタマリ（動詞句）を動詞として扱っています。

また文意が取れない場合には、カタマリごとに日本語に訳した「文意を確認するための英文」も掲載しておいたので参考にしてください。

「日本語を思い浮かべずに英文を理解できる」ようになったら、この **Chapter** の仕上げの特訓は終了です。

以下、**Chapter 15** まで、この特訓を続けてみてください。

英文の読解力が少しずつ上がってくることを、必ず実感することができます。

読解練習用英文

Your rubbish will be collected／
主語 ＋ 動詞

on Monday and Thursday mornings／
前置詞 から始まるカタマリ

between 8 A.M. and 12 midday／
前置詞 から始まるカタマリ

from within your property boundary.
前置詞 から始まるカタマリ

Please do not put **bags**／**on** the street.
動詞 ＋ 目的語　　　　　　前置詞 から始まるカタマリ

Residential Recycling
（タイトル）

Glass and plastic bottles, tins, cans and jars／
主語

should be recycled.
動詞

They will be collected／
主語 ＋ 動詞

on Wednesdays／**between** 8 A.M. and 10 A.M.
前置詞 から始まるカタマリ　　前置詞 から始まるカタマリ

For more information／**on** how to recycle,／
前置詞 から始まるカタマリ　　前置詞 から始まるカタマリ

please call the Environmental Hot Line／**at** 555-2798.
動詞 ＋ 目的語　　　　　　　　　　　　前置詞 から始まるカタマリ

Don't Dump.
動詞

Maximum penalty (is) £1,500.
主語 ＋ 動詞 ＋ 補語

➤ 前述の英文を、**1文読むごとに**「**OK!（理解できている）**」と言えるかどうかを確認してください。

Your rubbish will be collected on Monday and Thursday mornings between 8 A.M. and 12 midday from within your property boundary.（ここで）「**OK!**」

「**OK!**」と言えない場合は、文の構造を理解できていないか、知らない単語＆フレーズが文中にあることが主な原因です。

原因を確認して理解し直し、**問題文と設問＆選択肢、すべての英文を「英語のままで」**理解することができたと思えれば **OK** です。

その後は何回も同じ問題を読み、そして解くようにするのです。

解く手順と理解度を確認しつつ「**いかに速く英文を読み、速く問題を解くことができるか**」を意識するようにしてください。

一度解いてしっかりと復習を行なった問題を再度解答する練習を繰り返すことにより、「**問題を解く型**」が身につきます。

それが「**解答速度を上げる**」ことにつながるのです。

確認用英文（和訳付き）

Waste Collection（ごみの収集）
Your rubbish will be collected（あなたのゴミは収集される）
on Monday and Thursday mornings（月曜日と木曜日の朝に）
between 8 A.M. and 12 midday（8時から正午の間に）
from within your property boundary
（あなたの敷地の境界線内から）．
Please do not put bags（ごみ袋を置かないでください）
on the street.（路上に）
Residential Recycling（家庭用リサイクル）
Glass and plastic bottles, tins, cans and jars
（ガラスやペットボトル、缶やびん）
should be recycled（リサイクルされるようにすべきだ）．
They will be collected（それらは収集される）
on Wednesdays（水曜日に）
between 8 A.M. and 10 A.M.（午前8時から10時の間に）
For more information（より詳しい情報は）
on how to recycle,（リサイクルの方法について）
please call the Environmental Hot Line
（環境ホットラインまで電話してください）
at 555-2798.（555-2798まで）
Don't Dump.（投棄禁止）
Maximum penalty £1,500.（罰金最高額 1,500ポンド）

Reading Section

Chapter 9

Part 7
読解問題

大特訓 ②

Part 7 スクリプトと訳・正解と解説

✍ ここで再度 *Part 7* の **158.**〜**162.** を解きなおしてから先に進んでください。

Questions 158-160 refer to the following postcard.

② ➡ The Arts Council of North Dakota

158 You are cordially invited to
"**Earth Landscapes**"
A photographic exploration of our planet's landscape by
Vijay Briggs* ➡ ③

⑤ ➡ The exhibition will be inaugurated on September 15** at Olavi Gallery by world-renowned photographer
159 **Neal Geddes**
Professor, Desmond University and Founder, Watnick Photography Society ➡ ⑥

⑧ ➡ Gallery hours: 10 A.M.- 5 P.M.
Exhibition closes: September 25

*A complete biography is available at the artist's Web site.
**Complimentary snacks and drinks will be served on the Opening day. ➡ ⑨

Mr. George Scott

32 Maxell Street
Dickinson, ND
58922

358 Reading Section | Chapter 9

158. What is the purpose of this postcard?

(A) To advertise photographic equipment
(B) To invite people to see some artwork 【正解】
(C) To remind of an upcoming appointment
(D) To offer an excursion to the countryside

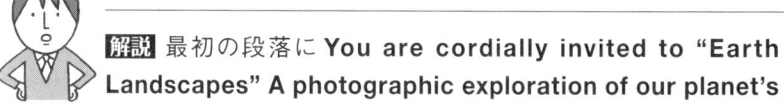

> 解説 最初の段落に **You are cordially invited to "Earth Landscapes" A photographic exploration of our planet's landscape by Vijay Briggs**（Vijay Briggs がこの地球の景色を写真によって探索した「地球の風景」へのご来場を心よりお待ちしております）とあるため、これを簡単にまとめた (B) が正解です。

159. Who is Neal Geddes?

(A) An owner of a gallery
(B) An amateur photographer
(C) A world-famous explorer
(D) A founder of an organization 【正解】

> 解説 第2段落の後半に **Neal Geddes Professor, Desmond University and Founder, Watnick Photography Society**（Neal Geddes Desmond大学教授、Watnick写真協会設立者）とあります。
> よって Neal Geddes さんは「ある組織の創設者」であるため (D) が正解です。
> (A) には問題文中に言及がなく、(B) は amateur の部分が同じく言及なし、(C) は **world-famous photographer** であれば正解になり得ます。

160. According to the postcard, what will invitees receive on September 15?

(A) A biography of Vijay Briggs
(B) A ticket to another event
(C) A commemorative photo
(D) Free food and drinks　**正解**

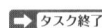

解説 はがきの最後に **Complimentary snacks and drinks will be served on the Opening day.**（開催初日には、軽食とお飲物を無料でご提供いたします）とあります。
開催初日は9月15日であることがわかっているため、正解は (D) の **Free food and drinks**（無料の飲食物）です。
complimentary（無料の）はTOEICテストでは、出現頻度が非常に高い単語です。漏れのないように、ここでキッチリと押さえておきましょう。

問題158-160は次のはがきに関するものです。

ノースダコタ芸術文化振興会

Vijay Briggs* がこの地球の景色を
写真によって探索した
「地球の風景」へのご来場を
心よりお待ちしております。

展示会は9月15日**
世界的に有名な写真家 **Neal Geddes**
（Desmond大学教授、Watnick写真協会
設立者）の開会宣言のもと、
Olaviギャラリーで始まります。

開館時間：午前10時〜午後5時
展示会最終日：9月25日

* 詳しい経歴は、アーティストのウェブサイトでご覧いただけます。
** 開催初日には、軽食とお飲物を無料でご提供いたします。

George Scott様

Maxell Street 32番地
Dickinson, ND 58922

158. このはがきの目的は何ですか？

要約 ➡ 「目的何？」

(A) 写真機材を宣伝すること。
(B) 芸術作品を見るよう人々に勧めること。
(C) 次回の約束について思い出してもらうこと。
(D) 地方への小旅行を提案すること。

159. Neal Geddesとは誰ですか？

要約 ➡ 「Neal Geddesは誰？」

(A) ギャラリーのオーナー
(B) アマチュア写真家
(C) 世界的に有名な探検家
(D) ある組織の創設者

160. はがきによると、招待客は9月15日に何を受け取りますか？

要約 ➡ 「9月15日に何受け取る？」

(A) Vijay Briggsの経歴
(B) 他のイベントのチケット
(C) 記念写真
(D) 無料の飲食物

語句
- arts council　芸術文化振興会
- cordially　副 心より
- landscape　名 風景
- photographic exploration　写真による探索
- inaugurate　動 開会宣言をする
- world-renowned　形 世界的に有名な
- founder　名 設立者
- gallery hours　開館時間
- complete biography　詳しい経歴
- available　形 利用可能な、入手できる
- complimentary　形 無料の
- be served　提供される
- artwork　名 芸術作品
- upcoming　形 次回の
- excursion to the countryside　地方への小旅行
- world-famous　形 世界的に有名な
- explorer　名 探検家
- organization　名 組織
- biography　名 経歴
- commemorative　形 記念の

Questions 161-162 refer to the following advertisement.

②➡ Petersen Kitchen

Petersen Kitchen has been providing luxury custom-designed kitchens to satisfied customers for over twenty years.

161 Visit one of our twelve showrooms to meet with a friendly design consultant. ⑥➡ During the initial consultation, **162A** you can discuss materials, **162BC** finishes and appliance options you'd like for your new ideal kitchen. ➡タスク終了
Once the basic plan is made, our staff will visit your home to take actual measurements of the existing kitchen. A computer-generated image of the finished kitchen will then be created so you can see what the finished kitchen will look like. ➡③

If you would like to reserve a time to meet with our design consultant, please use the form on our Web site www.pkitchen.com, e-mail us at customers@pkitchen.com or call us at 555-8921.

161. ①➡ What is suggested about Petersen Kitchen? ➡②

(A) ③➡ It has been operating for a decade.
(B) It uses the latest computer technology.
(C) It caters specially prepared food.
(D) It has more than one showroom. ➡④   正解 💡

解説 問題文は３つの段落に分かれていて、設問は２つです。このような場合は、少し無理をしてでも最初の２つの段落を一通りきちんと読み終えてから問題文の内容と最初の設問の選択肢を照合すると良いでしょう。

第２段落の冒頭に **Visit one of our twelve showrooms to meet with a friendly design consultant.** (当社の12のショールームのいずれかに足を運び、親切な設計コンサルタントに会ってみてください) とあるため、これが (D) の内容と一致します。

162. What is NOT mentioned as a topic of discussion at the initial consultation?

- (A) What materials will be used
- (B) What kind of finishes are desired
- (C) What appliances will be installed
- (D) When the product will be completed 　**正解**

解説 設問に NOT がある問題 (通称：NOT 問題) は、解く手順を変えます。

設問を読んだ後は問題文に進まずに、選択肢をすべて読んで確認します。NOT問題の選択肢は、４つのうち３つが問題文のある部分の内容と一致します。

つまり、先に選択肢を読んでおくことにより「問題文にはこのような内容が登場するのだな」と、アタリをつけることができるのです。

選択肢を読み、問題文を読み進め、選択肢の内容が登場するたびに選択肢を１つずつ消していきます。

本問を例にすると、まず第２段落の最初の方に **you can discuss materials** (材料について話し合うことができる) が登場します。

これは選択肢 (A) と一致するので、(A) の記号を左手の薬指で押さえて「消す」のです。

続いて **finishes and appliance options you'd like for your new ideal kitchen** (理想的な新しいキッチンのためにあなたが求める仕上げ剤、電

Part 7 読解問題　大特訓 ②　363

気器具の選択肢) が登場します。

これらは選択肢 (B) と (C) の内容に一致するため、(B) の記号を左手の中指で、(C) の記号を左手の人差し指で押さえます。

これで4つの選択肢のうち3つの選択肢の内容が登場しました。

この時点で、まだ指で押さえていない記号は (D) になります。

このように問題文に書かれている内容と3つの選択肢の内容を照合し終えたらタスク終了、指で押さえていない (D) をマークしてこのセットを終えます。

問題 161-162 は次の広告に関するものです。

Petersen Kitchen 社

Petersen Kitchen 社は20年以上にわたり、特注設計の高級キッチンを提供し続け、お客様にご満足いただいております。

当社の12のショールームのいずれかに足を運び、親切な設計コンサルタントに会ってみてください。初回相談時には、理想的な新しいキッチンのためにあなたが求める材料、仕上げ剤、電気器具の選択肢について話し合うことができます。基本プランを作成した時点で、当社スタッフがご自宅を訪問し、現在のキッチンを実際に測定します。完成したキッチンがどのような様子になるかを確認できるよう、完成したキッチンの画像をコンピュータで作成します。

設計コンサルタントとの面会時間の予約を希望される方は、弊社Webサイトwww.pkitchen.comのお問い合わせフォームをご使用いただくか、customers@pkitchen.comに電子メールで、または555-8921にお電話でご連絡ください。

161. Petersen Kitchen 社についてどんなことがわかりますか？

要約 ▶ 「Peterson Kitchen について何が書かれている？」

(A) 10年間営業してきた。
(B) 最新のコンピュータ技術を利用している。
(C) 特別に用意した食事を提供している。
(D) 複数のショールームを持っている。

162. 初回相談時の話し合いのテーマとして述べられていないことは何ですか？

要約 ➡ 「初回相談時の話し合いにないのは何？」

(A) どの材料を使うか。
(B) どのような種類の仕上げ剤を希望するか。
(C) どの電気器具を設置するか。
(D) いつ製品が完成するか。

語句
- luxury 形 豪華な
- custom-designed 特注設計の
- consultant 名 コンサルタント
- initial 形 初回の
- consultation 名 相談
- material 名 材料
- finish 名 仕上げ剤
- appliance options 電気器具の選択肢
- ideal 形 理想的な
- actual 形 実際の
- measurement 名 測定
- existing 形 現在の
- computer-generated 形 コンピュータで作成した
- finished kitchen 完成したキッチン
- create 動 作成する
- look like 〜のように見える
- reserve 動 予約する
- operate 動 営業する、活動する
- decade 名 10年
- latest 形 最新の
- cater 動 食事を提供する
- specially prepared food 特別に用意した食事
- desire 動 希望する
- install 動 設置する

仕上げの特訓

➤ この **Chapter** の問題を使った読解練習を行ないます。

英文を前から意味を理解しつつ読み進めてください。

声に出して英文を読む（＝音読する）とより効果的です。

「日本語を思い浮かべずに英文を理解できる」ようになったら、この **Chapter** の仕上げの特訓は終了です。

読解練習用英文

Petersen Kitchen

Petersen Kitchen has been providing luxury custom-designed kitchens／to satisfied customers／for over twenty years.

Visit one of our twelve showrooms／to meet with a friendly design consultant.

During the initial consultation,／you can discuss materials, finishes and appliance options／you'd like for your new ideal kitchen.

Once the basic plan is made,／our staff will visit your home／to take actual measurements of the existing kitchen.

A computer-generated image of the finished kitchen will then be created／so you can see／what the finished kitchen will look like.

If you would like to reserve a time／to meet with our design consultant,／please use the form／on our Web site www.pkitchen.com,／e-mail us at customers@pkitchen.com／or call us at 555-8921.

確認用英文（和訳付き）

Petersen Kitchen（Petersen Kitchen社）

Petersen Kitchen has been providing luxury custom-designed kitchens
（Petersen Kitchen社は、高級な特注設計のキッチンを提供し続けている）

to satisfied customers（満足した客に）

for over twenty years.（20年以上にわたって）

Visit one of our twelve showrooms
（当社の12のショールームのいずれかに来てください）

to meet with a friendly design consultant.
（親切な設計コンサルタントに会うために）

During the initial consultation,（初回相談時には）

you can discuss materials, finishes and appliance options（あなたが求める材料、仕上げ剤、電気器具の選択肢について話し合うことができる）

you'd like for your new ideal kitchen.
（あなたが理想的な新しいキッチンのために好む）

Once the basic plan is made,
（ひとたび基本プランが作成されれば）

our staff will visit your home
（当社スタッフがあなたの家を訪問する）

to take actual measurements of the existing kitchen.
（現在のキッチンを実際に測定するために）

A computer-generated image of the finished kitchen will then be created
（それから、コンピュータが完成したキッチンの画像を作成する）

so you can see（あなたが確認できるように）

what the finished kitchen will look like.
（完成したキッチンがどのような様子になるか）

If you would like to reserve a time
（もしあなたが面会時間の予約を希望するならば）

to meet with our design consultant,
（設計コンサルタントと会うための）

please use the form（フォームを使ってください）

on our Web site www.pkitchen.com,
（弊社Webサイトwww.pkitchen.comの）

e-mail us at customers@pkitchen.com
（customers@pkitchen.comに電子メールを送ってください）

or call us at 555-8921.
（または555-8921に電話してください）

Reading Section

Chapter 10

Part 7
読解問題

大特訓 ③

Part 7 スクリプトと訳・正解と解説

✎ ここで再度 *Part 7* の **163.〜168.** を解きなおしてから先に進んでください。

Questions 163-164 refer to the following article.

Letter to the Editor

I read the article "Driving the Quickest Way" in your March 26 issue with interest. **164A** While I strongly agree with Mr. Wire's view that pedestrians must be cautious when crossing roads, **163** I don't think we need to hurry across the road to accommodate the needs of the drivers to get quickly to their destinations. **164D** I believe drivers can and should wait an extra minute to ensure safe crossing. Too many drivers fail to stop for pedestrians at crosswalks and intersections when there are no traffic lights. **164C** During winter, the roads are often slippery and it's unsafe for pedestrians to hurry across the street. Is it too much to ask that the drivers be a little patient with the pedestrians when they are behind the wheel?

Mabel Sorel
Richmond

163. What is the purpose of the article?

(A) To point out a mistake in a previous issue
(B) To discuss the safety features of a car
(C) To express a reader's opinion about an article **正解**
(D) To complain about the behavior of pedestrians

解説 article（記事）の問題では、本問のように複数の段落に分かれていないものがときどき登場します。

このような場合は設問数で問題文を分割し、そこでいったん読むのを切り上げるようにします。

前半で I don't think we need to hurry across the road to accommodate the needs of the drivers to get quickly to their destinations.（目的地に早く辿り着きたいというドライバーの要望に応えるために、急いで道路を渡る必要はないと思います）のように、Mabel Sorel さんは自分の意見を述べていることがわかります。

よってこれを端的に言い換えた (C) が正解です。

164. What is NOT mentioned by the writer?

(A) People must be cautious when crossing streets.
(B) The government needs to build more traffic lights. 【正解】
(C) It is not safe for people to hurry when the roads are slippery.
(D) Drivers should be more patient with pedestrians.

解説 NOT 問題なので設問を読んだ後は問題文に進まずに選択肢を一通り読むようにします。

(A) の内容が記事の前半に登場していたことを思い出し、その箇所に戻って選択肢との照合を始めます。

(A)、(D)、そして (C) の内容に一致することが問題文に順次登場するため、最後に残った (B) が正解となります。

「このセットを解答し終えるまでは内容をすべて記憶しておくぞ」という意気込みで、問題文と選択肢を読むように心がけてください。

問題 163-164 は次の記事に関するものです。

編集者への手紙

3月26日号の「最短ルートでのドライブ」という記事を興味深く読みました。歩行者は道路を横断するとき慎重でなければならないというWire氏の見解は強く支持しますが、目的地に早く辿り着きたいというドライバーの要望に応えるために、急いで道路を渡る必要はないと思います。安全に横断できるようにするために、ドライバーはあと少し待てるでしょうし、待つべきだと私は考えています。信号がない場合、横断歩道や交差点で歩行者のために停止できないドライバーが多すぎます。冬の間は道路が滑りやすいこともしばしばあるので、歩行者が道路を急いで渡るのは危険です。運転中に歩行者に対して少し寛容になってほしいとドライバーに求めるのは、言い過ぎなのでしょうか。

Mabel Sorel
Richmond

163. 記事の目的は何ですか？
　要約　➡「目的何？」

　(A) 以前の号の誤りを指摘すること。
　(B) 車の安全機能について議論すること。
　(C) ある記事に関する読者の意見を述べること。
　(D) 歩行者の行動について苦情を述べること。

164. 書き手が述べていないことは何ですか？
　要約　➡「書き手が述べていないことは何？」

　(A) 道路を横断するときは慎重でなければならない。
　(B) 政府はさらに多くの信号を設置する必要がある。
　(C) 道路が滑りやすいときに人々が急ぐのは安全ではない。
　(D) ドライバーは歩行者に対してもっと寛容であるべきだ。

語句

- issue 名 号
- with interest 興味深く、興味を持って
- strongly 副 強く
- agree with 〜に同意する
- view 名 見解
- pedestrian 名 歩行者
- cautious 形 慎重だ
- when crossing roads 道路を渡るとき
- hurry 動 急ぐ
- accommodate 動 寛容になる
- need 名 要望
- destination 名 目的地
- an extra minute あと少し（の時間）
- ensure 動 保証する
- safe crossing 安全な横断
- fail to do 〜するのを失敗する
- crosswalk 名 横断歩道
- intersection 名 交差点
- traffic light 信号
- slippery 形 滑りやすい
- unsafe 形 危険だ
- it is too much to ask that (that以下のことを)求めるのは言い過ぎだ
- be a little patient with 〜に少し寛容になる
- be behind the wheel 運転席にいる、運転している
- point out 指摘する
- previous 形 以前の
- feature 名 機能
- express an opinion 意見を述べる
- complain 動 苦情を述べる
- behavior 名 行動

Questions 165-168 refer to the following e-mail.

E-mail Message

FROM:	Mathew Fujita [MFujita@alkana.edu]
TO:	Peter Tajuddin [Tajuddin@roseman.com]
SUBJECT:	Fourth Economics Research Conference
DATE:	August 30

Dear Dr. Tajuddin

I am writing in response to your e-mail on August 25. We regret to hear that you will not be able to participate as planned in the Fourth Economics Research Conference to be held in October. Although, as the head researcher at Roseman Global, your input was greatly anticipated, we understand that situations change. We have cancelled your flights and accommodations accordingly.

On a related note, Alkana University is planning to compile the papers presented at the conference into a book. Even though you will not join the conference, we would still like to include your paper in the publication. For the conference participants, the deadline for submitting the papers is in September. However, in your case we can push back the deadline to the beginning of November when the editing work of the book begins. Please let me know whether you still wish to contribute to the publication. I have attached a paper by Dr. Ayush Lakhani on the Economics of India to give you an idea of the expected length and writing format. A detailed writing guideline will be sent to you later should you wish to participate.

Sincerely,
Mathew Fujita
Professor of Economics
Alkana University

165. What is the main purpose of the e-mail?

(A) To cancel an international conference
(B) To ask for a paper submission　　**正解**
(C) To introduce a new research paper
(D) To promote a new publication

> **解説** 1問目の正解の根拠を最初の段落内にあると想定し、第1段落を読み終えた後に選択肢に戻ってきました。
> ところが、選択肢には一致するものがありませんでした。
> **このような場合には、再度問題文に戻るようにし、引き続き第2段落から読み進めていくようにします。**
> すると**we would still like to include your paper in the publication.**（やはり先生の論文を出版物に掲載したいと考えています）や**Please let me know whether you still wish to contribute to the publication.**（先生が今でも出版物に寄稿したいという希望をお持ちかどうか、お聞かせください）ということが述べられている部分にたどり着きます。
> これらを簡潔にまとめた選択肢、(B) の **To ask for a paper submission**（論文の提出を依頼すること）が本問の正解です。
> 最初の問題の正解の根拠となる部分が第1段落に見つからない場合もあります。
> そのようなときは、今回のように問題文に戻って続きの内容に正解の根拠を探しに行くようにしてください。
> **基本的な解答の手順をきちんと押さえるようにし、同時に臨機応変に対応すべき問題もあるということを知っておきましょう。**

166. Who most likely is Dr. Tajuddin?

(A) A professor at a University
(B) A research project participant
(C) An author of an academic book
(D) A researcher at a company　　**正解**

解説 第1段落にTajuddinさんが誰なのかが書かれていたことを思い出しましょう。

Although, as the head researcher at Roseman Global, your input was greatly anticipated（Roseman Globalの主任研究員である先生からのご意見を大いに期待していたのですが）とあるため、Tajuddinさんは**researcher** であることがわかります。

167. When is the planned deadline of Dr. Tajuddin's paper?

(A) In August
(B) In September
(C) In October
(D) In November　**正解**

解説 第2段落の中盤に締め切りに関する情報があったことを思い出してください。

However, in your case we can push back the deadline to the beginning of November（ですが先生の場合は、本の編集作業を始める11月上旬にまで締め切りを先送りすることができます）とあるため、(D) が正解になります。

168. What is sent with the e-mail?

(A) A confirmation letter
(B) A detailed writing guideline
(C) A sample paper　**正解**　タスク終了
(D) A conference agenda

376　Reading Section | Chapter 10

解説 まだ読んでいない 165. の問題に対する正解の根拠の続きから読み進めていきます。

すると、直後に I have attached a paper by Dr. Ayush Lakhani on the Economics of India to give you an idea of the expected length and writing format.(求められる論文の長さと執筆形式についての考えを提示するため、Ayush Lakhani先生によるインド経済に関する論文を添付いたします) とあるため、これを簡潔に言い表した (C) が正解になります。

問題 165-168 は次の E メールに関するものです。

送信者：Mathew Fujita [MFujita@alkana.edu]
宛先：Peter Tajuddin [Tajuddin@roseman.com]
件名：第4回経済研究会議
日付：8月30日

Tajuddin先生

8月25日にいただいたEメールへの返信を書いています。先生が10月に開催される第4回経済研究会議に予定通り参加することができないと聞き、私たちは残念に思っています。Roseman Globalの主任研究員である先生からのご意見を大いに期待していたのですが、状況が変わったのだということは理解しています。それに応じて、先生のフライトと宿泊をキャンセルしました。

これに関連した話ですが、Alkana大学では会議での発表論文をまとめる計画を立てています。先生が会議に出席されないのだとしても、やはり先生の論文を出版物に掲載したいと考えています。会議の出席者については、論文提出締め切りが9月になっています。ですが先生の場合は、本の編集作業を始める11月上旬にまで締め切りを先送りすることができます。先生が今でも出版物に寄稿したいという希望をお持ちかどうか、お聞かせください。
求められる論文の長さと執筆形式についての考えを提示するため、Ayush Lakhani先生によるインド経済に関する論文を添付いたします。参加を希望される場合は、詳細な執筆ガイドラインを後ほどお送りいたします。

敬具
Mathew Fujita
経済学教授
Alkana大学

165. Eメールの主な目的は何ですか?
    要約 ▶「目的何?」

    (A) 国際会議をキャンセルすること。
    (B) 論文の提出を依頼すること。
    (C) 新しい研究論文を紹介すること。
    (D) 新刊書の宣伝をすること。

166. Tajuddin先生とは誰だと考えられますか?
    要約 ▶「Tajuddin誰?」

    (A) 大学教授
    (B) 研究プロジェクトの参加者
    (C) 学術書の著者
    (D) 企業の研究員

167. Tajuddin先生の論文の締め切り予定日はいつですか?
    要約 ▶「論文いつ締め切り?」

    (A) 8月
    (B) 9月
    (C) 10月
    (D) 11月

168. Eメールと一緒に何が送られますか?
    要約 ▶「何がメールと一緒に送られる?」

    (A) 確認状
    (B) 詳細な執筆ガイドライン
    (C) サンプルの論文
    (D) 会議の議題

語句

- economics　名 経済
- in response to　〜への返信
- we regret to hear that
  〜を聞いて私たちは残念に思っています
- participate as planned in
  予定通り参加する
- be held　行なわれる
- although　接 〜だけれども
- head researcher　主任研究員
- input　名 意見
- be anticipated　期待される
- situation　名 状況
- accommodation　名 宿泊
- accordingly　副 それに応じて
- on a related note
  関連した話として
- compile the papers presented at the conference into a book
  会議での発表論文を本にまとめる
- even though　〜だけれども
- include　動 含む
- publication　名 出版
- participant　名 参加者
- deadline for　〜の締め切り
- in your case　あなたの場合は
- push back the deadline to
  締め切りを〜まで先送りする
- the beginning of　〜の上旬
- editing work　編集作業
- please let me know
  お聞かせください、お知らせください
- wish to do　〜するのを希望する
- contribute to　〜に貢献する
- attach　動 添付する
- expected length　求められる長さ
- writing format　執筆形式
- detailed　形 詳細な
- should you do　〜するのであれば
- ask for　〜を求める
- promote　動 宣伝する
- author　名 著者
- agenda　名 議題

仕上げの特訓

▶ この **Chapter** の問題を使った読解練習を行ないます。

英文を前から意味を理解しつつ読み進めてください。

声に出して英文を読む（＝音読する）とより効果的です。

「日本語を思い浮かべずに英文を理解できる」ようになったら、この **Chapter** の仕上げの特訓は終了です。

読解練習用英文

Letter to the Editor

I read the article "Driving the Quickest Way"／in your March 26 issue／with interest.

While I strongly agree with Mr. Wire's view／that pedestrians must be cautious／when crossing roads,／I don't think／we need to hurry across the road／to accommodate the needs／of the drivers／to get quickly to their destinations.

I believe／drivers can and should wait an extra minute／to ensure safe crossing.

Too many drivers fail to stop／for pedestrians at crosswalks and intersections／when there are no traffic lights.

During winter,／the roads are often slippery／and it's unsafe for pedestrians／to hurry across the street.

Is it too much to ask／that the drivers be a little patient／with the pedestrians／when they are behind the wheel?

Mabel Sorel

Richmond

確認用英文（和訳付き）

Letter to the Editor
（編集者への手紙）

I read the article "Driving the Quickest Way"
（「最短ルートでのドライブ」という記事を読んだ）

in your March 26 issue（3月26日号の）

with interest.（興味深く）

While I strongly agree with Mr. Wire's view
（Wire氏の見解は強く支持するが）

that pedestrians must be cautious
（歩行者は慎重でなければならないという）

when crossing roads,（道路を横断するとき）

I don't think（〜だとは思わない）

we need to hurry across the road
（急いで道路を渡る必要はない）

to accommodate the needs（要望に応えるために）

of the drivers（ドライバーの）

to get quickly to their destinations.
（目的地に早く辿り着きたい）

I believe（私は思う）

drivers can and should wait an extra minute
（ドライバーはあと少し待てるだろう）

to ensure safe crossing.（安全な横断を保証するために）

Too many drivers fail to stop
（停止しないドライバーが多すぎる）

for pedestrians at crosswalks and intersections
（横断歩道や交差点で歩行者のために）

when there are no traffic lights. (信号がないとき)

During winter, (冬の間は)

the roads are often slippery
(道路が滑りやすいこともしばしばある)

and it's unsafe for pedestrians (歩行者にとって危険です)

to hurry across the street. (急いで道路を渡るのは)

Is it too much to ask (お願いし過ぎだろうか)

that the drivers be a little patient
(ドライバーが少し寛容になる)

with the pedestrians (歩行者に対して)

when they are behind the wheel? (運転しているときに)

Mabel Sorel

Richmond

Column

Part 7 対策　「わかりやすくまとめる」のが効果的・効率的

問題文には、さまざまなことが「具体的に」書かれています。

これに対して選択肢の内容は、長さを短くする必要性があることもあり、要約された「抽象的」なものになっている場合がほとんどです。

設問を要約リテンション（保持）し、それに対して答えが書かれている部分を問題文中に見つけたら、その部分（＝正解の根拠）を「わかりやすくまとめる」ようにしてみてください。

「わかりやすくまとめたこと」を選択肢と照合することによって、よりスムーズに正解を選ぶことができる場合は少なくありません。

Reading Section

Chapter 11

Part 7
読解問題

大特訓 ④

Part 7 スクリプトと訳・正解と解説

✎ ここで再度 **Part 7** の **169.～172.** を解きなおしてから先に進んでください。

Questions 169-172 refer to the following letter

②➡ *Jumping Jack Adventures*

Dear Mr. Jonathan Miller,

Thank you for choosing Jumping Jack Adventures. **169** The goal of our corporate package is to foster trust, open communication and cooperation among team members through various exciting activities. **170** Below is the tentative schedule we have especially prepared for your XT62 Webcam Project Group. ➡③

⑤⑧➡ Schedule for Xenic Co. Employees	
Day 1	Arrival at Lodge Kota. Hike to Tahoe Waterfalls and nature appreciation. After lunch, river rafting training with certified instructor Achak Hunt.
Day 2	Motivation Business meeting at the Lodge Conference Room. In the afternoon, bus trip to Oswego Village. **172** Participants will be free to explore the village using a map which will be provided to each person. Meet back at bus.
171 Day 3	Wild animal watching at Kalamzoo Wildlife Park. **171** In the afternoon, raft race. Winning team gets tickets to sunset dinner cruise. ➡⑨
Day 4	Visit to Lilac Hotsprings by boat. Close meeting. ➡⑥

⑪➡ We are happy to make any changes to the plan before June 1. Please note that a $1,000 deposit is required by May 25. The final payment is due on June 5. ➡⑫

169. What is indicated as a purpose of the trip?

(A) To stimulate new thinking
(B) To learn to work as a team　　正解
(C) To assess personal skills
(D) To reward group members

解説 手紙の冒頭に **The goal of our corporate package is to foster trust, open communication and cooperation among team members through various exciting activities.** (弊社のコーポレートパッケージは、多くの刺激的な活動を通じて、チームメンバー間の信頼、開かれたコミュニケーション、協力を促進することを目標としています) とあります。
よって、これを簡単にまとめた (B) の **To learn to work as a team** (チームとして働くことを学ぶこと) が正解です。

170. What is provided in the letter?

(A) A provisionary agenda　　正解
(B) A payment confirmation
(C) A finalized travel itinerary
(D) A bank account number

解説 (手紙の中盤にある予定表まで読み進めたうえで設問に進んだと仮定します)
選択肢 (A) を読んだときに、**provisionary agenda** (仮の予定表) に関する内容が第1段落に述べられていたことを思い出せると良いでしょう。**Below is the tentative schedule we have especially prepared for your XT62 Webcam Project Group.** (貴社 XT62 Webcam プロジェクトグループのために特別に作成した暫定的スケジュールは、以下のとおりです) とあるため、**tentative schedule** を **provisionary agenda** と言い換えている (A) が正解になります。

171. When will Xenic employees participate in a competition?

(A) Day 1
(B) Day 2
(C) Day 3 　**正解**
(D) Day 4

解説 Day 3 に **In the afternoon, raft race. Winning team gets tickets to sunset dinner cruise.**（午後、ラフティングレース。勝利チームはサンセットディナークルーズのチケットを獲得）とあるため、正解は (C) です。
本文にある **race** を、選択肢では **competition** に言い換えています。

172. What is expected to happen during the trip?

(A) A sunset cruise ticket will be awarded to all.
(B) A raft guide certificate will be earned through lessons.
(C) A map of Oswego Village will be distributed to participants.　**正解**　**タスク終了**
(D) A business meeting will take place each morning.

解説 基本の解答手順をきちんと守り、問題文の最後の段落を読んだ後に **172.** の選択肢を読むようにします。
すると (C) の内容が少し前の段階で登場していることを思い出せるはずです。
問題文の **Day 2** のところに **Participants will be free to explore the village using a map which will be provided to each person.**（参加者は各人に配付される地図を利用して村を自由に探索）とあるため、(C) が正解になります。

問題 169-172 は次の手紙に関するものです。

Jumping Jack Adventures

Jonathan Miller 様

Jumping Jack Adventures をご利用ください、ありがとうございます。弊社のコーポレートパッケージは、多くの刺激的な活動を通じて、チームメンバー間の信頼、開かれたコミュニケーション、協力を促進することを目標としています。貴社 XT62 Webcam プロジェクトグループのために特別に作成した暫定的スケジュールは、以下のとおりです。

Xenic 社従業員の皆さまのスケジュール	
1日目	Kota ロッジに到着。Tahoe 滝へハイキングし、自然観賞。昼食後、認定インストラクター Achak Hunt と共に、リバーラフティングのトレーニング。
2日目	ロッジの会議室でモチベーションビジネス・ミーティング。午後、バスで Oswego 村へ。参加者は各人に配布される地図を利用して村を自由に探索。バスに集合。
3日目	Kalamzoo 野生公園で野生動物ウオッチング。午後、ラフティングレース。勝利チームはサンセットディナークルーズのチケットを獲得。
4日目	ボートで Lilac 温泉へ。閉会ミーティング。

6月1日まででしたら、喜んでプランの変更を承ります。5月25日までに1,000ドルの内金をお支払いいただく必要がありますので、ご留意ください。最終支払いは、6月5日までにお願いいたします。

169. 旅行の目的としてどんなことが述べられていますか？

要約 ➡ 「目的何？」

(A) 新たな思考を刺激すること。
(B) チームとして働くことを学ぶこと。
(C) 個人のスキルを評価すること。
(D) グループメンバーに報奨を与えること。

170. 手紙には何が示されていますか？

要約 ➡ 「何が示されている？」

(A) 暫定的なスケジュール
(B) 支払いの確認
(C) 最終的な旅程表
(D) 銀行の口座番号

171. Xenic社の従業員はいつ競争に参加しますか？

要約 ➡ 「従業員はいつ競争に参加する?」

(A) 1日目
(B) 2日目
(C) 3日目
(D) 4日目

172. 旅行の間に何が起こると予想されますか？

要約 ➡ 「旅行の間に何が起こる?」

(A) 全員にサンセットクルーズのチケットが贈られる。
(B) レッスンを通してラフティングガイドの免許が与えられる。
(C) 参加者にOswego村の地図が配布される。
(D) 毎朝、ビジネスミーティングが開かれる。

語句

- corporate package　コーポレートパッケージ（パッケージプラン）
- foster trust　信頼を高める
- open communication　開かれたコミュニケーション
- cooperation　名 協力
- various　形 さまざまな、多くの
- below be　～は以下の通りです
- tentative schedule　暫定的スケジュール
- especially　副 特に
- prepare for　～のために用意をする
- arrival　名 到着
- waterfall　名 滝
- nature appreciation　自然観賞
- river rafting　リバーラフティング（いかだによる川下り）
- certified　形 認定されている
- motivation　名 モチベーション
- participant　名 参加者
- be free to explore　自由に探索する
- meet back at　～に集合
- raft race　ラフティングレース（いかだによる競争）
- close meeting　閉会ミーティング
- please note that　(that以下のことを)ご留意ください
- deposit　名 内金
- be required　～が必要です
- by May 25　5月25日までに
- be due on June 5　6月5日が締め切りです
- stimulate　動 刺激する
- assess　動 評価する
- personal skill　個人のスキル
- reward　動 報奨を与える
- provisionary　形 暫定的な
- confirmation　名 確認
- finalized　形 最終的な
- travel itinerary　旅程表
- bank account number　銀行の口座番号
- participate in　～に参加する
- be awarded to　～に贈られる
- raft guide certificate　ラフティングガイドの免許
- be distributed to　～に配付される
- take place　～が開かれる

Questions 173-175 refer to the following memo.

MEMO

From: Kim Palmer, HR
To: All ZEK employees
Date: July 20
Re: Workforce development

At ZEC, workforce development is a continued effort on the part of both the company and the employees. Therefore, we recommend all our employees to attend the Workforce Development Meeting next Monday. At the meeting, learning options will be discussed and a calendar of internal training opportunities will be distributed. The internal training opportunities include lectures and seminars by department heads and specialists working for ZEC. Employees are also encouraged to choose from hundreds of work-skill related online courses available free of charge for ZEC employees. You may also decide to take courses outside of work. In that case, please consult the Human Resource Department as tuition fees may be partially subsidized by ZEC. It is important that you talk with the Human Resource Department prior to enrollment, as we do not reimburse retroactively.

173. What will take place on Monday?

(A) Employee training
(B) A safety lecture
(C) Career consultation
(D) An employee meeting

解説 メモの前半に **Therefore, we recommend all our employees to attend the Workforce Development Meeting next Monday.**（そのため、来週月曜日の労働力開発会議への出席を、すべての従業員の皆さんに推奨いたします）とあります。
Monday というキーワードが問題文に登場したので、その段階で一区切りをつけ、選択肢に戻って本文内容との照合を行なうと良いでしょう。
正解は (D) になります。

174. What is NOT mentioned as a learning option?

(A) Going to in-company seminars
(B) Attending external courses
(C) Travelling to other branch offices　**正解**
(D) Studying through online courses

解説 問題文前半にある **At the meeting,** 以降、(A)〜(D) の内容が順次登場します。
(A)、(D)、そして (B) を順番に問題文の内容と照合し、残った (C) を正解としてマークします。
3つの選択肢の照合が終わった時点でこの問題のタスクを終了させ、問題文に登場していない **(C)** の内容は「探しにいかない」ようにしてください。
少しでも無駄な時間を省き、できる限り速く次の問題に進むことを絶えず意識しましょう。

175. What is indicated about the course fees?

(A) The employee may apply for a study loan.
(B) The employee is responsible for all costs.
(C) The company may pay part of the tuition.　**正解**　タスク終了
(D) The company will refund tuition at a later date.

> **解説** 前の問題を解くために読み終えた続きから最後までを読み進めます。
> 問題文を読み終えたら、選択肢と内容を照合してください。
> 問題文の終盤に **as tuition fees may be partially subsidized by ZEC**（ZEC社が受講料の一部を助成できるように）とあるため、**The company may pay part of the tuition.**（会社が受講料の一部を支払ってくれるかもしれない）と述べている (C) が正解です。

問題173-175は次のメモに関するものです。

メモ

発信者：人事部 Kim Palmer
宛先：ZEK社全従業員
日付：7月20日
件名：労働力開発

ZEC社において労働力開発は、会社と従業員の双方にとっての継続的な取り組みです。そのため、来週月曜日の労働力開発会議への出席を、すべての従業員の皆さんに推奨いたします。会議では、学習オプションについて検討し、社内研修機会のカレンダーを配付します。社内研修機会には、ZEC社で働いている部門長や専門家による講演やセミナーなどがあります。従業員の皆さんには、ZEC社従業員が無料で利用できる、数百種の職業スキル関連オンライン講座の中から選択受講することも奨励しています。また、社外の講座を受講しても構いません。その場合は人事部に相談し、ZEC社が受講料の一部を助成できるようにしてください。過去に遡って費用を返済することはありませんので、登録前に人事部に相談することが重要です。

173. 月曜日に何が起こりますか?

要約 ➡ 「月曜何起こる?」

(A) 従業員研修
(B) 安全講座
(C) 職業相談
(D) 従業員ミーティング

174. 学習オプションとして述べられていないものは何ですか?

要約 ➡ 「学習オプションにないものは何?」

(A) 社内セミナーに行くこと。
(B) 外部講座に出席すること。
(C) 他の支社に出向くこと。
(D) オンライン講座を通して学ぶこと。

175. 講座受講料についてどんなことが述べられていますか?

要約 ➡ 「講座受講料何だって?」

(A) 従業員は学習ローンに申し込むことができる。
(B) 従業員はすべての費用の支払い義務がある。
(C) 会社が受講料の一部を支払ってくれるかもしれない。
(D) 会社は後日、授業料を返金する予定である。

語句

- employee 名 従業員
- workforce development 労働力開発
- continued effort 継続的な取り組み
- on the part of both the company and the employees 会社と従業員双方の側での
- therefore 副 そのため
- recommend 動 推奨する
- attend 動 出席する
- option 名 選択
- be discussed 〜が検討される
- a calendar of 〜のカレンダー
- internal 形 内部の
- be distributed 〜が配付される
- include 動 含む
- lecture 名 講義
- department head 部門長
- specialist 名 専門家
- be encouraged to do 〜することを奨励する
- choose from 〜から選択する
- hundreds of 数百種の
- work-skill related 職業スキル関連の
- online course オンライン講座
- available 形 利用できる、入手できる
- free of charge 無料で
- decide 動 決定する
- outside of work 仕事以外の、社外の
- in that case その場合には
- consult 動 相談する
- tuition fee 授業料
- partially 副 部分的に
- subsidized 形 助成される
- Human Resource Department 人事部
- prior to enrollment 登録前に
- reimburse 動 返済する
- retroactively 副 過去に遡って
- take place 〜が起こる
- safety lecture 安全講座
- career consultation 職業相談
- learning option 学習オプション
- in-company seminar 社内セミナー
- external course 外部講座
- branch office 支社
- through online course オンライン講座を通して
- course fee 講座受講料
- apply for 〜に申し込む
- student loan 学習ローン
- be responsible for 〜に責任がある
- all costs すべての費用
- at a later date 後日

仕上げの特訓

➤ この **Chapter** の問題を使った読解練習を行ないます。

英文を前から意味を理解しつつ読み進めてください。

声に出して英文を読む（＝音読する）とより効果的です。

「日本語を思い浮かべずに英文を理解できる」ようになったら、この **Chapter** の仕上げの特訓は終了です。

読解練習用英文

MEMO

From: Kim Palmer, HR

To: All ZEK employees

Date: July 20

Re: Workforce development

At ZEC, workforce development is a continued effort／on the part of both the company and the employees.

Therefore, we recommend all our employees／to attend the Workforce Development Meeting next Monday.

At the meeting,／learning options will be discussed／and a calendar of internal training opportunities will be distributed.

The internal training opportunities include lectures and seminars／by department heads and specialists／working for ZEC.

Employees are also encouraged／to choose from hundreds of work-skill related online courses／available free of charge／for ZEC employees.

You may also decide to take courses／outside of work.

In that case, / please consult the Human Resource Department / as tuition fees may be partially subsidized by ZEC.

It is important / that you talk with the Human Resource Department / prior to enrollment, / as we do not reimburse retroactively.

確認用英文（和訳付き）

MEMO（メモ）

From: Kim Palmer, HR（発信者：人事部 Kim Palmer）

To: All ZEK employees（宛先：ZEK社全従業員）

Date: July 20（日付：7月20日）

Re: Workforce development（件名：労働力開発）

At ZEC, workforce development is a continued effort
（ZEC社において労働力開発は継続的な取り組みだ）

on the part of both the company and the employees.
（会社と従業員の双方にとっての）

Therefore, we recommend all our employees
（そのため、すべての従業員に推奨する）

to attend the Workforce Development Meeting next Monday.（来週月曜日の労働力開発会議への出席を）

At the meeting,（会議では）

learning options will be discussed
（学習オプションが検討され）

and a calendar of internal training opportunities will be distributed.（社内研修機会のカレンダーが配付される）

The internal training opportunities include lectures and seminars（社内研修機会には、講演やセミナーなどが含まれる）

by department heads and specialists（部門長や専門家による）

working for ZEC.（ZEC社で働いている）

Employees are also encouraged（従業員は奨励もされる）

to choose from hundreds of work-skill related online courses（数百種の職業スキル関連オンライン講座の中から選択受講することを）

available free of charge（無料で利用できる）

for ZEC employees.（ZEC社従業員向けの）

You may also decide to take courses（また、講座を受講してもよい）

outside of work.（社外の）

In that case,（その場合は）

please consult the Human Resource Department（人事部に相談してください）

as tuition fees may be partially subsidized by ZEC.（ZEC社が受講料の一部を助成できるかもしれないので）

It is important（重要だ）

that you talk with the Human Resource Department（人事部に相談することが）

prior to enrollment,（登録前に）

as we do not reimburse retroactively.（過去に遡って費用を返済することはないので）

Reading Section

Chapter 12

Part 7
読解問題

大特訓 ⑤

Part 7 スクリプトと訳・正解と解説

✍️ ここで再度 **Part 7** の **176.～185.** を解きなおしてから先に進んでください。

Questions 176-180 refer to the following announcement.

---

②➡ Goldtree Resorts

Dear guests,

176 Goldtree Resorts is pleased to announce that a $10 million upgrade is scheduled for our 350 guest rooms and Goldtree Restaurant for the comfort and safety of our valued customers. ➡③

⑤➡ **177** **178** Work will begin in the beginning of February with the guest rooms. ➡⑥ ⑧➡ After the guest rooms are completed, the renewal of the hotel's Goldtree Restaurant will commence. **178** This is expected to be completed by March 30. ➡⑨

⑪➡ New features in the guest rooms will include innerspring mattress beds and oak night stands, as well as a luxurious credenza. **179** In the bathroom, guests can enjoy the same, high-quality bathroom amenities as before, such as shampoo and hair conditioner from quality skincare manufacturer, La Rosa, but with the additional comfort of a modern bathtub and contemporary back-lit mirrors. In addition, the television in the guest rooms will be replaced with a bigger and better 32-inch wall-mounted plasma TV. The walls will also be painted in soft shell white instead of the current beige. ➡⑫

⑭➡ We apologize for any inconvenience caused during the transition period, and **180** are happy to offer free entrance to our exclusive in-door swimming pool for all guests staying at our hotel during the period. Entrance to Goldtree Resort swimming pool is normally $10 for guests and $20 for visitors. ➡⑮

176. Who most likely issued the announcement?

   (A) A guest at a resort
   (B) An employee of a hotel 【正解】
   (C) A member of a gym
   (D) A president of a construction company

> **解説** 第1段落の冒頭で **Goldtree Resorts is pleased to announce that**（Goldtreeリゾートは、〜をお知らせいたします）とあるため、このお知らせはホテルの人が行なっているということがわかります。よって正解は (B) です。

177. The word "Work" in paragraph 2, line 1, is closest in meaning to:

   (A) Inspections
   (B) Attempts
   (C) Renovations 【正解】
   (D) Production

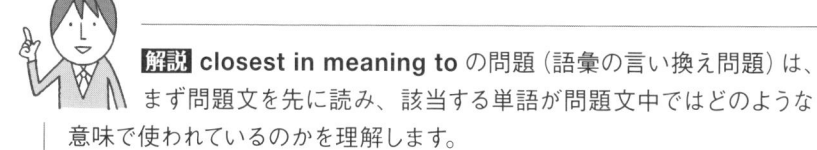

> **解説** closest in meaning to の問題（語彙の言い換え問題）は、まず問題文を先に読み、該当する単語が問題文中ではどのような意味で使われているのかを理解します。
> **Work** は前の段落に登場している **upgrade**（アップグレード）を指しているということが文脈からわかるため、これとほぼ同じ意味の (C) **Renovations** が正解になります。

178. How long will the process take to complete?

　　(A) Around one week
　　(B) Around two weeks
　　(C) Around one month
　　(D) Around two months　**正解**

> **解説** 第2段落の最初に **Work will begin in the beginning of February**（2月初旬に作業を開始します）とあり、同じ段落の終わりの方に **This is expected to be completed by March 30.**（こちらは3月30日までに完了する予定です）とあります。
> 作業開始から終了まで約2カ月かかることがわかるため、正解は (D) になります。

179. What will remain the same?

　　(A) Room furniture
　　(B) Bathroom toiletries　**正解**
　　(C) Television size
　　(D) Wall color

> **解説** 第3段落の前半に **In the bathroom, guests can enjoy the same, high-quality bathroom amenities as before, such as shampoo and hair conditioner from quality skincare manufacturer, La Rosa,**（浴室では、お客さまには高級化粧品メーカーLa Rosaのシャンプーやヘアコンディショナーなど、以前と同様に上質な浴室用アメニティをご利用いただけます）とあります。
> 以前と変わらずに使うことができるのは浴室用アメニティなので、これを言い換えた (B) の **Bathroom toiletries**（浴室の備品）が正解です。

180. What will guests receive during the transition period?

(A) Discounted room price
(B) Gift shop voucher
(C) Free access to a facility　　正解
(D) Complimentary meals

解説　第4段落に **(we) are happy to offer free entrance to our exclusive in-door swimming pool for all guests staying at our hotel during the period**（期間中に当ホテルにご滞在になるすべてのお客様に当ホテル専用屋内スイミングプールへの無料入場券をご提供いたします）とあります。

free entrance to our exclusive in-door swimming pool を **Free access to a facility** と言い換えている (C) が正解です。
問題文の内容は具体的に書かれています。
それに対して選択肢の内容は抽象的に言い換えられていることが多いということを絶えず頭の中に入れておきましょう。

問題 176-180 は次の お知らせに関するものです。

Goldtree Resorts

ご宿泊の皆さま

Goldtreeリゾートは、大切なお客様の快適性と安全性のため、1,000万ドルの費用をかけて350の客室ならびにGoldtreeレストランをアップグレードする予定がありますことをお知らせいたします。

客室に関しましては、2月初旬に作業を開始します。客室の作業が完了した後、当ホテルの Goldtree レストランのリニューアルが始まります。こちらは3月30日までに完了する予定です。

客室の新たな特徴としては、スプリング入りマットレスベッド、オーク材のナイトスタンド、また豪華なサイドボードが挙げられます。浴室では、お客さまには高級化粧品メーカー La Rosa のシャンプーやヘアコンディショナーなど、以前と同様に上質な浴室用アメニティをご利用いただけますが、最新のバスタブと現代的なバックライト付きミラーでさらなる快適さをご提供いたします。また、客室のテレビは以前より大きく上質な32インチ壁掛けプラズマテレビに交換します。壁も、現在のベージュ色からソフトシェルホワイトへと塗り替えます。

移行期間中にご不便をおかけしますことをお詫びし、期間中に当ホテルにご滞在になるすべてお客様に当ホテル専用屋内スイミングプールへの無料入場券をご提供いたします。Goldtreeリゾートプールへの通常の入場料は、宿泊のお客様は10ドル、ビジターの方は20ドルです。

176. お知らせを発表したのは誰だと考えられますか?

要約 ➡ 「誰のお知らせ?」

(A) リゾート地の宿泊客
(B) ホテルの従業員
(C) ジムの会員
(D) 建設会社の社長

177. 第2段落・1行目のWorkに最も近い意味の語は

(A) 調査
(B) 試み
(C) 改修
(D) 生産

178. 作業が完了するのにどれくらいの期間がかかりますか？
要約 ▶「作業完了にどれくらいの期間がかかる？」

(A) 約1週間
(B) 約2週間
(C) 約1カ月
(D) 約2カ月

179. 変更がないものは何ですか？
要約 ▶「変更がないものは何？」

(A) 部屋の家具
(B) 浴室の備品
(C) テレビのサイズ
(D) 壁の色

180. 移行期間に宿泊客は何を受け取りますか？
要約 ▶「移行期間に何を受け取る？」

(A) 客室料金の値引き
(B) ギフトショップの割引券
(C) ある施設への無料入場券
(D) 無料の食事

語句

- be pleased to announce that (that 以下のことを) お知らせいたします
- a $10 million upgrade 1,000万ドルの費用をかけたアップグレード
- be scheduled for 〜する予定がある
- comfort and safety of 〜の快適性と安全性
- valued customers 大切なお客様
- in the beginning of February 2月初旬に
- be completed 完成する
- renewal 名 リニューアル、更新
- commence 動 始まる
- be expected to do 〜する予定だ
- by March 30 3月30日までに
- feature 名 特徴
- include 動 含む
- innerspring mattress bed スプリング入りマットレスベッド
- oak 名 オーク材
- A as well as B AもBも
- luxurious 形 豪華な
- credenza 名 サイドボード
- high-quality bathroom amenity 上質な浴室用アメニティ
- such as 〜のような
- quality skincare manufacturer 高級化粧品メーカー
- additional comfort さらなる快適さ
- modern bathtub 最新のバスタブ
- contemporary back-lit mirrors 現代的なバックライト付きミラー
- in addition 加えて
- be replaced with 〜と交換される
- 32-inch wall-mounted plasma TV 32インチ壁掛けプラズマテレビ
- in a soft shell white ソフトシェルホワイト（色）で
- instead of 〜の代わりに
- current 形 現在の
- beige 名 ベージュ（色）
- apologize for 〜のことをお詫びする
- inconvenience 名 不都合、不便
- caused during the transition period 移行期間中に起こった
- offer 動 提供する
- free entrance to 〜への無料での入場
- exclusive in-door swimming pool 専用屋内スイミングプール
- normally 副 通常
- issue 動 発表する
- resort 名 リゾート地
- president 名 社長
- construction company 建設会社
- inspection 名 検査
- attempt 名 試み
- renovation 名 改修
- production 名 生産
- process 名 過程
- remain 動 〜のままである
- bathroom toiletry 浴室の備品
- discounted 形 割引された
- voucher 名 割引券、引換券
- free access to 〜への無料入場
- complimentary 形 無料の

Questions 181-185 refer to the following advertisement and letter.

②➡ Why MEXPO?

181 As many countries prepare for population aging, there is a growing demand for better hospital equipment, preventive medicine and nursing-care systems. MEXPO is a comprehensive international healthcare exposition, **⑥➡ 182A** held for the 24th time this year at the Berlin Convention Center in Germany. **182B** Based on past experiences, around 300 booths and 40,000 visitors are expected. ➡③

MEXPO is confident that we can offer your business an unparalleled opportunity and look forward to having you display your products at the exhibition.

The booth costs are as follows: € 1,000 for a 3m² Standard Booth, € 3,000 for a 5m² Deluxe Booth and €5,000 for a 7m² Corner Booth.

	Schedule for Exhibitors
March 3	Application form submission deadline
March 12	Payment due date
March 20 – March 24	Delivery of invitation tickets to exhibitors for distribution
March 24 – April 10	Promotion in specialized magazines
April 12, April 13	Move-in period
182D April 14 – April 17	Exhibition period ➡⑦

[8]➡ Ms. Joan Lynch
MEXPO Administration Office
April 19

Dear Organizers,
I would like to give feedback on this year's MEXPO from an exhibitor's point of view. [183] We decided to participate in MEXPO primarily because unlike multimedia advertisements, it gives us a chance to meet with hundreds of potential customers face to face. [11]➡ [184] To this end, we feel MEXPO was more than satisfactory. ➡[12] The turnout was great and we even saw a few of our own customers. ➡[9]

[14]➡ Unfortunately, there were some administrative problems. The invitation tickets were received late. Also, we found out on the set-up day that the deluxe booth we requested was mistakenly overbooked, and we had to use a smaller booth. The booth price was adjusted appropriately, but [185] we had prepared displays for a larger booth so it was hard to get everything into the smaller booth. Also it compromised the design of our displays.
I hope these issues will not come up again in the future. ➡[15]

Sincerely,

Jack Baudin
Jack Baudin

181. [1]➡ What is the theme of MEXPO? ➡[2]

(A) [3]➡ Population aging
(B) Healthcare ➡[4] **正解**
(C) Pension systems
(D) Mexican culture

解説 上の文書の第1段落の最初に **As many countries prepare for population aging, there is a growing demand for better hospital equipment, preventive medicine and nursing-care systems.**（多くの国が人口の高齢化対策をしているため、より良い病院設備、予防医学、介護システムの需要が高まっています）と述べられています。
これを簡単にまとめて言い換えた (B) の **Healthcare**（健康管理）が正解となります。

182. ４➡ What is NOT indicated about MEXPO in the advertisement? ➡５

   (A) ５➡ The venue it will be held at
   (B) The expected scale of the event
   (C) The organizers of the event　　正解
   (D) The date it will take place on ➡６

解説 上の文書に (A)、(B)、そして (D) の内容に一致する箇所が順次登場しています。
(D) の内容が問題文に登場した時点で (C) をマーク、次の設問に進むようにします。

183. ７➡ What reason does Mr. Baudin give for his company's decision to become an exhibitor? ➡８

   (A) ９➡ To gain more brand exposure
   (B) To keep in touch with existing customers
   (C) To meet directly with potential clients ➡⑩　　正解
   (D) To demonstrate new products and services

解説 下の文書の第 1 段落で、Baudin さんは **We decided to participate in MEXPO primarily because unlike multimedia advertisements, it gives us a chance to meet with hundreds of potential customers face to face.**（弊社が MEXPO への参加を決めた主な理由は、マルチメディア広告とは異なり、何百人もの潜在的顧客と対面する機会が得られるためでした）と述べています。
potential customers を **potential clients** と言い換え、この部分の内容を簡潔にまとめた選択肢の (C) が正解となります。

184. In the e-mail, the word "end" in paragraph 1, line 5, is closest in meaning to

   (A) contingency
   (B) purpose 　正解
   (C) belief
   (D) achievement

> **解説** **To this end, we feel MEXPO was more than satisfactory.** (この目的の達成という意味では、MEXPOは十分に満足できるものだったと思っています)において、この end は「目的」という意味で使われています。
> よって (B) の **purpose** が言い換えとしてふさわしいということになります。

185. What was Mr. Baudin unhappy about?

   (A) MEXPO did not attract enough visitors.
   (B) The exposition was not thoroughly promoted.
   (C) The size of the booth limited the display design.　正解　→タスク終了
   (D) The administrative personnel were rude to him.

> **解説** 手紙の第2段落に **we had prepared displays for a larger booth so it was hard to get everything into the smaller booth** (大きなブース用に展示品を準備していましたので、小さなブースにすべてをディスプレイすることは困難でした) とあります。
> 管理上の問題により、本来使おうと思っていたブースよりも小さいものを使わなければならなかったことが不満だったとBaudinさんは述べています。
> よって正解は (C) になります。

問題 181-185 は次の広告と手紙に関するものです。

なぜMEXPOなのか？

多くの国が人口の高齢化対策をしているため、より良い病院設備、予防医学、介護システムの需要が高まっています。MEXPOは総合的な国際医療博覧会であり、今年はドイツのベルリンコンベンションセンターで第24回目が開催されます。これまでの経験から考えると、ブースは約300、来場者は40,000名となる見込みです。

MEXPOは、皆さまの事業にまたとない機会を提供できるものと確信しており、展示会で皆さまに製品を陳列していただけることを心待ちにしております。

ブース費用は以下のとおりです。：スタンダードブース3m^{2}につき1,000ユーロ、デラックスブース5m^{2}につき3,000ユーロ、コーナーブース7m^{2}につき5,000ユーロ。

出品者のスケジュール	
3月3日	申込用紙提出締切日
3月12日	支払締切日
3月20～24日	配布用招待券を出品者へ送付
3月24日～4月10日	専門誌での宣伝
4月12日、13日	会場搬入期間
4月14～17日	展示期間

Joan Lynch様
MEXPO管理事務所
4月19日

主催者様

出品者の視点から、今年のMEXPOについて意見を述べさせていただきたいと思います。弊社がMEXPOへの参加を決めた主な理由は、マルチメディア

広告とは異なり、何百人もの潜在的顧客と対面する機会が得られるためでした。この目的の達成という意味では、MEXPOは十分に満足できるものだったと思っています。来場者数は多く、弊社の顧客の何人かに会うことさえありました。

残念なことに、管理上の問題がいくつかありました。招待チケットの受け取りが遅れました。また、弊社がリクエストしていたデラックスブースが誤ってオーバーブッキングされていたことが設営日に判明し、小さなブースを使用しなければならなくなりました。ブースの価格はそれに応じて変更されましたが、大きなブース用に展示品を準備していましたので、小さなブースにすべてをディスプレイすることは困難でした。そのせいで、展示デザインも損なわれてしまいました。

今後、このような問題が起こらないよう願っております。

敬具
Jack Baudin
Jack Baudin

181. MEXPOのテーマは何ですか?
　　要約 ▶「MEXPOのテーマは何?」

(A) 人口の高齢化
(B) 健康管理
(C) 年金制度
(D) メキシコ文化

182. 広告でMEXPOについて述べられていないことは何ですか?
　　要約 ▶「MEXPOについて述べられていないことは何?」

(A) 開催される会場
(B) 予想されるイベントの規模
(C) イベントの主催者
(D) 開催日

183. Baudinさんは出品者になるという自社の決定の理由は何だったと述べていますか?

要約 ➡ 「Baudinは出品者になるという決定の理由を何と述べている?」

(A) ブランドをさらに浸透させるため。
(B) 既存顧客との関係を保つため。
(C) 潜在的顧客と直接会うため。
(D) 新商品やサービスのデモンストレーションをするため。

184. 手紙の第1段落・5行目のendに最も近い意味の語は

(A) 不測の事態
(B) 目的
(C) 信念
(D) 達成

185. Baudinさんは何について不満を感じていましたか?

要約 ➡ 「Baudinは何が不満?」

(A) MEXPOには十分な来場者数がなかった。
(B) 展示会は十分に宣伝されなかった。
(C) ブースの規模のせいでディスプレー・デザインが制限された。
(D) 管理者が彼に対して無礼だった。

語句
- □ prepare for ～への準備をする
- □ population aging 高齢化
- □ growing demand 高まりつつある需要
- □ hospital equipment 病院設備
- □ preventive medicine 予防医学
- □ nursing-care system 介護システム
- □ comprehensive 形 総合的な
- □ international healthcare exposition 国際医療博覧会
- □ be held 行なわれる
- □ based on ～に基づくと
- □ past experience 過去の経験
- □ around 300 booths and 40,000 visitors 約300のブースと40,000名の来場者
- □ be expected 予想される

- ☐ be confident that
  (that以下のことを) 確信している
- ☐ offer your business an unparalleled opportunity
  あなたの事業にまたとない機会を提供する
- ☐ look forward to doing
  ～することを楽しみにしている
- ☐ have you display
  あなたに展示させる
- ☐ as follows　～は以下の通りです
- ☐ application form submission deadline　申込用紙提出締切日
- ☐ payment due date　支払締切日
- ☐ delivery　名 配達
- ☐ distribution　名 配付
- ☐ promotion　名 宣伝
- ☐ specialized magazine　専門誌
- ☐ exhibition period　展示期間
- ☐ administration office
  管理事務所
- ☐ organizer　名 主催者、管理者
- ☐ feedback　名 フィードバック
- ☐ exhibitor　名 出展者
- ☐ point of view　視点
- ☐ decide to participate in
  ～への参加を決める
- ☐ primarily because
  主な理由は～です
- ☐ unlike　前 ～とは違って
- ☐ multimedia advertisement
  マルチメディア広告
- ☐ hundreds of potential customers
  何百人もの潜在的顧客
- ☐ face to face　面と向かって
- ☐ to this end
  この目的の達成という意味では
- ☐ satisfactory
  形 満足な、満たしている
- ☐ turnout　名 来場者数
- ☐ even　副 ～さえ
- ☐ a few of　いくつかの
- ☐ unfortunately　副 残念ながら

- ☐ administrative　形 管理の
- ☐ find out　判明する
- ☐ set-up day　設営日
- ☐ deluxe booth　デラックスブース
- ☐ mistakenly　副 誤って
- ☐ overbook
  動 オーバーブッキングする
- ☐ be adjusted
  変更される、調整される
- ☐ appropriately　副 適切に
- ☐ display
  動 展示する、ディスプレイする
- ☐ it is hard to get everything into the smaller booth
  小さなブースにすべてをディスプレイすることは困難です
- ☐ compromise　動 妥協する
- ☐ issue　名 問題
- ☐ come up　起こる
- ☐ pension　名 年金
- ☐ venue　名 会場
- ☐ be held at　～で開催される
- ☐ expected scale　予想される規模
- ☐ gain more brand exposure
  ブランドがさらに浸透する
- ☐ keep in touch with　関係を保つ
- ☐ existing customer　既存顧客
- ☐ directly　副 直接
- ☐ potential clients　潜在顧客
- ☐ demonstrate
  動 デモンストレーションをする
- ☐ contingency　名 不測の事態
- ☐ achievement　名 達成
- ☐ attract　動 人を引き付ける
- ☐ exposition　名 展示会
- ☐ thoroughly　副 徹底的に、十分に
- ☐ promote　動 宣伝する
- ☐ administrative personnel
  管理者
- ☐ be rude to　～に対して無礼だ

仕上げの特訓

▶ この **Chapter** の問題を使った読解練習を行ないます。

英文を前から意味を理解しつつ読み進めてください。

声に出して英文を読む（＝音読する）とより効果的です。

「**日本語を思い浮かべずに英文を理解できる**」ようになったら、この **Chapter** の仕上げの特訓は終了です。

読解練習用英文

Dear guests,

Goldtree Resorts is pleased to announce that／a $10 million upgrade is scheduled for our 350 guest rooms and Goldtree Restaurant／for the comfort and safety of our valued customers.

Work will begin in the beginning of February／with the guest rooms.

After the guest rooms are completed,／the renewal of the hotel's Goldtree Restaurant will commence.

This is expected to be completed／by March 30.

New features in the guest rooms／will include innerspring mattress beds and oak night stands,／as well as a luxurious credenza.

In the bathroom,／guests can enjoy the same, high-quality bathroom amenities as before,／such as shampoo and hair conditioner from quality skincare manufacturer, La Rosa,／but with the additional comfort／of a modern bathtub／and contemporary back-lit mirrors.

In addition,／the television in the guest rooms will be

replaced／with a bigger and better 32-inch wall-mounted plasma TV.

The walls will also be painted in soft shell white／instead of the current beige.

We apologize for any inconvenience caused／during the transition period,／and are happy to offer／free entrance to our exclusive in-door swimming pool／for all guests／staying at our hotel during the period.

Entrance to Goldtree Resort swimming pool／is normally $10 for guests／and $20 for visitors.

確認用英文（和訳付き）

Dear guests,（お客さまへ）

Goldtree Resorts is pleased to announce that
（Goldtreeリゾートはお知らせします）

a $10 million upgrade is scheduled for our 350 guest rooms and Goldtree Restaurant
（1,000万ドルの費用をかけて350の客室とGoldtreeレストランをアップグレードする予定がある）

for the comfort and safety of our valued customers.
（大切なお客さまの快適性と安全性のために）

Work will begin in the beginning of February
（2月初旬に作業を開始する）

with the guest rooms.（客室に関しては）

After the guest rooms are completed,
（客室の作業が完了した後）

the renewal of the hotel's Goldtree Restaurant will commence.（当ホテルのGoldtreeレストランのリニューアルが始まる）

This is expected to be completed by March 30. (これは3月30日までに完了する予定だ)

New features in the guest rooms (客室の新たな特徴)

will include innerspring mattress beds and oak night stands, (スプリング入りマットレスベッド、オーク材のナイトスタンドを含む予定だ)

as well as a luxurious credenza. (そして豪華なサイドボード)

In the bathroom, (浴室では)

guests can enjoy the same, high-quality bathroom amenities as before, (お客さまには以前と同様に上質な浴室用アメニティを楽しむことができる)

such as shampoo and hair conditioner from quality skincare manufacturer, La Rosa, (高級化粧品メーカー La Rosa のシャンプーやヘアコンディショナーなど)

but with the additional comfort (それだけでなく、さらなる快適さも一緒に)

of a modern bathtub and contemporary back-lit mirrors. (最新のバスタブと現代的なバックライト付きミラー)

In addition, (加えて)

the television in the guest rooms will be replaced (客室のテレビは交換される)

with a bigger and better 32-inch wall-mounted plasma TV. (以前のものより大きく上質な32インチ壁掛けプラズマテレビに)

The walls will also be painted in soft shell white (壁もソフトシェルホワイトへと塗り替えられる)

instead of the current beige. (現在のベージュ色の代わりに)

We apologize for any inconvenience caused (ご不便をお詫びします)

during the transition period,（移行期間中の）

and are happy to offer（喜んで提供する）

free entrance to our exclusive in-door swimming pool（当ホテル専用屋内スイミングプールへの無料入場券）

for all guests（すべてのお客さまに）

staying at our hotel during the period.
（期間中にホテルに滞在している）

Entrance to Goldtree Resort swimming pool
（Goldtreeリゾートプールへの通常の入場料は）

is normally $10 for guests（宿泊の客は10ドル）

and $20 for visitors.（ビジターは20ドル）

Reading Section

Chapter 13

Part 7
読解問題

大特訓 ⑥

Part 7 スクリプトと訳・正解と解説

✎ ここで再度 *Part 7* の **186.～190.** を解きなおしてから先に進んでください。

Questions 186-190 refer to the following notice and article.

②➡ **Welcome to Vita Park**

Vita Park is a hidden gem on the shores of Lake Montreaux. Managed by the city of Kingston, **187** an assortment of well-known plants and flowers, as well as those rarely seen in other places, grow in the 400 acres of beautifully maintained land. Some of the attractions of the park include the Hampton Theater, built in 1947 by famous architect Faith Smith, located on the east side of the park, **188** a Japanese garden next to the south entrance, and a playground on the west end. There is also a visitor center and park café near the north entrance. Throughout the year, the park's tree contractors, Smith and Sons, continues to prune trees and remove dead branches for the safety of park users.

Join the Friends of Vita Park! For more details, contact the Vita Park office at 555-2890. ➡③

---

⑦➡ **Vita Park Allotment Harvest Festival**

189 KINGSTON — Last Sunday saw the harvest celebration at Vita Park Allotment, marking the end of summer and beginning of autumn. **188** The festival took place outside the south entrance of the park. Children enjoyed fun activities organized by volunteers, like apple bobbing and lantern making. **190** The petting zoo where children could pet ponies and rabbits was a huge success at last year's harvest festival. This year, it returned with not only ponies and rabbits but with guinea pigs and goats. Needless to say, the children had an amazing time learning about the animals and enjoying their furry company. ➡⑧

[12]→ The adults took the opportunity to purchase natural produce from the allotment such as carrots, potatoes and tomatoes. Festival organizers said all proceeds will be put towards repairing the tool shed and acquiring more gardening tools. →[13]

186. [1]→ What is the purpose of the notice? →[2]

(A) [3]→ To inform of recent park news
(B) To give an overview of the park →[4] **正解**
(C) To explain the rules for visitors
(D) To provide details of membership

解説 上の文書全体が **Vita Park** の紹介文になっています。選択肢 (B) にある **overview** は「概要」という意味なので、これが正解となります。
181.～200. のダブルパッセージ（2つの文書）の問題は、それぞれの文書だけを見てみるとそれほど長くない場合も少なくありません。
その場合は思い切って1つの文書を最後まで読み切ってしまう方法を取ってみるのも良いでしょう。

187. [4]→ What is indicated about Vita Park? →[5]

(A) [5]→ It is well-known and popular.
(B) It has a lake in the center.
(C) It has rare plant species. →[6] **正解**
(D) It is managed by a company.

解説 （186. を解くにあたり、上の文書を一通り読み終えました。そのため今回は設問⇒選択肢の順に進むことにします）
上の文書の第1段落の最初の方に **an assortment of well-known plants and flowers, as well as those rarely seen in other places, grow in the 400 acres of beautifully maintained land**（よく知られた植物や花のみならず他の土地ではほとんど見られないものまで、さまざまな種類の植物が、美しく維持された400エーカーの敷地で育っています）とあります。
これを簡潔に言い換えた (C) が正解です。

188. Where did the Harvest Festival take place?

(A) In the Hampton Theater
(B) Near the Japanese garden　　**正解**
(C) At the playground
(D) In the visitor center

解説 下の文書の最初の方で、**Harvest Festival** が行なわれた場所について以下のように書かれています。
The festival took place outside the south entrance of the park.（収穫祭は公園南口の外で行なわれました）。
the south entrance of the park には何があるかというと、上の文書で **a Japanese garden next to the south entrance**（日本庭園が南口の横にある）と述べられています。
ダブルパッセージでは上下の2つの文書の両方を参照する問題が登場することを頭に入れておきましょう。
よって正解は (B) になります。

189. What is the purpose of the article?

(A) To report a seasonal event　【正解】
(B) To advertise an upcoming festival
(C) To review organic food products
(D) To recommend a family activity

解説（188. を解くにあたり、下の文書の最初の段落までを一通り読み終えました、そのため今回は設問⇒選択肢の順に進むことにします）
下の文書の最初に **KINGSTON – Last Sunday saw the harvest celebration at Vita Park Allotment, marking the end of summer and beginning of autumn.**（KINGSTON－先週の日曜日、夏の終わりと秋の始まりを告げるVita公園市民菜園の収穫祭が開催されました）とあります。
これを要約した (A) が正解です。

190. What could visitors do at the Harvest Festival?

(A) Learn how to repair gardening sheds
(B) Rent a plot of land to grow vegetables on
(C) Purchase cheap produce from overseas
(D) Interact with domesticated animals　【正解】

解説 下の文書の前半に **The petting zoo where children could pet ponies and rabbits was a huge success at last year's harvest festival.**（子供たちがポニーやウサギに触れることができるふれあい動物園は、昨年の収穫祭で大成功を収めました）とあります。
pet ponies and rabbits を **interact with domesticated animals** と言い換えている (D) が正解です。

問題 186-190 は次のお知らせと記事に関するものです。

Vita公園へようこそ

Vita公園はMontreaux湖畔の秘宝です。Kingston市の管理の下、よく知られた植物や花のみならず他の土地ではほとんど見られないものまで、さまざまな種類の植物が、美しく維持された400エーカーの敷地で育っています。

公園の目玉となるスポットの中には、著名な建築家Faith Smithが1947年に建築したHampton劇場が公園東側に、日本庭園が南口の横にあり、遊び場が西端にあります。北口の近くには観光案内所とパークカフェもあります。

年間を通して、公園樹木請負業者であるSmith and Sons社が公園利用者の安全のために木を剪定し、絶えず枯れ枝を取り除いています。

Vita公園友の会にご入会ください！ 詳細に関しましては、Vita公園事務所555-2890までお問い合わせください。

Vita公園市民菜園収穫祭

KINGSTON－先週の日曜日、夏の終わりと秋の始まりを告げるVita公園市民菜園の収穫祭が開催されました。収穫祭は公園南口の外で行なわれました。子供たちはリンゴくわえやランタン作りなど、ボランティアが企画した楽しい活動を楽しみました。子供たちがポニーやウサギに触れることができるふれあい動物園は、昨年の収穫祭で大成功を収めました。今年は、ポニーやウサギのみならず、モルモットやヤギも加わって帰ってきました。言うまでもなく子供たちは、動物について学び、ふわふわした友達と楽しめる素晴らしい時間を過ごしていました。

大人たちは、市民菜園で収穫されたニンジン、ジャガイモ、トマトなどの天然食材を買い求める機会を得ていました。収穫祭の主催者は、売上金は全額、物置小屋の修繕とさらなる園芸用品の購入に充てると語りました。

186. お知らせの目的は何ですか？
　　　要約 ▶「目的何？」

　　(A) 最新の公園ニュースを伝えること。
　　(B) 公園の概要を伝えること。
　　(C) 来場者規則を説明すること。
　　(D) 会員権の詳細を提示すること。

187. Vita公園についてどんなことが述べられていますか？
　　　要約 ▶「Vita Park 何だって？」

　　(A) 有名で人気がある。
　　(B) 中央に湖がある。
　　(C) 珍しい種類の植物がある。
　　(D) ある企業が管理している。

188. 収穫祭はどこで行なわれましたか？
　　　要約 ▶「Harvest Festival はどこで開催された？」

　　(A) Hampton 劇場
　　(B) 日本庭園の近く
　　(C) 遊び場
　　(D) 観光案内所

189. 記事の目的は何ですか？
　　　要約 ▶「記事の目的は何？」

　　(A) 季節行事を報道すること。
　　(B) 来たるべき祭典を宣伝すること。
　　(C) 有機生産物の批評をすること。
　　(D) 家族での活動を勧めること。

190. 収穫祭で来場者は何をすることができましたか？
　　　要約 ▶「来場者何できた？」

　　(A) 園芸倉庫の修理方法を学ぶ。
　　(B) 野菜を育てられる土地の一角を借りる。
　　(C) 外国産の安い農産物を購入する。
　　(D) 家畜とふれあう。

語句

- hidden gem　秘宝
- managed by
  〜によって管理されている
- an assortment of
  さまざまな種類の
- well-known　形有名な
- A as well as B　AもBも
- rarely　副めったに〜ない
- acre　名エーカー（面積の単位）
- beautifully　副美しく
- maintained　形維持された
- include　動含む
- architect　名建築家
- located on the east side of
  〜の東側にある、位置する
- south entrance　南口
- playground　遊び場
- there be　〜がある
- throughout the year　一年中
- contractor　名請負業者
- continues to do　〜し続ける
- prune　動剪定する
- remove　動取り除く
- branch　名枝
- join　動加わる
- detail　名詳細
- harvest celebration　収穫祭
- mark　動示す、知らせる、祝う
- take place　行なわれる
- fun activity　楽しい活動
- organized by
  〜によって企画された
- apple bobbing　りんごくわえ
- lantern　名ランタン
- petting zoo　ふれあい動物園
- pet　動触れる
- huge success　大きな成功
- return　動帰ってくる、戻ってくる

- guinea pig　モルモット
- goat　名ヤギ
- needless to say　言うまでもなく
- amazing　形素晴らしい
- furry company
  ふわふわした友だち
- purchase　動購入する
- natural produce　天然食材
- allotment　名家庭菜園
- proceed　名売上金、収益金
- put towards　〜に向けられる
- repair　動修繕する
- tool shed　物置小屋
- acquire　動手に入れる
- gardening tool　園芸用品
- recent　形最近の
- overview　名概要
- explain　動説明する
- provide　動提供する
- well-known　形有名な
- rare　形まれな
- species　名種類
- take place　行なわれる
- seasonal　形季節の
- advertise　動宣伝する
- upcoming　形来たるべき
- review　動批評をする
- organic food product
  有機生産物
- recommend　動勧める
- family activity　家族での活動
- gardening shed　園芸倉庫
- a plot of land　土地の一角
- cheap produce　安い農産物
- interact with
  〜とふれあう、交流する
- domesticated animals　家畜

仕上げの特訓

▶ この *Chapter* の問題を使った読解練習を行ないます。

英文を前から意味を理解しつつ読み進めてください。

声に出して英文を読む（＝音読する）とより効果的です。

「日本語を思い浮かべずに英文を理解できる」ようになったら、この *Chapter* の仕上げの特訓は終了です。

読解練習用英文

Welcome to Vita Park

Vita Park is a hidden gem／on the shores of Lake Montreaux.

Managed by the city of Kingston,／an assortment of well-known plants and flowers,／as well as those rarely seen in other places,／grow in the 400 acres of beautifully maintained land.

Some of the attractions of the park include the Hampton Theater,／built in 1947／by famous architect Faith Smith,／located on the east side of the park,／a Japanese garden next to the south entrance,／and a playground on the west end.

There is also a visitor center and park café／near the north entrance.

Throughout the year,／the park's tree contractors, Smith and Sons, continues to prune trees／and remove dead branches／for the safety of park users.

Join the Friends of Vita Park!

For more details,／contact the Vita Park office／at 555-2890.

確認用英文（和訳付き）

Welcome to Vita Park（Vita公園へようこそ）

Vita Park is a hidden gem（Vita公園は秘宝だ）

on the shores of Lake Montreaux.（Montreaux湖畔にある）

Managed by the city of Kingston,（Kingston市の管理の下）

an assortment of well-known plants and flowers,
（さまざまなよく知られた植物や花）

as well as those rarely seen in other places,
（そして他の土地ではほとんど見られないもの）

grow in the 400 acres of beautifully maintained land.
（美しく維持された400エーカーの敷地で育っている）

Some of the attractions of the park include the Hampton Theater,
（公園の目玉はHampton劇場を含む）

built in 1947（1947年に建てられた）

by famous architect Faith Smith,
（著名な建築家Faith Smithによる）

located on the east side of the park,（公園の東側に）

a Japanese garden next to the south entrance,
（日本庭園が南口の横に）

and a playground on the west end.
（そして遊び場が西端にある）

There is also a visitor center and park café
（観光案内所とパークカフェもある）

near the north entrance.（北口の近くに）

Throughout the year,（年間を通して）

the park's tree contractors, Smith and Sons, continues to prune trees
（公園樹木請負業者のSmith and Sons社が木を剪定し続けている）

and remove dead branches（そして枯れ枝を取り除いている）

for the safety of park users.（公園利用者の安全のために）

Join the Friends of Vita Park!
（Vita公園友の会にご入会ください！）

For more details,（詳細に関しては）

contact the Vita Park office
（Vita公園事務所に連絡してください）

at 555-2890.（555-2890まで）

Column

Part 7 対策　二大解答手順

Part 7 を解く手順は以下の2つです。

① 設問をわかりやすくまとめて記憶（要約リテンション）
② 問題文（本文）を「ここまでは読む！」と決めて読んでいく
③ 設問に対応する「正解の根拠」を見つける
④ 選択肢を照合し、正解を選んでマークする

NOT問題だけは、以下の手順で解き進めると効率的です。

① 設問をわかりやすくまとめて記憶（要約リテンション）
② 選択肢を (A)～(D) まで読んで記憶する（要約リテンション）
③ 4つのうち3つの選択肢と一致する部分を見つけるまで問題文を読み進める
④ 3つ分の照合が終わったら、残った1つの記号をマークする

Column

お薦めのTOEIC対策用模試

本書で一通り600点突破に必要なことをみっちりと学んだ後は、より万全を期すために「公式問題集」や僕のお薦めする「3大TOEIC模試」を使った予行演習を行ってみてください。

以下に挙げる模試のうち、どれか1冊だけでもかまいません。
それを何度も繰り返し使用する中で、自分の「解答の型」を完成させてください。

『TOEIC テスト 新公式問題集 Vol. 5』
ETS（国際ビジネスコミュニケーション協会）

『TOEIC テスト 究極の模試600問』
ヒロ前田（アルク）

『新TOEICテスト でる模試 もっと600問』
ハッカーズ語学研究所（アスク出版）

『TOEICテスト 超リアル模試600問』
花田徹也（コスモピア）

それともう1冊。
TOEICの勉強を効果的に英会話に必要な力につなげたいと考えている方には、以下の書籍をお薦めいたします。

『TOEICテスト900点。それでも英語が話せない人、話せる人』
ヒロ前田（KADOKAWA 中経出版BC）

Reading Section

Chapter 14

Part 7
読解問題

大特訓 ⑦

Part 7 スクリプトと訳・正解と解説

✍ ここで再度 *Part 7* の **191.〜195.** を解きなおしてから先に進んでください。

Questions 191-195 refer to the following e-mails.

E-mail Message

TO:	[2]➡ Erika Steward [stewart@jenkins.com]
FROM:	Brandon Shanks [brandon_shanks@koffman.com]
DATE:	April 2, 10:00 A.M.
SUBJECT:	Rental Office Space

Hello. We are a financial consultation firm looking to rent office space in downtown Montreal in an effort to trim down operational costs. **[191]** Currently we occupy the entire top floor of a three-story building, but the space is more than we need. [5]➡ **[192]** Ms. Tyler, an acquaintance of mine at Mumbai Electronics, recommended your company to me. ➡[6] I read on your homepage that you specialize in office rentals, and I hope you can send us information on good-sized properties for our relocation. ➡[3]
[8]➡ **[193]** The new office should preferably be close to our warehouse on Sherbrook Boulevard, near the Regal Plaza. **[195]** The size should be around 800 to 1,000 square feet with a price range of $1,500 to $2,000.
Thank you.

Brandon Shanks ➡[9]

E-mail Message

TO:	Brandon Shanks [brandon_shanks@koffman.com]
FROM:	Erika Steward [stewart@jenkins.com]
DATE:	April 2, 11:50 A.M.
SUBJECT:	Re: Rental Office Space

Dear Mr. Shanks,

Thank you for your e-mail. We checked our database for the properties that best match your preferences. The following spaces are all located within a 10 minute walk from the Regal Plaza and are available for rent as of today. If you are interested, please call us as soon as possible to arrange a viewing. We advise you not to delay; the properties go pretty quickly in this popular neighborhood!

- 3176 Desmond St.
  870 sq ft, first floor, $2,500
  Luxuriously decorated office space with oak doors and frames. New carpet, granite floor in entrance.

- 278 Sierra Blvd.
  2,300 sq ft, fifth floor (penthouse), $2,600
  Beautiful red brick building. Interior can be renovated to tenant's specifications. Quick access to Highway #18.

- 2988 Longview Avenue
  1,600 sq ft, second floor, $1,900
  Ideally located with convenience store on first floor. Alarm System. Elevator. 2 exterior parking spaces available (not included in rent).

- 567 Xavier Blvd.
  950 sq ft, ground floor, $1,950
  Recently constructed building, fully furnished. Less than 2 minutes from bus stop.

Erika Steward
Jenkins Real Estate

191. What reason does Mr. Shanks give for the relocation?

   (A) The current office is getting old.
   (B) The current office is too small.
   (C) The current office is too large. 【正解】
   (D) The current office is geographically inconvenient.

> **解説** 上の文書の最初の方に **Currently we occupy the entire top floor of a three-story building, but the space is more than we need.**（当社は現在、3階建てビルの最上階全体を使用していますが、必要としている以上のスペースがあります）とあります。これを簡単に言い換えている (C) が正解となります。

192. How did Mr. Shanks learn about Jenkins Real Estate?

   (A) He has used the company's services before.
   (B) He saw the company's advertisement on the Internet.
   (C) A person he knows recommended the company. 【正解】
   (D) A worker at his firm knows the company owner.

> **解説** 191. の正解の根拠が登場したすぐ後の文に **Ms. Tyler, an acquaintance of mine at Mumbai Electronics, recommended your company to me.**（Mumbai Electronics社に勤める私の知人、Tylerさんが貴社のことを勧めてくれました）とあります。**an acquaintance** を **a person he knows** と言い換えた上でこの内容を簡潔に言い換えている (C) が正解になります。

193. What is included in the search criteria for the new office?

   (A) The size of the reception area.
   (B) The number of the floor the property is on.
   (C) The availability of parking spaces.
   (D) The area the property is located in. 【正解】

解説 上の文書の最後の段落に **The new office should preferably be close to our warehouse on Sherbrook Boulevard, near the Regal Plaza.**(新オフィスはRegal Plazaの近く、Sherbrook大通りの当社倉庫に近い場所にあることが望ましいです）とあります。
つまり「場所」が新オフィスに関する大切な項目となり得るので、正解は (D) になります。

194. What is suggested in the second e-mail?

(A) Mr. Shanks should write back Ms. Steward to arrange a viewing.
(B) Office rental prices have been rising in the last few years.
(C) The clients can check the company database for available properties.
(D) Many people are looking for properties in the same area as Mr. Shanks. 正解

解説 下の文書の第1段落に **We advise you not to delay; the properties go pretty quickly in this popular neighborhood!**（先延ばしになさらないようお勧めします。人気の高いこの地区の物件は、すぐに借り手が決まってしまうのです！）とあるため、この地域の物件を希望している人たちがたくさんいるということがうかがえます。
よって正解は (D) になります。
そのような人たちが本当にたくさんいるかどうかは、はっきりと問題文からうかがい知ることはできません。
ですが、他の選択肢の内容はすべて不適切です。
「消去しきれない」選択肢が正解になることがTOEICテストではときどきある、ということを覚えておいてください。

195. Which property best matches what Mr. Shanks is looking for?

(A)　3176 Desmond St.
(B)　278 Sierra Blvd.
(C)　2988 Longview Avenue
(D)　567 Xavier Blvd.

解説 上の文書で、Shanksさんが新オフィスに関する希望を以下のように述べています。

The size should be around 800 to 1,000 square feet with a price range of $1,500 to $2,000. (面積は約800〜1,000平方フィート、価格帯は1,500〜2,000ドルである必要があります)。

これに見合った物件は、下の文書で紹介されている4つの中の4番目の物件で、**950 sq ft, ground floor, $1,950** (950平方フィート、1階、1,950ドル) のものが該当します。

よって正解は (D) です。

問題 191-195 は次の E メールに関するものです。

宛先：Erika Steward [stewart@jenkins.com]
送信者：Brandon Shanks [brandon_shanks@koffman.com]
日付：4月2日、午前10：00
件名：レンタルオフィススペース

こんにちは。当社は、運用コスト削減を目的としてモントリオールのダウンタウンで借りられるオフィススペースを探している金融コンサルティング会社です。当社は現在、3階建てビルの最上階全体を使用していますが、必要としている以上のスペースがあります。Mumbai Electronics社に勤める私の知人、Tylerさんが貴社のことを勧めてくれました。貴社がオフィスレンタルに特化していることをホームページで拝見し、当社が移転できるようなちょうど良い規模の物件に関する情報をお送りいただけるのではないかと思いました。新オフィスはRegal Plazaの近く、Sherbrook大通りの当社倉庫に近い場所にあることが望ましいです。面積は約800〜1,000平方フィート、価格帯は1,500〜2,000ドルである必要があります。よろしくお願いします。

Brandon Shanks

宛先：Brandon Shanks [brandon_shanks@koffman.com]
送信者：Erika Steward [stewart@jenkins.com]
日付：April 2, 11:50 A.M.
件名：Re: Rental Office Space

Shanks様

メールをくださり、ありがとうございます。データベースをチェックして、貴社の優先事項にぴったり合う物件をお探ししました。以下の場所はすべてRegal Plazaから徒歩10分圏内にあり、本日付けで借りることが可能です。もしご興味がおありでしたら、内見の手配をするため、できるだけ早くお電話ください。先延ばしになさらないようお勧めします。
人気の高いこの地区の物件は、すぐに借り手が決まってしまうのです！

- Desmond St. 3176番地
  870平方フィート、2階、2,500ドル
  オーク材のドアやフレームでオフィススペースを贅沢に装飾。新しいカーペット、玄関は花崗岩の床。

- Sierra通り278番地
  2,300平方フィート、6階（最上階）、2,600ドル
  美しい赤レンガのビル。内装はテナントの仕様に合わせて改装可能。高速道路18号線に素早くアクセス。

- Longview大通り2988番地
  1,600平方フィート、3階、1,900ドル
  1階にコンビニがあり、理想的な立地。警報システム。エレベーター。外部の駐車スペース2カ所あり（賃料に含まず）。

- Xavier通り567番地
  950平方フィート、1階、1,950ドル
  最近建てられたビル、家具完備。バス停から2分未満。

Erika Steward
Jenkins不動産

191. Shanksさんは移転の理由は何だと述べていますか？
　　　要約 ▶「Shanksの移転の理由は？」
　　(A) 現在の事務所が古くなってきている。
　　(B) 現在の事務所が狭すぎる。
　　(C) 現在の事務所が広すぎる。
　　(D) 現在の事務所が地理的に不便である。

192. ShanksさんはJenkins不動産のことをどのようにして知りましたか？
　　　要約 ▶「ShanksはJenkins不動産をどうやって知った？」
　　(A) 以前にその会社のサービスを利用した。
　　(B) インターネットでその会社の広告を見た。
　　(C) 知り合いの1人がその会社を推薦した。
　　(D) 自分の会社の同僚がその会社のオーナーを知っていた。

193. 新オフィスの検索基準には何が含まれていますか？
　　　要約 ▶「新オフィスの検索基準に何が含まれてる？」
　　(A) 受付の面積
　　(B) 物件の所在階
　　(C) 駐車場が利用できること
　　(D) 物件の所在地域

194. 2番目のEメールではどんなことがわかりますか？
　　　要約 ▶「2番目のEメール何だって？」
　　(A) 内見の手配をするためにShanksさんはStewardさんにメールを返信しなければならない。
　　(B) この数年でオフィスレンタル価格が上がっている。
　　(C) 顧客は借りられる物件を探すためにその会社のデータベースをチェックできる。
　　(D) 多くの人がShanksさんと同じ地域で物件を探している。

195. Shanksさんが探しているものに最も合った物件はどれですか？
　　　要約 ▶「Shanksの希望に最も合う物件はどれ？」
　　(A) Desmond St. 3176番地
　　(B) Sierra通り278番地
　　(C) Longview大通り2988番地
　　(D) Xavier通り567番地

語句

- financial consultation firm 金融コンサルティング会社
- rent 動 借りる
- in an effort to do ～しようと努めている
- trim down ～を削減する
- operational cost 運用コスト
- currently 副 現在
- occupy 動 使用する
- entire 形 全体の
- acquaintance 名 知人
- recommend 動 勧める
- specialize in ～を専門としている、特化している
- good-sized 形 ちょうど良い規模の
- property 名 物件
- relocation 名 移転
- preferably 副 望ましい、できれば
- be close to ～に近い
- warehouse 名 倉庫
- around 前 約
- square feet 平方フィート
- a price range of $1,500 to $2,000 1,500～2,000ドルの価格帯
- match 動 合う
- preference 名 好み
- following 形 以下の
- within a 10 minute walk from ～から徒歩10分圏内
- available 形 利用できる、入手可能な
- as of today 本日付けで
- be interested ～に興味がある
- as soon as possible できるだけ早く
- arrange 動 手配する

- viewing 名 内見
- advise 人 to do 人に～するよう勧める
- delay 動 先延ばしにする
- properties go pretty quickly すぐに物件の借り手が決まってしまう
- neighborhood 名 近所、近隣
- luxuriously 副 贅沢に
- decorated 形 装飾された
- oak doors and frames オーク材のドアとフレーム
- granite floor 花崗岩でできた床
- penthouse 名 最上階
- brick 名 レンガ
- interior 名 内装
- renovate 動 改装する
- specification 名 仕様、仕様書
- quick access to ～への素早いアクセス
- ideally located 理想的な立地
- alarm system 警報システム
- exterior parking space 外部の駐車スペース
- recently 副 最近
- construct 動 建設する
- fully furnished 家具完備
- less than 2 minutes 2分未満
- geographically 副 地理的に
- real estate 不動産
- advertisement 名 広告
- search criteria 検索基準
- reception area 受付
- availability 名 利用できること
- arrange 動 手配をする
- client 名 顧客

仕上げの特訓

➤ この **Chapter** の問題を使った読解練習を行ないます。

英文を前から意味を理解しつつ読み進めてください。

声に出して英文を読む（＝音読する）とより効果的です。

「日本語を思い浮かべずに英文を理解できる」ようになったら、この **Chapter** の仕上げの特訓は終了です。

読解練習用英文

To: Erika Steward [stewart@jenkins.com]

From: Brandon Shanks [brandon_shanks@koffman.com]

Date: April 2, 10:00 A.M.

Subject: Rental Office Space

Hello.

We are a financial consultation firm／looking to rent office space in downtown Montreal／in an effort to trim down operational costs.

Currently we occupy the entire top floor of a three-story building,／but the space is more than we need.

Ms. Tyler, an acquaintance of mine at Mumbai Electronics,／recommended your company to me.

I read on your homepage／that you specialize in office rentals,／and I hope you can send us information／on good-sized properties／for our relocation.

The new office should preferably be close to our warehouse／on Sherbrook Boulevard,／near the Regal Plaza.

The size should be around 800 to 1,000 square feet／with a price range of $1,500 to $2,000.

Thank you.

Brandon Shanks

確認用英文（和訳付き）

To: Erika Steward [stewart@jenkins.com]
（宛先：Erika Steward [stewart@jenkins.com]）

From: Brandon Shanks [brandon_shanks@koffman.com]（送信者：Brandon Shanks [brandon_shanks@koffman.com]）

Date: April 2, 10:00 A.M.（日付：4月2日、午前10：00）

Subject: Rental Office Space（件名：レンタルオフィススペース）

Hello.（こんにちは）

We are a financial consultation firm
（当社は金融コンサルティング会社だ）

looking to rent office space in downtown Montreal
（モントリオールのダウンタウンで借りられるオフィススペースを探している）

in an effort to trim down operational costs.
（運用コスト削減に取り組んでいる）

Currently we occupy the entire top floor of a three-story building,
（私たちは現在3階建てビルの最上階全体を使用している）

but the space is more than we need.
（しかし、必要としている以上のスペースがある）

Ms. Tyler, an acquaintance of mine at Mumbai Electronics,
（Mumbai Electronics社に勤める私の知人、Tylerさんが）

recommended your company to me.
（貴社のことを勧めてくれた）

I read on your homepage（私はホームページを見た）

that you specialize in office rentals,
（貴社がオフィスレンタルに特化している）

and I hope you can send us information
(私は情報をお送りいただけるのではないかと願っている)

on good-sized properties（ちょうど良い規模の物件に関する）

for our relocation.（当社の移転に向けての）

The new office should preferably be close to our warehouse
(新オフィスは当社倉庫に近い場所にあることが望ましい)

on Sherbrook Boulevard,（Sherbrook大通りの）

near the Regal Plaza.（Regal Plazaの近く）

The size should be around 800 to 1,000 square feet
(面積は約800〜1,000平方フィートが望ましい)

with a price range of $1,500 to $2,000.
(価格帯は1,500〜2,000ドルで)

Thank you.（よろしくお願いします。）

Brandon Shanks

Reading Section

Chapter 15

Part 7
読解問題

大特訓 ⑧

Part 7 スクリプトと訳・正解と解説

ここで再度 *Part 7* の **196.～200.** を解きなおしてから先に進んでください。

Questions 196-200 refer to the following article and e-mail.

An Unlikely Winner
by Lucy Brighton

Joe Benally, a seasoned electrician and writer, never expected to win the Nez Book Award when he e-mailed his manuscript to Lora Publishing earlier this year. For 6 months, Benally and his editor Janet Swan painstakingly worked on the sensational non-fiction novel *Lessons of Fire*, but Benally was so surprised he spilled a glass of water when the winner was announced at a dinner at Goldlock Hotel on the night of September 9. Amazingly, Benally and Swan had never met in person before the awards dinner. "We worked on his book through e-mails and phone messages," Swan says. The public will meet Benally for the first time on September 17 when he does a signing at the Capitol Hill Library.

This is also the first time for Lora Publishing, which is a small family run publishing firm, to produce a book that won an award. "We are thrilled," says company executive Noah Black. Besides being a first-time novelist, Benally was the only one out of the four nominees who does not have a contract with a publishing giant such as Longin Books or Temple Publishers.

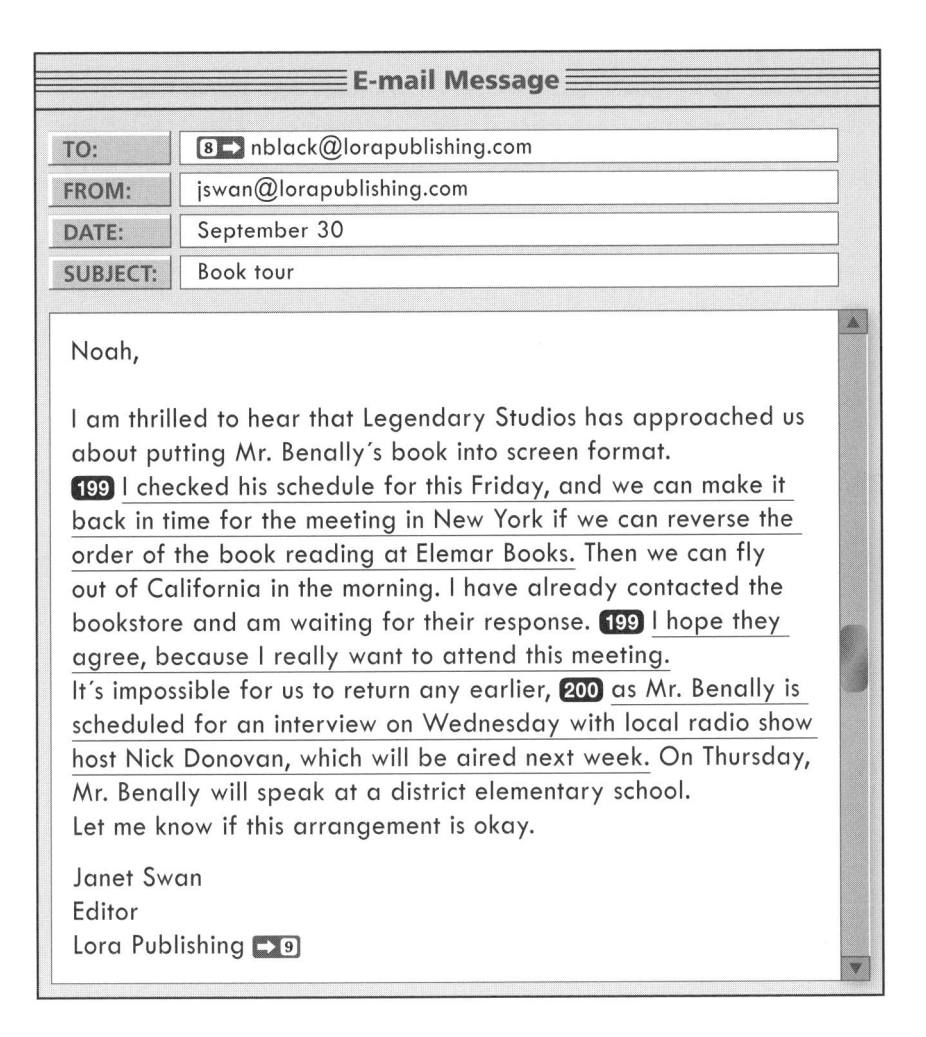

E-mail Message

TO:	nblack@lorapublishing.com
FROM:	jswan@lorapublishing.com
DATE:	September 30
SUBJECT:	Book tour

Noah,

I am thrilled to hear that Legendary Studios has approached us about putting Mr. Benally's book into screen format. I checked his schedule for this Friday, and we can make it back in time for the meeting in New York if we can reverse the order of the book reading at Elemar Books. Then we can fly out of California in the morning. I have already contacted the bookstore and am waiting for their response. I hope they agree, because I really want to attend this meeting.
It's impossible for us to return any earlier, as Mr. Benally is scheduled for an interview on Wednesday with local radio show host Nick Donovan, which will be aired next week. On Thursday, Mr. Benally will speak at a district elementary school.
Let me know if this arrangement is okay.

Janet Swan
Editor
Lora Publishing

---

196. What is indicated about Mr. Benally?

(A) He was confident that he would win the award.
(B) He works as a full-time writer.
(C) He submitted his work a year ago.
(D) He attended an event in September.

解説 上の文書の最初の段落に **Benally and Swan had never met in person before the award dinner.** (Benally氏とSwan氏は授賞夕食会以前には一度も直接会ったことがなかった) と述べられています。
つまり、この授賞夕食会に2人は参加し、初めてその場で顔を合わせたということがわかります。
よって正解は (D) になります。

---

197. In the article, the word "seasoned" in paragraph 1, line 1, is closest in meaning to

(A) permanent
(B) temporary
(C) hard-working
(D) veteran　正解

解説 season には他動詞で「(人に) 経験を積ませる」という意味があります。
この **seasoned** はその過去分詞が形容詞化したもので「年季が入った、熟練した」という意味なので、(D) の **veteran** がほぼ同じ意味になります。**seasoned**、**veteran** に加えて、**skilled**「熟練した」を含めた3つをセットにして覚えておきましょう。

---

198. Who is the e-mail addressed to?

(A) An executive of Lora Publishing　正解
(B) A colleague of Joe Benally
(C) An employee at Legendary Studios
(D) An editor at Temple Publishers

解説 左の文書をまだ途中までしか読んでいませんが、右の文書がEメールなのでこちらを文頭から読み進めていきます。
Toと**From**を確認すると、@マーク以下が**lorapublishing.com**となっていることに気がつきます。
つまり、このEメールは「同じ会社の社員同士でやり取りをしている」ものだということを示しています(それに気がつけばすぐに正解を選べますが、気がつかなかった場合を想定し、最後まで読み進めることにしました)。
また、内容も「部下が上司に仕事の内容・予定を報告している」ものになっていることに気づけたでしょうか。
上記のことから、正解は(A)になります。
問題文がEメールの場合には、@マーク以下の部分までチェックすべきであるということを押さえておきましょう。

199. According to the e-mail, what does Ms. Swan wish to do?

(A) Advertise the book on television
(B) Publish a special edition of a book
(C) Cancel a book reading in California
(D) Return to New York for a meeting　**正解**

解説 ここまでの問題を解く段階で、すでに右の文書(Eメール)を読み終えています。
なので、設問を読んだ後すぐに選択肢の内容を確認し、問題文との照合を行なうという手順で解答を進めていきます。
Eメールの前半に **I checked his schedule for this Friday, and we can make it back in time for the meeting in New York if we can reverse the order of the book reading at Elemar Books.** (今週金曜日の彼のスケジュールをチェックしたところ、Elemar Booksでのブックリーディングの順序を逆にできれば、ミーティングに間に合うようニューヨークに戻れます)とあります。
また、同じ段落の最後の方でSwanさんは **I hope they agree, because I really want to attend this meeting.** (私は本当にこのミーティングに出席したいので、先方が了解してくれることを願っています)と述べています。
よって、SwanさんはNew Yorkで行なわれる予定のmeetingに参加したいと考えているということがわかるため、正解は(D)になります。

200. According to the e-mail, what will occur next week?

(A) Mr. Benally will meet with Lucy Brighton.
(B) A radio show starring Mr. Benally will be broadcasted. 正解
(C) Mr. Benally will sign books at Capitol Hill Library.
(D) A workshop for local school children will be hosted.

解説 右の文書の後半に as **Mr. Benally is scheduled for an interview on Wednesday with local radio show host Nick Donovan, which will be aired next week.** （Benallyさんが来週放送される地元のラジオ番組のホストであるNick Donovanのインタビューを受ける予定が水曜日に入っているので）とあるため、正解は(B)です。Benallyさんがstarring（主役である）かどうかは、問題文からは判断できませんが、他の選択肢はいずれも問題文の内容とは合いません。
TOEICテストでは、「100%それが正解と言い切れるのかどうかが疑問に感じられるような選択肢」が正解になることがあります。
その場合は、「不正解となる他の3つの選択肢の内容が絶対に正解になり得ないものになっている」ことを確認する（消去法を使う）ようにすると良いでしょう。

問題 196-200 は次の記事と E メールに関するものです。

予想外の受賞者
Lucy Brighton 記

今年の初め、ベテラン電気技師であり作家でもあるJoe Benally氏の原稿をLora Publishing社にEメールで送信したときには、彼がNez Book賞を受賞するなどとは思いもしなかった。6カ月間、Benally氏と編集者であるJanet Swan氏は、苦心してこのセンセーショナルなノンフィクション小説 Lessons of Fire に取り組んだが、9月9日夜にGoldlockホテルの夕食会で受賞者が発表されたとき、Benally氏は驚きのあまりコップの水をこぼしてしまった。驚いたことに、Benally氏とSwan氏は授賞夕食会以前には一度も直接会ったことがなかった。「私たちは、Eメールや電話のメッセージを通して彼の作品に取り組んだのです」とSwan氏は述べている。Benally氏は9月17日、Capitol Hill図書館でサイン会を行なう際に、初めて公の場に登場する予定だ。

小規模家族経営の出版社であるLora Publishing社にとっても、初めての受賞作輩出となった。「感動しています」と同社幹部Noah Black氏は語った。Benally氏は新人小説家であるだけでなく、4名の候補のうち唯一、Longin Books社やTemple Publishers社といった大手出版社と契約していない作家であった。

宛先：nblack@lorapublishing.com
送信者：jswan@lorapublishing.com
日付：9月30日
件名：Book tour

・・・

Noahへ

Legendary StudiosがBenallyさんの作品の映像化について連絡してきたと聞き、感激しています。今週金曜日の彼のスケジュールをチェックしたところ、Elemar Booksでのブックリーディングの順序を逆にできれば、ミーティングに間に合うようニューヨークに戻れます。その後、午前中にカリフォルニアから発つことができます。すでに本屋には連絡し、先方からの返事を待っているところです。私は本当にこのミーティングに出席したいので、先方が了解してくれることを願っています。

Benallyさんが来週放送される地元のラジオ番組のホストであるNick Donovanのインタビューを受ける予定が水曜日に入っているので、私たちがこれ以上早く戻ることは不可能です。木曜日には、Benallyさんは地域の小学校で講演をします。この手順で問題なければ、お知らせください。

Janet Swan
編集者
Lora Publishing社

196. Benally 氏についてどんなことが述べられていますか？
要約 ▶「Benally 何だって？」

(A) 自分が受賞するだろうと自信を持っていた。
(B) プロの作家として活動している。
(C) 1年前に作品を提出した。
(D) 9月にあるイベントに出席した。

197. 記事の第1段落・1行目の seasoned に最も近い意味の語は

(A) 永久的な
(B) 一時的な
(C) 勤勉な
(D) ベテランの

198. 2番目の E メールは誰に宛てたものですか？
要約 ▶「誰宛てのEメール？」

(A) Lora Publishing 社の幹部
(B) Joe Benally の同僚
(C) Legendary Studios の従業員
(D) Temple Publishers 社の編集者

199. E メールによると、Swan さんは何を望んでいますか？
要約 ▶「Swan 何したい？」

(A) テレビで書籍の宣伝をする。
(B) ある書籍の特別版を出版する。
(C) カリフォルニアでのブックリーディングをキャンセルする。
(D) ミーティングのためニューヨークに戻ってくる。

200. E メールによると、来週何が起こりますか？
要約 ▶「来週何起こる？」

(A) Benally さんが Lucy Brighton と会う。
(B) Benally さんを主役としたラジオ番組が放送される。
(C) Benally さんが Capitol Hill 図書館でサイン会をする。
(D) 地元の小学生向けのワークショップが開催される。

語句

- unlikely　副 思いもよらない、見込みのない
- seasoned　形 ベテランの、経験豊富な
- electrician　名 電気技師
- e-mail　動 Eメールを送る
- manuscript　名 原稿
- editor　名 編集者
- painstakingly　副 苦心して
- work on　〜に取り組む
- spill　動 こぼす
- amazingly　副 驚いたことに
- in person　（本人が）直接
- awards dinner　授賞夕食会
- through　前 〜を通して
- public　名 一般人
- for the first time　初めて
- do a signing　サイン会を行なう
- family run publishing firm　小規模家族経営の出版社
- be thrilled　〜に感動する
- company executive　会社の幹部
- besides　前 〜に加えて
- first-time　形 最初の
- novelist　名 小説家
- one out of　〜の中の1人、1つ
- nominee　名 候補者
- publishing giant　大手出版社
- approach　動 連絡を取る
- put A into B　AをBにする
- make it back in time for　〜に間に合うように戻る
- reverse the order of　〜の順序を逆にする
- fly out of　〜を発つ
- response　名 返事
- agree　動 了解する、同意する
- return any earlier　これ以上早く戻る
- as　接 〜なので
- be scheduled for　〜の予定が入っている
- be aired　放送される
- district　形 地域の
- let me know if　〜かどうかお知らせください
- arrangement　名 手順、手配
- indicate　動 示す、述べる
- confident　形 自信がある
- win an award　受賞する
- as a full-time writer　プロの作家として
- submit　動 提出する
- address　動 向ける
- executive　名 幹部、役員
- wish to do　〜することを望む
- special edition　特別版
- return to　〜に戻る
- occur　動 起こる
- star　動 主役として使う
- broadcast　動 放送する
- host　動 主催する

仕上げの特訓

➤ この **Chapter** の問題を使った読解練習を行ないます。

英文を前から意味を理解しつつ読み進めてください。

声に出して英文を読む（＝音読する）とより効果的です。

「**日本語を思い浮かべずに英文を理解できる**」ようになったら、この **Chapter** の仕上げの特訓は終了です。

読解練習用英文

An Unlikely Winner

by Lucy Brighton

Joe Benally,／a seasoned electrician and writer,／never expected to win the Nez Book Award／when he e-mailed his manuscript／to Lora Publishing earlier this year.

For 6 months,／Benally and his editor Janet Swan painstakingly worked on the sensational non-fiction novel *Lessons of Fire*,／but Benally was so surprised／he spilled a glass of water／when the winner was announced at a dinner at Goldlock Hotel on the night of September 9.

Amazingly, Benally and Swan had never met in person／before the awards dinner.

"We worked on his book through e-mails and phone messages,"／Swan says.

The public will meet Benally／for the first time on September 17／when he does a signing at the Capitol Hill Library.

This is also the first time for Lora Publishing,／which is a small family run publishing firm,／to produce a book／that won an award.

"We are thrilled,"／says company executive Noah Black.

Besides being a first-time novelist,／Benally was the only one out of the four nominees／who does not have a contract with a publishing giant／such as Longin Books or Temple Publishers.

確認用英文（和訳付き）

An Unlikely Winner（予想外の受賞者）

by Lucy Brighton（Lucy Brighton 記）

Joe Benally,（Joe Benally）

a seasoned electrician and writer,
（ベテラン電気技師であり作家でもある）

never expected to win the Nez Book Award
（Nez Book 賞を受賞するなどとは思いもしなかった）

when he e-mailed his manuscript
（彼が原稿を E メールで送ったとき）

to Lora Publishing earlier this year.
（Lora Publishing 社に今年の初め）

For 6 months,（6 カ月間）

Benally and his editor Janet Swan painstakingly worked on the sensational non-fiction novel *Lessons of Fire*,（Benally と編集者である Janet Swan 氏は、苦心してこのセンセーショナルなノンフィクション小説 Lessons of Fire に取り組んだ）

but Benally was so surprised（しかし Benally はとても驚いた）

he spilled a glass of water（彼はコップの水をこぼした）

when the winner was announced at a dinner at Goldlock Hotel on the night of September 9.
（9 月 9 日夜に Goldlock ホテルの夕食会で受賞者が発表されたとき）

Amazingly, Benally and Swan had never met in person
（驚いたことに、Benally と Swan は一度も直接会ったことがなかった）

before the awards dinner.（受賞夕食会以前に）

"We worked on his book through e-mails and phone messages,"（「私たちは、E メールや電話のメッセージを通して彼の作品に取り組んだのです」）

Swan says.（Swanは述べている）

The public will meet Benally（Benallyは公の場に登場する）

for the first time on September 17（9月17日に初めて）

when he does a signing at the Capitol Hill Library.
（Capitol Hill図書館でサイン会を行なうときに）

This is also the first time for Lora Publishing,
（これはLora Publishing社にとっても、初めてだ）

which is a small family run publishing firm,
（それは小規模家族経営の出版社だ）

to produce a book（本を出す）

that won an award.（受賞した）

"We are thrilled,"（「感動しています」）

says company executive Noah Black.
（会社の幹部Noah Blackは語った）

Besides being a first-time novelist,
（新人小説家であるだけでなく）

Benally was the only one out of the four nominees
（Benallyは4名の候補者の中で唯一の者だった）

who does not have a contract with a publishing giant（大手出版社と契約をしていない）

such as Longin Books or Temple Publishers.
（Longin Books社やTemple Publishers社のような）

とにかく600点突破！精選単語＆フレーズ 1800

Listening Section

Chapter 2

🎵 2-01

- □ **iron** 動 アイロンをかける
- □ **adjust** 動 調節する
- □ **make a bed** ベッドメーキングをする
- □ **cutlery** 動 食卓用食器類、刃物類
- □ **lay out** 並べる
- □ **place** 動 置く
  - ☞ **place an order ≒ put an order** 注文する
- □ **push against** 〜を押す
- □ **wipe** 動 拭く
- □ **cross** 動 横切る
- □ **wait for** 〜を待つ
- □ **sip** 動 すする
- □ **side by side** 横に並んで
  - ☞ **in a row** 一列に並んで
  - **in rows** （2列以上の人や物が）一列に並んで
- □ **cut A into B** AをBのサイズに切る
- □ **container** 名 容器
- □ **product** 名 製品
  - ☞ **produce** 名 農産物 動 生産する
  - **productivity** 名 生産性
  - **production** 名 産出、製品、生産物

🎵 2-02

- □ **store ≒ house** 動 保管する
- □ **cardboard box** 段ボール箱
- □ **produce** 名 農産物
- □ **harvest** 動 収穫する
- □ **stroll down** 〜を散歩する
- □ **lookout** 名 展望台
- □ **climb over** 〜を乗り越える
- □ **inspect** 動 点検する
  - ☞ **inspection** 名 点検
- □ **telescope** 名 望遠鏡
  - ☞ **microscope** 名 顕微鏡

Chapter 3

🎵 2-03

- □ **hand over** 手渡す
- □ **insert A into B** AをBに挿入する
- □ **slot** 名 挿入口
- □ **purchase** 動 購入する 名 購入品
- □ **laptop computer** ノート型パソコン
- □ **be seated** 座っている
- □ **in front of** 〜の正面に、前に
  - ☞ **at the back of** 〜の後ろに
- □ **electronic device** 電子機器
- □ **leave** 動 出発する、残す
- □ **parking lot** 駐車場
- □ **traffic light** 信号
- □ **vehicle** 名 乗り物
- □ **park** 動 駐車する
- □ **next to each other ≒ side by side ≒ in a row ≒ in rows** 並んで
- □ **road sign** 道路標識

とにかく600点突破！精選単語&フレーズ 1800　　453

- repaint 動 塗り直す
- garbage 名 ごみ
  - ☞ trash bin ≒ trash can ごみ箱
- mountain path 山道

🔊 2-04

- mat 名 敷物
- spread 動 広げる
- hammock 名 ハンモック
- hang 動 掛かる、つるす
- display 動 飾る、展示する
  - ☞ on display 展示されている
- perform 動 演奏する
- auditorium 名 講堂、音楽堂
- leave a case open ケースを開けたままにしておく
- crowd 名 群衆
  - ☞ crowded 形 混雑した
- gather 動 集まる
  - ☞ gathering 名 集会、集まり
- in front of ～の前に、正面に
- kneel down ひざまずく
- pick up 拾い上げる
- hammer 名 ハンマー
- pull out 引き抜く
- nail 名 釘
- building material 建築資材

🔊 2-05

- collect 動 集める
  - ☞ collection 名 収集
- wood 名 木材
- forest 名 森
- remove 動 取り外す
- safety helmet 安全ヘルメット

Chapter 4

🔊 2-06

- believe 動 信じる、確信する、思う
- photography 名 写真撮影、写真術
- thought 名 考え
- celebrate ≒ commemorate 動 祝う
  - ☞ mark a special occasion 特別な日を記念する
- colleague ≒ co-worker 名 同僚
- Do you want me to do ~? ≒ Shall I ~? ～しましょうか？
- one's own ～自身の
  - ☞ on one's own 1人で
- get chilly 冷える
- bring 動 持ってくる
  - ☞ 活用形 bring-brought-brought （原形－過去形－過去分詞形）
- umbrella 名 傘
- take 動 乗る、利用する
- instructor 名 インストラクター
  - ☞ instruction 名 指示
- already 副 すでに、もう
- recruit 名 新入社員 動 採用する
- several 形 いくつかの
- arrive 動 到着する
  - ☞ arrival 名 到着
    arriving airplane 到着機

🔊 2-07

- a few いくつかの、2～3の
- valid 形 有効な
  - ⇔ invalid 形 無効な

- ☐ **parking permit** 駐車許可証
- ☐ **park** 動駐車する
- ☐ **mind doing**
  〜することを気にする
- ☐ **show you around**
  あなたを連れて〜を案内する
- ☐ **Would you mind doing 〜?**
  〜していただけませんか？
- ☐ **present a paper**
  論文を発表する
  - ☞ **thesis** 名論文
- ☐ **conference ≒ meeting ≒ convention** 名会議
- ☐ **be delighted to do**
  喜んで〜する
- ☐ **fastest way** 最も速い方法
- ☐ **get to ≒ arrive at / arrive in ≒ reach** 〜に到着する
- ☐ **be delayed** 遅れている
- ☐ **express train** 急行電車

Chapter 5

🔊 2-08

- ☐ **notify** 動知らせる、通知する
  - ☞ **notify A of B**
    AにBを知らせる
  - ☞ **notify A that (S+V)**
    Aにthat以下のことを知らせる
    inform A of B
    AにBを知らせる
    inform A that (S+V)
    Aにthat以下のことを知らせる
- ☐ **in writing** 書面で
- ☐ **if possible** 可能であれば
- ☐ **wait** 動待つ
- ☐ **notice** 動気がつく
- ☐ **by five** 5時までに
  - ☞ **until five** 5時までずっと

- ☐ **running a little late**
  少し遅れている
- ☐ **a third of them** 彼らの3分の1
- ☐ **concierge** 名コンシェルジュ
- ☐ **service report** 事業報告書
- ☐ **administration office**
  管理事務所
- ☐ **complete**
  動完成させる 形完全な
- ☐ **mostly** 副主に
- ☐ **technician** 名技術者
- ☐ **negotiation** 名交渉
  - ☞ **negotiate** 動交渉する

🔊 2-09

- ☐ **budget** 名予算
- ☐ **try to do** 〜するように努めている
  - ☞ **try doing** 試しに〜してみる
- ☐ **break even** 収支が合う
- ☐ **government** 名政府
- ☐ **contract** 名契約
  - ☞ **terms of a contract**
    契約条件
- ☐ **usually** 副たいてい
- ☐ **around seven** 7時ごろ
- ☐ **plan to do** 〜する予定です
- ☐ **taste** 動味見する
- ☐ **later** 副後で
- ☐ **I'm afraid** 残念ながら〜です
- ☐ **cash the check**
  小切手を換金する
- ☐ **branch** 名支店
- ☐ **take cash** 現金を取り扱う
- ☐ **check**
  動確認する 名小切手、請求書

- □ change　名小銭
  - ☞ exact change
    お釣りの要らないちょうどのお金

🔊 2-10

- □ take down　〜を取り壊す
- □ across　前〜を横切って
- □ three times ≒ thrice　3回
- □ mobile number
  携帯電話の番号
- □ still　副いまでもまだ
- □ the same　同じだ
- □ look for　〜を探す
  - ☞ look forward to doing
    〜することを楽しみに待つ
- □ all day　一日中
- □ be fond of　〜を気に入っている

Chapter 6

🔊 2-11

- □ how often　どのくらいの頻度で
- □ sales meeting　営業会議
- □ take place　開催される
- □ quarterly　形四半期の
- □ sales target　販売目標
  - ☞ target
    動目標にする、対象にする
- □ according to　〜によると
- □ actually　副実は
  - ☞ actual　形実際の、現実の
- □ get into　〜に入る
- □ warehouse　名倉庫
- □ too late to submit
  遅すぎて提出できない

- □ application　名申込書
  - ☞ apply for　〜に申し込む
    apply to　〜に適用する
    applicant　名応募者
- □ I'm afraid so.
  残念ながらそうです。
- □ abstract　名要約書
  - ☞ abstraction　名抽出、抽象
- □ certainly　副確かに

🔊 2-12

- □ invoice　名送り状
- □ by post ≒ by mail　郵便で
- □ local　形地元の
  - ☞ locally　副地元で
- □ client ≒ customer　名お客さま
- □ request　動希望する
- □ paper copy　ハードコピー
- □ I'm sure　きっと〜です
- □ purchase　動購入する
- □ online　副オンラインで
- □ cost estimate　費用の見積書
- □ cost　動お金がかかる
  - ☞ costly　形値段の高い
- □ shipping company　輸送会社
- □ charge　動（お金を）請求する
- □ repair　名修理
- □ around　副約、およそ
- □ in total　合計で
- □ warranty　名保証
- □ cover　動負担する、埋め合わせる
  動報道する

Chapter 7

🔊 2-13

- □ I'd like to do　〜したい

- **in charge of ≒ be responsible for** 〜に責任がある
- **research facility** 研究施設
- **product** 名 製品
- **test** 動 試験する
- **unfortunately** 副 残念ながら
- **supervisor** 名 監督者
  - ☛ **supervision** 名 監督、監視
- **currently** 副 現在は
  - ☛ **current** 形 現在の
- **away** 形 不在で、留守で
- **purchase order** 発注書
- **dispatch** 動 送る
- **supplier** 名 仕入れ先
- **maybe** 副 恐らく
- **usually** 副 たいてい
- **anymore** 副 もはや〜ない
- **run an advertisement** 広告を出す
- **during** 前 〜の間に
- **prime time** ゴールデンタイム

2-14

- **slot** 名 時間枠、時間帯
- **available** 形 利用できる
  - ☛ **availability** 名 利用できること、入手の可能性
- **marketing director** マーケティング部長
- **there is/are** 〜がいる、ある
- **hallway** 名 廊下
- **don't worry** ご心配なく
- **move** 動 移す 動 引っ越す
- **job interview** 就職面接
- **on the left** 〜の左側の、〜の左側に
- **come up with** 〜を考え出す

- **sales pitch** 売り文句
- **whoever it was** それが誰であろうと
- **brilliant** 形 見事な
- **coming right up** すぐに来る
- **pitch** 動 ピッチャーを務める
- **want the item delivered** 商品を配達してもらいたい
- **deliver a speech** スピーチをする
- **storage space** 収納スペース

2-15

- **except** 前 〜以外
- **attend** 動 出席する
  - ☛ **attendance** 名 出席
    attendee 名 出席者
- **accept** 動 受け入れる
  - ☛ **acceptance** 名 受け入れ
- **make it** うまくいく、間に合う、都合をつける
- **shopper** 名 買い物客
- **tendency** 名 傾向
  - ☛ **tend to do** 〜する傾向がある

Chapter 8

2-16

- **I'd like to do** 〜したい
- **high performance** 高性能
- **LED light bulbs** LED電球
- **item ≒ article** 名 商品
- **certainly** 副 もちろんです
- **I just want to do** 私はちょっと〜したい
- **let you know** あなたに伝える
- **a great deal of** 大量の

- [ ] another 形 もう1つの
- [ ] for free 無料で
  - ☞ complimentary 形 無料の
- [ ] thanks for ～してくれてありがとう
- [ ] in that case それでしたら
- [ ] I'll take three. 3ついただきます。
- [ ] expect 動 期待する
  - ☞ be expected to do ～するのを期待されている、～するはずだ
- [ ] delivery 名 配送
  - ☞ deliver 動 配達する、演説をする
- [ ] purpose 名 目的
- [ ] inquiry 名 問い合わせ
  - ☞ query 名 質問

🔊 2-17

- [ ] place an order ≒ put an order 注文する
- [ ] halve 動 半分にする
  - ☞ half 形 半分の 名 半分
- [ ] recently 副 最近
  - ☞ recent 形 最近の
- [ ] release 動 発売する
- [ ] advertise 動 宣伝する
  - ☞ advertisement 名 宣伝、広告
- [ ] currently 副 現在は
  - ☞ current 形 現在の
- [ ] on bargain 安売りの状態だ
- [ ] shipment 名 配送
  - ☞ ship 動 出荷する、発送する
- [ ] arrive 動 到着する
  - ☞ 名 arrival 到着
- [ ] if 接 ～かどうか、もし～ならば
- [ ] be delayed 遅れる

- [ ] because of ≒ owing to ≒ thanks to ≒ on account of ～のために、～のせいで
- [ ] repaving 名 再舗装
  - ☞ pave 動 舗装する
    pavement 名 舗装道路

🔊 2-18

- [ ] travel to ～に行く
- [ ] pick up ～を迎えに行く
- [ ] colleague ≒ co-worker 名 同僚
- [ ] get here ここに来る
- [ ] drive back downtown 市内に車で戻る
- [ ] rush hour ラッシュアワー
- [ ] get crowded 混む
- [ ] conversation 名 会話
- [ ] most likely たぶん、おそらく
- [ ] take place 起こる
- [ ] car rental shop レンタカー店
- [ ] taxi stand タクシー乗り場
- [ ] according to ～によると
- [ ] reason 名 理由
  - ☞ reasonable 形 値段がそれほど高くない
- [ ] delay 名 遅れ 動 遅らせる
- [ ] road works 道路工事
- [ ] traffic light failure 信号機の故障

🔊 2-19

- [ ] broken-down 形 壊れた
- [ ] avoid 動 避ける
  - ☞ avoid doing ～することを避ける
- [ ] traffic jam 交通渋滞

- on time　時間通りに
  - ☛ in time for
    ～に間に合って、間に合うように
- drive to　～へ車で行く
- assist　動 手伝う
  - ☛ assistance　名 援助、支援
    assistant
    名 アシスタント、助手
- actually　副 実は
  - ☛ actual　形 実際の、現実の
- give a lecture　講義を行なう
- workplace safety　職場の安全
- reception　名 受付
- expect　動 待つ
- Why don't you ~?
  ～しませんか？
- have a seat ≒ take a seat　座る
- show you to the conference room　あなたを会議室に案内する
- in a few minutes　数分で

2-20

- feel free to do　自由に～する
- help yourself to some coffee or tea
  自由にコーヒーや紅茶を飲む
- while　接 ～している間
  - ☛ while doing　～している間に
- factory　名 工場
- take place　起こる
- reception dinner　歓迎夕食会
- safety lecture　安全に関する講義
- financial　形 金融の
  - ☛ finance　名 財政
- health check-up　健康診断
- offer to do　～することを申し出る
- see if　～かどうか確認する

- available　形 利用できる
- serve　動（食事や飲み物を）出す
  - ☛ serving　名 給仕、1人分
- beverages　名 飲み物

Chapter 9

2-21

- take next week off
  来週休暇を取る
- decide　動 決める
  - ☛ decision　名 決定
- unusual species　珍しい種類
- some sort of fair　何かの見本市
- be fully booked
  予約で一杯である
- say　間投 ねぇ
- have been to ≒ have visited
  ～へ行ったことがある
- windsurfing
  名 ウインドサーフィン
- relax and unwind
  リラックスして緊張をほぐす
- give him a call
  彼に電話を掛ける
- ask about　～について尋ねる
- discuss
  動 話し合う、議論する、説明する
  - ☛ discussion　名 話し合い
- conference location
  会議の場所
- fair　名 見本市
  - ☛ trade fair　見本市、展示会
- rare wildlife　珍しい野生生物
  - ☛ endangered species
    絶滅危惧種
- be close to　～に近い

2-22

- **hotel receptionist**
  ホテルの受付
- **travel agent** 旅行代理店の社員
  - **travel agency** 旅行代理店
- **flight ticket** 航空券
- **purchase** 動 購入する
- **no longer** もはや〜ない
- **get a refund** 払い戻しを受ける
- **that depends**
  それはケースによる
- **let me check**
  〜を確認させてください
- **one moment please**
  少々お待ちください
- **give you a refund**
  （相手に）払い戻しをする
- **confirm** 動 確認する
  - **confirmation** 名 確認
- **booking ≒ reservation**
  名 予約
- **reserve ≒ book** 動 予約する
- **ask for** 〜を求める
- **purchase date** 購入日
- **contact details** 連絡先
- **fill in some paperwork**
  書類に記入する
- **colleague ≒ co-worker**
  名 同僚

2-23

- **look for** 〜を探す
  - **look forward to doing**
    〜するのを楽しみに待つ
- **a book called Premium Heights**
  Premium Heightsという本
- **one of the best literary works**
  最も優れた文学作品の１つ
- **definitely** 副 確かに、間違いなく
  - **definite**
    形 明確な、決定的な
- **page-turner**
  名 読み出したらやめられない本
- **currently** 副 現在は
  - **current** 形 現在の
- **if you'd like** ご希望であれば
- **give you a call**
  （相手に）電話を掛ける
- **restock** 動 補充する
- **I guess** 〜だと思う
- **in the meantime** その間に
- **non-fiction** 名 ノンフィクション
  形 ノンフィクションの
- **be interested in**
  〜に興味がある
- **offer to do** 〜することを申し出る
- **recommend** 動 薦める
  - **recommendation** 名 推薦
- **notify** 動 知らせる
  - **notify A of B**
    AにBを知らせる
  - **notify A that (S+V)**
    Aにthat以下のことを知らせる

2-24

- **arrive** 動 到着する
  - **arrival** 名 到着
- **be located** 〜にある
  - **located in ≒ situated in**
    〜にある
- **probably** 副 おそらく
  - **probable**
    形 起こりそうな、ありそうな

- prepare for　〜の準備をする
  - ☛ in preparation for
    〜に備えて
- browse　動〜を見て回る
- get a book signed
  本にサインをしてもらう

Chapter 10

🔊 2-25

- I'm afraid
  （残念ながら）〜である
- vinegar　名酢
- be clogged　詰まっている
- sink　名シンク、流し台
- overflow　動溢れる
- try doing a plunger
  吸引器具を使ってみる
- it's just not working
  （それは）効果がない
- entire　形全体の
- plumbing system　配管システム
- needs to be updated
  新しくする必要がある
- in fact　実際
- anyway　副とにかく
- plumber　名配管工
- first thing tomorrow morning
  明日の朝一番に
- in the meantime　その間
- Why don't you ~?
  〜しませんか？
- pour　動注ぐ
- baking powder
  ベーキングパウダー
- drain　名配水管
- cut off　打ち切る

🔊 2-26

- leak　動漏れる
- plumbing fixture　配管設備
- be blocked　ふさがっている
- dishwasher　名食器洗い機
- recently　副最近
- inspect　動検査する
  - ☛ inspection　名検査
- proprietor　名不動産の所有者
- update　動新しくする
- plumbing system　配管システム
- install　動取り付ける
  - ☛ installation　名取り付け
- appliance　名器具、電化製品
- professional　名専門家
  - ☛ profession　名（専門的）職業
- neighbor　名隣人
  - ☛ neighborhood　名近所
- tool　名道具
- ingredient　名材料

🔊 2-27

- according to　〜によると
- recent　形最近の
- returning customers
  リピート客
- sound　動〜に聞こえる
- pretty　副かなり
- ought to　〜するべきだ
- How about doing ~?
  〜してはいかがですか？
- loyalty card　ポイントカード
- each time　〜するたびに
- full　形一杯だ
  - ☛ fully　副完全に、全く
- free gift　景品

- motivate 動 ～する気にさせる
  - motivation 名 やる気、動機
- more often より頻繁に
- Could you ~? ～してもらえますか？
- put that idea down on paper
  アイデアを紙に書き留める
- bring it up
  それを提起する、持ち出す
- managerial meeting 経営会議
- be concerned about
  ～を心配する
- result 名 結果

2-28

- complaint 名 苦情
  - complain 動 不満を言う
- content 名 内容
- suggest the business do
  店（会社）が～することを提案する
- organize 名 催す、組織する
  - organizer 名 主催者
- store-wide sales event
  全店セールのイベント
- reward 動 見返りを与える
  - rewarding 形 報いのある、報われる
- purchase 名 購入
- give out gifts to 贈り物を配る
- potential customers 見込み客
- send out postcards to customers 顧客にはがきを送る
- conduct research
  調査を行なう
- create 動 作成する
  - creation 名 創造
- make a presentation
  プレゼンテーションを行なう

- attend 動 出席する
  - attendance 名 出席
  - attendee 名 出席者

Chapter 11

2-29

- office gardening club
  オフィスの園芸クラブ
- work out 活動する
- it's going great
  （それは）うまく進んでいる
- head office ≒ headquarters
  本社
- impression 名 印象
  - impress 動 印象を与える
- notice 動 気づく
- mix 動 交流する、付き合う
- significantly 副 かなり
  - significant 形 重要な、大幅な
- improve 動 改善する
  - improvement 名 改善
- among 前 ～の間で
- implement 動 実行する
  - implementation 名 実行
- as well 同じく、同様に
- unused space 未使用のスペース
- be located in ≒ be situated in
  ～にある
- central business district
  商業地域の中心
- reduce energy costs
  エネルギーコストを削減する

2-30

- produce
  名 農産物 動 生産する

462

- **environment** 名 環境
  - ☛ **environmental** 形 環境の
    environmentally 副 環境的に
- **promote** 動 促進する
  - ☛ **promotion** 名 促進、昇進
    promotion to 〜への昇進
- **communicate**
  動 コミュニケーションをとる
  - ☛ **communication**
    名 コミュニケーション
- **stressed**
  形 ストレスに苦しんでいる
- **employee** 名 従業員
  - ☛ **employ** 動 雇う
    employer 名 雇用主
- **protest** 動 抵抗する
- **maintenance** 名 メンテナンス
- **replacement**
  名 後継、代わりの人
- **No, not yet.** いいえ、まだです。
- **fill the position**
  ポジションを埋める
- **internally** 副 内部で
  - ☛ **internal** 形 内部の

2-31

- **suitable candidate**
  適任の候補者
- **extend** 動 伸ばす
  - ☛ **extension**
    名 拡張、延長、内線
- **external** 形 外部の
- **candidate** 名 候補者
- **university career centers**
  大学のキャリアセンター
- **a good pool of candidates**
  求職者の良い集まり
- **in fact** 実際

- **dozen** 形 12の、かなりたくさんの
- **application** 名 応募
  - ☛ **apply for** 〜に申し込む
    apply to
    〜に適用する、〜に塗る
- **meet with** 〜に会う
- **face-to-face** 面と向かって
- **qualified candidates**
  最適の候補者
- **replace** 動 取り換える
  - ☛ **replacement**
    名 交換の品、後任
- **advertisement** 名 広告
  - ☛ **advertise**
    動 宣伝をする、広告をする
- **hire** 動 雇う
  - ☛ **hiring** 名 雇用

2-32

- **hold a design competition**
  デザインコンテストを開催する
- **search for** 〜を探す
- **suitable** 形 適切な
  - ☛ **suitably**
    副 ぴったり合って、適切に
- **calling for submissions**
  投稿を呼びかける
- **include** 動 含む
- **expand** 動 拡大する
  - ☛ **expansion** 名 拡大
- **internationally** 副 国際的に
- **determine** 動 決定する
  - ☛ **determination** 名 決定
- **in person** 直接
- **consult with** 〜と協議する

Chapter 12

2-33

- [ ] **electrical contracting business** 電気工事請負業者
- [ ] **provide electrical upgrades** 電気に関する改良工事をする
- [ ] **installation** 名 取り付け
  - ☞ **install** 動 取り付ける
- [ ] **wiring** 名 配線
- [ ] **offer** 動 提供する
- [ ] **timely service** 迅速なサービス
- [ ] **deserve** 動 〜に値する、ふさわしい
- [ ] **look for** 〜を探す
- [ ] **quality service** 質の高いサービス
- [ ] **receive** 動 受け取る
  - ☞ **receipt** 名 受け取り
- [ ] **free quote** 無料の見積もり
- [ ] **be advertised** 宣伝されている
- [ ] **kitchen renovation** キッチンの改修
- [ ] **real estate agency** 不動産業者
- [ ] **electronic appliances store** 家電店
- [ ] **make a call** 電話をかける
- [ ] **obtain** 動 手に入れる
- [ ] **cost estimate** 費用の見積もり
- [ ] **ask for** 〜を頼む・求める

2-34

- [ ] **thank you for calling** お電話頂きありがとうございます
- [ ] **florist** 名 花屋
- [ ] **specialize in** 〜を専門としている
- [ ] **local** 形 地元の
  - ☞ **locally** 副 地元で
- [ ] **sustainably** 副 持続的に
  - ☞ **sustainable** 形 維持できる
- [ ] **place an order ≒ put an order** 注文する
- [ ] **customized bouquets** 特注の花束
- [ ] **would like to do** 〜したい
- [ ] **book ≒ reserve** 動 予約する
- [ ] **register for** 〜に登録する
- [ ] **driving directions** 車での道順
- [ ] **vegetable farm** 野菜農園
- [ ] **art gallery** 画廊
- [ ] **make an appointment** 予約をする
- [ ] **apply for** 〜に応募する
  - ☞ **apply to** 〜に適用する、塗る
- [ ] **available** 形 利用できる
  - ☞ **availability** 名 利用できること、入手の可能性

2-35

- [ ] **hold** 動 開催する
- [ ] **award-winning novelist** 受賞歴のある小説家
- [ ] **a native of** 〜出身の
- [ ] **open house** オープンハウス、一般公開
- [ ] **following** 前 〜に続いて
  - ☞ **followed by** 続いて〜がある
- [ ] **take advantage of** 〜を利用する
- [ ] **opportunity** 名 機会
- [ ] **tour** 動 〜を巡る
- [ ] **brand new** 真新しい
- [ ] **facility** 名 施設
- [ ] **last** 動 続く
- [ ] **until** 前 〜までずっと

- renewal　名 更新
  - ☛ renew　動 更新する
- mayor　名 市長
- sample　動 試食する
- donate　動 寄付する
  - ☛ donation　名 寄付

Chapter 13

🔊 2-36

- I'd like to do　〜したい
- each and every one
  一人ずつ全員に
- participating in
  〜に参加すること
- unfortunately　副 残念ながら
- skip
  動 飛ばす（立ち寄るのをあきらめる）
- church　名 教会
- due to　〜のせいで、〜を理由に
- time constraint　時間の制約
- nevertheless　副 しかしながら
- memorable　形 思い出に残る
- forget to do　〜するのを忘れる
- fill out ≒ fill in　記入する
- survey ≒ questionnaire
  名 アンケート調査
- what you liked or didn't like about　〜について何が気に入り、何が気に入らなかったか
- drop it off in the box
  箱に入れる
- by the door　ドアのそばの
- as　接 〜する際に
- leave the bus　バスを降りる
- look forward to doing
  〜することを楽しみにしている

🔊 2-37

- participant　名 参加者
  - ☛ participate in　〜に参加する
- be supposed to do
  〜することになっている
- sight　名 場所、名所
- get to purchase　購入する
- souvenir　名 お土産
- return　動 返却する
- belongings　名 所持品
- provide　動 提供する
  - ☛ provide A with B
    AにBを供給する
    provided that ≒ if
    もし〜ならば
- conduct a survey ≒ conduct research　調査を行なう
- administration office　事務室
- register for　〜に申し込みをする
- take place　行なわれる
- instead of　〜の代わりに
- decide to do　〜することを決める
- scale model
  スケールモデル（＝ミニチュア）
- famous ≒ noted ≒ notable ≒ prominent ≒ repute ≒ well-known　形 有名な
- architectural structure
  建築物
  - ☛ architecture　名 建築
    architect　名 建築家

🔊 2-38

- workshop　名 ワークショップ
- while　接 〜である一方で
  - ☛ while doing　〜している間に
- air-conditioning ≒ air conditioner　名 エアコン

- ☐ **get quite warm**
  かなり暖かくなる
- ☐ **wear layers**　重ね着をする
- ☐ **option**　[名] 選択
- ☐ **instructor**　[名] 指導者
  ☛ **instruction**　[名] 指示
- ☐ **participant**　[名] 参加者
  ☛ **participate in**　〜に参加する
- ☐ **employee**　[名] 従業員
  ☛ **employ**　[動] 雇う
  employer　[名] 雇用主
- ☐ **professional architect**
  プロの建築家
- ☐ **fit more people**
  より多くの人を収容する
- ☐ **carry out**　行なう、実行する
- ☐ **construction work**　建設作業

2-39

- ☐ **accommodate**　[動] 収容する
  ☛ **accommodation**　[名] 宿泊施設、便宜、用立て、適応
- ☐ **object**　[名] 物
  ☛ **objective**　[名] 目的
  objection　[名] 異論
- ☐ **fix**　[動] 修理する、[動] 固定する
- ☐ **recommend**　[動] 推薦する
  ☛ **recommendation**　[名] 推薦
- ☐ **notepad**　[名] メモ帳
- ☐ **on time**　時間通りに
- ☐ **flexible clothing**
  柔軟に対応できる衣服
- ☐ **entertainment news**　エンターテイメントニュース、芸能ニュース
- ☐ **audition**
  [動] オーディションを行なう
- ☐ **upcoming**　[形] 次回の
- ☐ **thriller movie**　スリラー映画

- ☐ **according to**　〜によると
- ☐ **also**　[副] 〜もまた
- ☐ **in the beginning of**　〜の初めに

2-40

- ☐ **give rise to a rumor**
  噂を引き起こす
- ☐ **film**　[動] 撮影する　[名] 映画
- ☐ **outside of the country**　国外で
- ☐ **however**　[副] けれども
- ☐ **be well-known for**　〜で有名だ
- ☐ **reveal**　[動] 明らかにする
- ☐ **specific**　[名] 詳細
  ☛ **specification**　[名] 仕様書
- ☐ **until the last minute**
  最後までずっと
- ☐ **find out**　わかる
- ☐ **be scheduled to do**
  〜することになっている
- ☐ **be released**　公開される
- ☐ **at the end of**　〜の終わりに
- ☐ **take place**　起こる
- ☐ **ballet premiere**　バレエの初演
- ☐ **magazine launch**　雑誌の刊行
- ☐ **direct**　[動] 監督する
  ☛ **direction**　[名] 指示、管理
- ☐ **keeping film details a secret**
  映画の詳細を秘密にしておく
- ☐ **win a prestigious award**
  名高い賞を受賞する
- ☐ **in a week**　1週間後

Chapter 14

2-41

- ☐ **sales meeting**　販売会議
- ☐ **would like to do**　〜したい

- remind 人 that
  人に〜を再度伝える
- annual　形 毎年恒例の
  - annually　副 毎年
- outing　名 遠足
- be coming up　迫ってきている
- lots of fun activities
  たくさんの楽しい活動
- including　前 〜を含む
  - include　動 含む
- fishing competition
  釣りコンテスト
- great opportunity　良い機会
- socialize with　〜と交流する
- coworker ≒ colleague　名 同僚
- join　動 参加する、加わる
  - joint　形 共同の
- e-mail　動 Eメールを送る
  - 名 Eメール
- inform　動 知らせる
  - inform A of B
    AにBを知らせる
  - inform A that (S+V)
    Aにthat以下のことを知らせる

2-42

- whether　接 〜かどうか
- participate in　動 参加する
  - participant　名 参加者
- organizer　名 幹事、主催者
- take place　行なわれる
- employee　名 従業員
  - employ　動 雇う
    employer　名 雇用主
- swimming competition
  水泳大会
- seasonal　形 季節毎の
  - seasoned　形 経験豊富な

- exchange　動 交換する
- tip　名 コツ
- win a prize　賞を獲得する
- network with
  ネットワークを作る
- client ≒ customer　名 顧客
- attendee　名 参加者
  - attend　動 出席する
    attendance　名 出席
- contestant　名 コンテスト出場者

2-43

- be pleased to announce
  (聞き手にとって利益となること)
  〜をお知らせいたします
- months of　何カ月もの〜
- discussion　名 議論
  - discuss　動 議論する
- decide to do
  〜することを決定する
- merge with　〜と合併する
- in coming together
  共同することで
- be able to do
  〜することができる
- combine A and B
  AとBを結びつける
- expertise　名 専門知識
  - expert　名 専門家
- talent　名 才能
  - talented　形 才能のある
- in the field of　〜の分野における
- telecommunication　名 通信
- generate　動 生み出す
- revenue　名 収益
- as　前 〜として

🔊 2-44

- □ wonder 動 思う
- □ development 名 発展
  - ☞ develop 動 発展させる、開発する
- □ affect 動 作用する
  - ☞ effect 名 効果 動 発効させる
- □ look forward to improved benefits 特典の向上を期待する
- □ such as 〜のような
- □ free access to 〜の無料での利用
- □ integration 名 統合
- □ detail 名 詳細
  - ☞ detailed 形 詳細にわたる
- □ what to expect 何を期待できるか、期待すればいいか
- □ anticipate 動 予期する
- □ smooth transition スムーズな移行
- □ ask for 〜を求める、お願いする
- □ while 接 〜している間
  - ☞ while doing 〜している間
    when doing 〜しているとき
    before doing 〜する前に
    after doing 〜した後
    by doing 〜することによって

🔊 2-45

- □ transaction 名 処理業務
- □ merger 名 合併
  - ☞ merge with 〜と合併する
- □ relocation 名 移転
  - ☞ relocate 動 移転する
- □ closure 名 閉鎖
- □ facility 名 施設
- □ office hours ≒ business hours ≒ operating hours 営業時間
- □ employee benefits 従業員の福利厚生
- □ headquarters ≒ head office 名 本社
- □ healthcare professional 健康管理の専門家

Chapter 15

🔊 2-46

- □ hold 動 開催する
- □ since ≒ because ≒ as ≒ for 接 〜以来
- □ reserve ≒ book 動 予約する
  - ☞ reservation ≒ booking 名 予約
- □ I was wondering if you could （あなたが）〜していただけるかどうかと思っています
- □ reduction 名 割引
  - ☞ reduce 動 減らす
- □ catering expenses ケータリングの費用
- □ e-mail account Eメールアカウント
- □ go over 〜を検討する
- □ adjust 動 調整する
  - ☞ adjustment 名 調節
- □ several 形 いくつかの
- □ in the coming year 来年
- □ ask for 〜を求める
- □ inform of 〜を知らせる
  - ☞ inform A of B AにBを知らせる
    inform A that (S+V) Aにthat以下のことを知らせる

🔊 2-47

- provisional ≒ tentative
  形 仮の
  ☛ provisionally ≒ tentatively
  副 一時的に
- revised   形 改定された
  ☛ revise   動 改定する
- accommodation costs   宿泊費
- organize   動 催す
  ☛ organizer   名 主催者
- anniversary event
  記念イベント
- expedition   名 探検
- specifically   副 特に、具体的に
  ☛ specific
  形 特定の、明確な、具体的な
- garment   名 衣類
- withstand   動 耐える
- extreme   形 極端な
  ☛ extremely   副 極端に
- the North Pole   北極
- as you can imagine
  ご想像いただけるように
- top-priority   最優先
- because of ≒ on account of
  ≒ thanks to ≒ owing to
  〜なので
- high advertisement value
  高い広告価値

🔊 2-48

- be televised   テレビ放送される
- viewer   名 視聴者
  ☛ view
  動 眺める   名 眺め、景色
- decided on Pam Lee as the designer   Pam Lee をデザイナーにすることに決定する
- discuss   動 検討する
  ☛ discussion   名 議論
- material   名 素材
- be most suitable for
  〜に最もふさわしい
- research institute   研究施設
- affect   動 影響する
  ☛ effect   名 効果   動 発効させる
- safety   名 安全
  ☛ safe   形 安全な
- promote   動 宣伝する
  ☛ promotion   名 宣伝、昇進
- sponsor   動 出資する
  ☛ 名 スポンサー
- cable network
  ケーブルテレビ放送網
- timeline ≒ schedule ≒ agenda
  名 スケジュール

Reading Section

Chapter 2

🔊 2-49

- [ ] make a profit　利益を得る
- [ ] rent　動 貸す
- [ ] tourist　名 観光客
- [ ] over the past 20 years
      過去20年間にわたって
- [ ] repeatedly　副 繰り返し
- [ ] prove　動 証明する
  - ☞ proof　名 証明、証拠
- [ ] dependability ≒ reliability
      名 信頼性
- [ ] professionalism　名 専門性
  - ☞ professional
        名 専門家　形 専門の
        profession　名 専門的職業
- [ ] closure　名 閉鎖
- [ ] factory　名 工場
- [ ] come as a surprise
      （主語が）〜を驚かせる
- [ ] even　副 〜でさえ
- [ ] veteran employee　ベテラン社員
- [ ] redesign
      動 再設計する、デザインをし直す
- [ ] offer　動 提供する

🔊 2-50

- [ ] passenger　名 乗客
- [ ] journey　名 旅
- [ ] be unable to do
      〜することができない
- [ ] log in to　〜にログインする
- [ ] database　名 データベース
- [ ] contact　動 連絡する

- [ ] librarian　名 司書
- [ ] assistance　名 支援
- [ ] adjust　動 調整する
- [ ] simply　副 単に〜だけ
- [ ] press the button　ボタンを押す
- [ ] on the right side of　〜の右側に
- [ ] technician　名 技術者
- [ ] repair shop　修理店
- [ ] switch off　電源を切る
- [ ] restart　動 再起動する
- [ ] fix the problem　問題を解決する
- [ ] award　名 賞
- [ ] functionality　名 機能性
- [ ] originality　名 独創性
  - ☞ original　形 独自の、最初の
        originally
        副 最初は、独創的に

🔊 2-51

- [ ] folk band　フォークバンド
- [ ] lively　形 陽気な、生き生きと
- [ ] beat　名 ビート
- [ ] annual　形 年1回の
  - ☞ annually　副 年1回
- [ ] earlier this year
      今年の初めに
- [ ] revise　動 改定する
- [ ] include　動 含む
  - ☞ inclusion　名 含めること
  - ⇨ exclude　動 除く
  - ☞ exclusion　名 除外
- [ ] subject　名 科目
  - ☞ be subject to　〜の対象となる
- [ ] related to　〜に関連する

- □ **supply chain management**
  サプライチェーンマネジメント

Chapter 3

🔊 2-52

- □ **position of sales clerk**　店員職
- □ **require somebody to do**
  人が〜することを必要とする
- □ **successful candidate**
  採用された応募者
- □ **interact with**　〜と話をする
- □ **customer ≒ client**　名 顧客
- □ **on a daily basis**　毎日のように
- □ **blink**　動 点滅する
- □ **paper tray**　用紙トレイ
- □ **correct**　形 正しい
  ⇔ **incorrect**　形 間違いの
- □ **according to**　〜によると
- □ **traffic report**　交通報告書
  ☛ **traffic jam**　交通渋滞
  be stuck in traffic
  交通渋滞につかまって
- □ **the number of accidents**
  事故件数
- □ **decline**　動 減少する、断る
- □ **over the last ten years**
  この10年間で
- □ **survey respondent**
  アンケート回答者
- □ **express concerns**
  不安を述べる
- □ **cosmetic products**　化粧品
- □ **manufactured by**
  〜によって製造された

🔊 2-53

- □ **outlet**　名 直販店
- □ **continue to operate**
  営業を続ける
- □ **as usual**　通常通り
- □ **neither A nor B**
  AとBのどちらも〜ない
- □ **carry**　動 扱っている
- □ **a number of**
  多くの、いくつかの
- □ **investor**　名 投資家
  ☛ **invest in**　〜に投資する
  investment　名 投資
- □ **interest in**　〜への関心
  ☛ **be interested in**
  〜に関心がある
- □ **pipeline**　名 パイプライン
- □ **rescued hikers**
  救出されたハイカーたち
- □ **intend to do**　〜するつもりだ
- □ **hike to**　〜へハイキングする
- □ **get lost**　道に迷う
- □ **somewhere along the trail**
  小道沿いのどこか

🔊 2-54

- □ **join**　動 加わる
  ☛ **joint**　形 共同の
- □ **a decade ago**　10年前
- □ **construction project**
  建設プロジェクト
- □ **create**　動 創出する
  ☛ **creation**　名 創造、創作
- □ **hundreds of jobs**　何百もの職
- □ **mayor**　名 市長
  ☛ **mayoral**　形 市長の
- □ **eagerly**　副 はやる思いで、熱心に
- □ **give one's approval**
  〜の承認を与える

Chapter 4

🔊 2-55

- exhibitor 名 出展者
  - ☞ exhibition 名 展示
- register 動 登録する
  - ☞ register for ～に登録する、申し込む
- at least 少なくとも
- in advance 前もって
- submit 動 提出する
- written form 書面
  - ☞ in writing 書面で
- be advised to do ～するよう勧める
- pack 荷物に入れる
  - ☞ sack 名 袋
- whether 接 ～かどうか
- conference 名 会議
- product 名 製品
- vigorous 形 積極的な
  - ☞ invigorate 動 生き生きとさせる
- quality 名 品質
  - ☞ quantity 名 量
- control process 管理プロセス

🔊 2-56

- employee 名 従業員
- be required to do ～する必要がある
- fill in 記入する
- time sheet 名 タイムシート
- vice-president 名 副社長
- fuel 動 感情をあおる、刺激する 名 燃料
- merger 名 合併
  - ☞ merge with ～と合併する

- take place 起こる
- sometime in the near future 近い将来のいつか
- access to ～へのアクセス
- monthly fee 月額料金
- be highly regarded for 高く評価されている
- selfless 形 無私無欲の
- complete 形 徹底的な、完全な
- patient 名 患者、形 忍耐強い
  - ☞ patience 名 忍耐
- long-awaited 形 長く待たれてきた
- hit movie ヒット映画

🔊 2-57

- finally 副 ついに
  - ☞ final 形 最後の
- be released 公開される
- transaction 名 取引
- via ≒ by way of 前 ～を経由して
- secure 形 安全な
- protect against ～から保護する
- possible 形 起こり得る
- fraud 名 詐欺

Chapter 5

🔊 2-58

- fail to do ～しそこなう
- deliver 動 配達する
  - ☞ delivery 名 配達
- item ≒ article 名 商品
- for the third time in a row 連続で3回

- ☐ **have no choice but to do**
  〜する以外に選択の余地がない
- ☐ **contract** 名 契約
- ☐ **from time to time** 随時
- ☐ **publicize** 動 公表する
  - ☛ **public** 形 公共の
    publicly 副 公開で
- ☐ **environmental preservation effort** 環境保全の取り組み
- ☐ **in order to do** 〜するために
- ☐ **wellbeing**
  名 福祉、健康で安心なこと、幸福
- ☐ **society** 名 社会
  - ☛ **social** 形 社会の
- ☐ **for many years** 長年にわたり
- ☐ **focused on** 〜に注力する
- ☐ **exclusively**
  副 独占的に、もっぱら、〜のみに
  - ☛ **exclusive** 形 独占的な

🔊 2-59

- ☐ **recently** 副 最近
  - ☛ **recent** 形 最近の
- ☐ **decided to do**
  〜することを決定した
- ☐ **domestic market** 国内市場
- ☐ **as well** 〜も
- ☐ **painting** 名 絵画
- ☐ **submit to** 〜に提出される
- ☐ **each year** 毎年
- ☐ **few** 名 少数 形 ほとんどない
- ☐ **be displayed** ≒ **be on display**
  展示される
- ☐ **as** 前 〜として
- ☐ **outstanding**
  形 傑出した、未払いの
- ☐ **works of art** 芸術作品

- ☐ **access to** 〜への立ち入り
- ☐ **facility** 名 施設
- ☐ **production floor** 生産現場
- ☐ **be strictly limited to**
  厳しく制限されている
- ☐ **company personnel**
  会社の担当者
- ☐ **visitor** 名 訪問者

🔊 2-60

- ☐ **please be reminded that**
  (that以下のことを) ご了承ください
- ☐ **document**
  名 文書 動 文書で記録する
- ☐ **be copyrighted**
  著作権で保護されている
- ☐ **without** 前 〜なしで
- ☐ **permission** 名 許可
  - ☛ **permit** 動 許可する
- ☐ **due to** 〜が原因で
- ☐ **problem with** 〜の問題
- ☐ **be out of service**
  運行を中止している
- ☐ **until further notice**
  追って通知があるまで
- ☐ **inspector** 名 検査官
  - ☛ **inspect** 動 検査する
    inspection 名 検査
- ☐ **report** 動 報告する
  - ☛ **reportedly**
    副 伝えられるところによると
- ☐ **thoroughly review**
  徹底的に検討する
- ☐ **safety practices** ≒ **safety measures** 安全対策
- ☐ **power plant** 発電所
- ☐ **participant** 名 参加者
  - ☛ **participate in** 〜に参加する

- volunteer-abroad program
  国際ボランティアプログラム

🔊 2-61

- carefully　副 慎重に
  ☛ careful　形 慎重な
- check　動 確認する
- expiration date　有効期限
- avoid　動 避ける
  ☛ avoid doing
  ～することを避ける
- cross the borders
  国境を超える
- management　名 経営陣
- production costs　生産コスト
- increase by 10%　10%増加する
- rise　名 上昇
- in cost of　～の費用

Chapter 6

🔊 2-62

- have the pleasure of inviting you to
  ～へご招待させていただきます
- conference　名 会議
- from March 12 to 14
  3月12日から14日まで
- delegate　名 代表者
  ☛ delegate A to B
  AをBに委任する
- arrange one's own accommodation
  宿泊の手配を自分で行なう
- find　動 見つける
- participation fee　参加費用
- conference organizer
  会議の主催者

- in cash　現金で
- look forward to doing
  ～することを楽しみにしている
- executive director　事務局長
- cancellation policy
  キャンセル規約
- appointment　名 予約
- inform　動 知らせる
- at least　少なくとも
- in advance　前もって
- £40 cancellation fee
  40ポンドのキャンセル料
- client ≒ customer　名 お客様
- at the last minute
  ぎりぎりになって
- fail to do　～しない、～できない
- show up　現れる
- prevent someone else from doing
  誰か他の人を～できなくさせる
- be able to　～できる
- schedule in that time
  その時間枠の予定に入れる
- understanding and cooperation　ご理解とご協力

Chapter 7

🔊 2-63

- To Whom It May Concern,
  ご担当者様
- place an order　注文する
- customer representative
  顧客サービス担当
- the delivery cannot be made
  届けることはできない
- explain　動 説明する
  ☛ explanation　名 説明

- retirement gift　退職記念品
- employee　名 従業員
- promise　動 約束する
- do one's best　最善を尽くす
- much to my surprise
  とても驚いたことに
- be delivered　（〜が）届く
- retiring employee
  退職する従業員
- appreciate　動 感謝する
  - ☞ appreciative
    形 感謝している
- would like to do　〜したい
- especially　副 特に
- definitely　副 必ず、間違いなく
- shop　動 買い物をする

♪ 2-64

- manager　名 部長
- expansion　名 拡大
  - ☞ expand　動 拡大する
    extend
    動 直線状に伸びる、広がる
- attention　名 注目、注意
  - ☞ attend
    動 出席する、世話をする
- focus on　〜に注目する
- energy-saving　形 省エネ型の
- air conditioning technology
  空調技術
- increased　形 増加した
  - ☞ increase　動 増える　名 増加
- inquiry　名 問い合わせ
  - ☞ query　名 質問
- potential clients
  顧客となる可能性のある人たち
- in order to do　〜するために

- take advantage of
  〜を利用する
- opportunity　名 機会
- double　動 倍にする、倍になる
- training session　研修
- be scheduled to do
  〜する予定だ
- take place　行なわれる
- throughout next week
  来週中ずっと
- facility operation　施設の運営
- check with　〜に問い合わせる
- department head　所属部門長
- detail　名 詳細

Chapter 8

♪ 2-65

- rubbish　名 ごみ
- between 8 A.M. and 12 midday　午前8時から正午の間
- property boundary
  敷地の境界線
- bag　名 ごみ袋
- residential　形 家庭用の
  - ☞ resident　名 居住者
    residence　名 住居
- jar　名 びん
- environmental　形 環境の
  - ☞ environmentally
    副 環境的に
- hotline　名 ホットライン
- dump　動 投棄する
- maximum penalty £1,500
  罰金最高額1,500ポンド
- notice　名 お知らせ　動 気が付く
- sanitization　名 衛生化

- ☐ **garbage disposal**　ごみ処理
- ☐ **emergency**　[名] 緊急
- ☐ **penalty**　[名] 罰、罰金
- ☐ **tip**　[名] ヒント
- ☐ **fellow**　[名] 仲間

🔊 2-66

- ☐ **joy**　[名] 楽しみ
- ☐ **encounter**　[動] 出会う
- ☐ **amazing**　[形] 素晴らしい
  - ☞ **amazingly**　[副] 素晴らしく
- ☐ **flavor**　[名] 味
- ☐ **below be**　以下に〜を挙げます
- ☐ **weekday**　[名] 平日
  - ☞ **weekend**　[名] 週末
- ☐ **supper**　[名] 夕食
- ☐ **airy and bustling**
  風通しが良くにぎやかな
- ☐ **fun destination**　楽しめる場所
- ☐ **food-lover**　食事好きな人
- ☐ **offer**　[動] 提供する
  - ☞ **offerings**　[名] 提供されるもの
- ☐ **fusion**　[名] 融合
- ☐ **cuisine**　[名] 料理
- ☐ **available**
  [形] 利用できる、入手できる
- ☐ **upstairs**　[形] 階上の　[副] 階上で
- ☐ **overlook**　[動] 見渡す、見下ろす
- ☐ **scroll down**
  スクロールダウンする

🔊 2-67

- ☐ **option**　[名] 選択
- ☐ **be intended for**
  〜に向けられている
- ☐ **insurer**　[名] 旅行保険業者
- ☐ **critic**　[名] 評論家
  - ☞ **critical**　[形] 批判的な、重大な
- ☐ **transport provider**　運送業者
- ☐ **view**　[名] 光景　[動] 眺める
- ☐ **spacious**　[形] ゆったりとした
- ☐ **atmosphere**　[名] 雰囲気

Chapter 9

🔊 2-68

- ☐ **arts council**　芸術文化振興会
- ☐ **cordially**　[副] 心より
  - ☞ **cordial**　[形] 心からの
- ☐ **landscape**　[名] 風景
- ☐ **photographic exploration**
  写真による探索
- ☐ **inaugurate**　[動] 開会宣言をする
- ☐ **world-renowned**
  [形] 世界的に有名な
- ☐ **founder**　[名] 設立者
- ☐ **gallery hours**　開館時間
- ☐ **complete biography**
  詳しい経歴
- ☐ **available**
  [形] 利用可能な、入手できる
  - ☞ **availability**　[名] 利用できること、入手できること
- ☐ **complimentary ≒ free**
  [形] 無料の
- ☐ **be served**　提供される
  - ☞ **serve as**　〜として働く
- ☐ **artwork**　[名] 芸術作品
- ☐ **upcoming**　[形] 次回の
- ☐ **excursion to the countryside**
  地方への小旅行
- ☐ **world-famous**
  [形] 世界的に有名な

476

- explorer 名 探検家
  - explore 動 調査する

🔊 2-69

- organization 名 組織
  - organizational 形 組織の
  - organizer 名 主催者
- biography 名 経歴
  - autobiography 名 自伝
- commemorative 形 記念の
  - commemorate 動 記念する
- luxury 形 豪華な 名 豪華さ
  - luxurious 形 豪華な、贅沢な
- custom-designed 特注設計の
  - customized 形 特別あつらえの
- consultant 名 コンサルタント
  - consult 動 相談する
  - consult with ～に相談する
- initial 形 初回の
  - initiate 動 始める
- consultation 名 相談
- material 名 材料

🔊 2-70

- finish 名 仕上げ剤 動 終える
- appliance options 電気器具の選択肢
- ideal 形 理想的な
- actual 形 実際の
  - actually 副 実際は
- measurement 名 測定
  - measure 動 測定する
- existing 形 現在の
  - exist 動 存在する
- computer-generated 形 コンピューターで作成した

- finished kitchen 完成したキッチン
- create 動 作成する
  - creation 名 創造
- look like ～のように見える
- reserve 動 予約する
  - reservation 名 予約
- operate 動 営業する、活動する
  - operation 名 営業、活動
- decade 名 10年
- latest 形 最新の
- cater 動 食事を提供する
  - catering 名 ケータリング、出前
- specially prepared food 特別に用意した食事
- desire 動 希望する
- install 動 設置する
  - installation 名 設置

Chapter 10

🔊 2-71

- issue 名 号 動 公表する
- with interest 興味深く
- strongly 副 強く
  - strong 形 強い
- agree with ～に同意する
- view 名 見解 動 眺める
- pedestrian 名 歩行者
- cautious 形 慎重だ
  - caution 名 注意
  - use caution ≒ exercise caution 注意する
- when crossing roads 道路を渡るとき
- hurry 動 急ぐ

- **accommodate**
  動 寛容になる、収容する
  - **accommodation**
    名 宿泊設備
- **need** 名 要望
- **destination** 名 目的地
- **an extra minute**
  あと少し（の時間）
- **ensure** 動 保証する
  - **ensure that (S+V)**
    （that以下のことを）保証する
- **safe crossing** 安全な横断

2-72

- **fail to do** 〜するのを失敗する
- **crosswalk** 名 横断歩道
- **intersection** 名 交差点
- **traffic light** 信号
- **slippery** 形 滑りやすい
- **unsafe** 形 危険だ
- **it is too much to ask that**
  （that以下のことを）求めるのは言い過ぎだ
- **be a little patient with**
  〜に少し寛容になる
- **be behind the wheel**
  運転席にいる、運転している
- **point out** 指摘する
- **previous** 形 以前の
  - **previously** 副 以前に
- **feature** 名 機能 動 特集する
- **express an opinion**
  意見を述べる
- **complain** 動 苦情を述べる
  - **complaint** 名 苦情
- **behavior** 名 行動
- **economics** 名 経済
  - **economic** 形 経済の

- **in response to** 〜への返信

2-73

- **we regret to hear that**
  〜を聞いて私たちは残念に思っています
- **participate as planned in**
  予定通り参加する
- **be held ≒ take place**
  行なわれる
- **although ≒ though ≒ even though** 接 〜だけれども
- **head researcher** 主任研究員
- **input** 名 意見
- **be anticipated** 期待される
- **situation** 名 状況
  - **situated in** 〜に位置する
- **accommodation** 名 宿泊
- **accordingly** 副 それに応じて
- **on a related note**
  関連した話として
- **compile the papers presented at the conference into a book**
  会議での発表論文を本にまとめる
- **even though** 〜だけれども
- **include** 動 含む
- **publication** 名 出版
  - **publicize** 動 公表する
  - **public** 形 公共の
- **participant** 名 参加者
  - **participate in ≒ take part in ➡ attend** 〜に参加する

2-74

- **deadline for** 〜の締め切り
- **in your case** あなたの場合は
- **push back the deadline to**
  締め切りを〜まで先送りする
- **the beginning of** 〜の上旬

- editing work　編集作業
- please let me know
  お聞かせください、お知らせください
- wish to do　〜するのを希望する
- contribute to　〜に貢献する
- attach　動 添付する
  - be attached to
    〜に添付されている
- expected length
  求められる長さ
- writing format　執筆形式
- detailed　形 詳細な
  - detail　動 詳しく述べる
- should you do　〜するのであれば
- ask for　〜を求める
- promote　動 宣伝する
  - promotion　名 宣伝
- author　名 著者
- agenda　名 議題

Chapter 11

2-75

- corporate package　コーポレートパッケージ（パッケージプラン）
- foster trust　信頼を高める
- open communication
  開かれたコミュニケーション
- cooperation　名 協力
  - cooperate　動 協力する
- various　形 さまざまな、多くの
- below be　〜は以下のとおりです
- tentative schedule
  暫定的スケジュール
- especially　副 特に
- prepare for
  〜のために用意をする
- arrival　名 到着
  - arrive at/in　〜に到着する
- waterfall　名 滝
- nature appreciation　自然観賞
- river rafting　リバーラフティング
  （いかだによる川下り）
- certified　形 認定されている
  - certify　動 認定する
    certification　名 証明書
- motivation　名 モチベーション
- participant　名 参加者
  - participate in ≒ take part in ≒ attend　〜に参加する

2-76

- be free to explore
  自由に探索する
- meet back at　〜に集合する
- raft race
  ラフティングレース（いかだによる競争）
- close meeting
  閉会ミーティング
- please note that
  （that以下のことを）ご留意ください
- deposit　名 内金
- be required　〜が必要です
- by May 25　5月25日までに
- be due on June 5
  6月5日が締め切りです
- stimulate　動 刺激する
  - stimulation　名 刺激
- assess　動 評価する
  - assessment　名 評価
- personal skill　個人のスキル
- reward　動 報奨を与える
  - rewarding
    形 報いのある、報われる

- provisionary ≒ temporary ≒ tentative 形 暫定的な
  - ☞ provisionally ≒ temporarily ≒ tentatively 副 暫定的に
- confirmation 名 確認
  - ☞ confirm 動 確認する

◎ 2-77
- finalized 形 最終的な
  - ☞ finalize 動 終了させる
    final 形 最後の
    finally 副 最後に
- travel itinerary 旅程表
- bank account number 銀行の口座番号
- participate in ≒ take part in ≒ attend 〜に参加する
- be awarded to 〜に贈られる
- raft guide certificate ラフティングガイドの免許
- be distributed to 〜に配付される
- take place ≒ be held 〜が開かれる
- employee 名 従業員
  - ☞ employ 動 雇う
    employer 名 雇用主
- workforce development 労働力開発
- continued effort 継続的な取り組み
- on the part of both the company and the employees 会社と従業員双方の側での
- therefore 副 そのため
- recommend 動 推奨する
  - ☞ recommendation 名 推薦

◎ 2-78
- attend 動 出席する
  - ☞ attendance 名 出席
    attendee 名 出席者
- option 名 選択
  - ☞ opt 動 選択する
- be discussed 〜が検討される
- a calendar of 〜のカレンダー
- internal 形 内部の
- be distributed 〜が配布される
- include 動 含む
- lecture 名 講義 動 講義を行なう
- department head 部門長
- specialist 名 専門家
- be encouraged to do 〜することを奨励される
- choose from 〜から選択する
- hundreds of 数百種の
- work-skill related 職業スキル関連の
- online course オンライン講座
- available 形 利用できる、入手できる
  - ☞ availability 名 利用できること、入手できること

◎ 2-79
- free of charge 無料だ
- decide 動 決定する
  - ☞ decision 名 決定
- outside of work 仕事以外の
- in that case 〜の場合には
- consult 動 相談する
  - ☞ consultation 名 相談
    consultant 名 コンサルタント、相談役
- tuition fee 授業料

- partially　副 部分的に
  - ☛ partial　形 部分的な
- subsidized　助成される
  - ☛ subsidiary　名 子会社
    subsidy　名 助成金
- Human Resources Department　人事部
- prior to enrollment　登録前に
- reimburse　動 返済する
  - ☛ reimbursement　名 返済
- retroactively　副 過去に遡って
  - ☛ retroactive　形 遡って効力がある

🔊 2-80

- take place ≒ be held　〜が起こる
- safety lecture　安全講座
- career consultation　職業相談
- learning option　学習オプション
- in-company seminar　社内セミナー
- external course　外部講座
- branch office　支社
- through online courses　オンライン講座を通して
- course fee　講座受講料
- apply for　〜に申し込む
  - ☛ apply to　〜に適用する、〜を塗る
- student loan　学習ローン
- be responsible for　〜に責任がある
- all costs　すべての費用
- at a later date　後日

Chapter 12

🔊 2-81

- be pleased to announce that　(that 以下のことを) お知らせいたします
- a $10 million upgrade　1,000万ドルの費用をかけたアップグレード
- be scheduled for　〜する予定がある
- comfort and safety of　〜の快適性と安全性
- valued customers　大切なお客様
- in the beginning of February　2月初旬に
- be completed　完成する
- renewal　名 リニューアル、更新
  - ☛ renew　動 更新する
- commence　動 始まる
  - ☛ commencement　名 始まり、開始
- be expected to do　〜する予定だ
- by March 30　3月30日までに
- feature　名 特徴　動 特集する
- include　動 含む
  - ☛ include A in B　AをBに含める
- innerspring mattress bed　スプリング入りマットレスベッド
- oak　名 オーク材
- A as well as B　AもBも
- luxurious　形 豪華な
  - ☛ luxury　名 豪華さ、贅沢　形 豪華な

🔊 2-82

- credenza　名 サイドボード

- ☐ **high-quality bathroom amenity**
  上質な浴室用アメニティ
- ☐ **such as** 〜のような
- ☐ **quality skincare manufacturer**
  高級化粧品メーカー
- ☐ **additional comfort**
  さらなる快適さ
- ☐ **modern bathtub**
  最新のバスタブ
- ☐ **contemporary back-lit mirrors**
  現代的なバックライト付きミラー
- ☐ **in addition** 加えて
  - ☛ **in addition to** 〜に加えて
    additionally 副 さらに、その上
- ☐ **be replaced with**
  〜と交換される
- ☐ **32-inch wall-mounted plasma TV**
  32インチ壁掛けプラズマテレビ
- ☐ **in a soft shell white**
  ソフトシェルホワイト(色)で
- ☐ **instead of** 〜の代わりに
- ☐ **current** 形 現在の
  - ☛ **currently** 副 現在
- ☐ **beige** 名 ベージュ(色)
- ☐ **apologize for**
  〜のことをお詫びする
- ☐ **inconvenience** 名 不都合、不便
  - ☛ **inconvenient**
    形 不都合な、不便な

🎧 2-83

- ☐ **caused during the transition period** 移行期間中に起こった

- ☐ **offer** 動 提供する
  - ☛ **offering** 名 提供されるもの
- ☐ **free entrance to**
  〜への無料での入場
- ☐ **exclusive in-door swimming pool** 専用屋内スイミングプール
- ☐ **normally** 副 通常
  - ☛ **normal** 形 通常の
- ☐ **issue** 動 発表する
- ☐ **resort** 名 リゾート地
- ☐ **president** 名 社長
- ☐ **construction company**
  建設会社
- ☐ **inspection** 名 検査
  - ☛ **inspect** 動 検査する
- ☐ **attempt** 名 試み
  - ☛ **in an attempt to do**
    〜しようとして
- ☐ **renovation** 名 改修
  - ☛ **renovate** 動 改修する
- ☐ **production** 名 生産
  - ☛ **produce** 動 生産する
    名 農産物

🎧 2-84

- ☐ **process** 名 過程 動 処理する
- ☐ **remain** 動 〜のままである
- ☐ **bathroom toiletry** 浴室の備品
- ☐ **discounted** 形 割引された
- ☐ **voucher** 名 割引券、引換券
- ☐ **free access to** 〜への無料入場
- ☐ **complimentary** ≒ **free**
  形 無料の
- ☐ **prepare for** 〜への準備をする
  - ☛ **in preparation for**
    〜に備えて
- ☐ **population aging** 高齢化

- ☐ **growing demand**
  高まりつつある需要
- ☐ **hospital equipment**　病院設備
- ☐ **preventive medicine**　予防医学
- ☐ **nursing-care system**
  介護システム
- ☐ **comprehensive**　形 総合的な
- ☐ **international healthcare exposition**　国際医療博覧会
- ☐ **be held ≒ take place**
  行なわれる
- ☐ **based on**　〜に基づくと
- ☐ **past experience**　過去の経験
- ☐ **around 300 booths and 40,000 visitors**　約300のブースと40,000名の来場者

🔊 2-85

- ☐ **be expected**　予想される
  ☛ **be expected to do**
  〜することになっている
- ☐ **be confident that**
  (that以下のことを) 確信している
- ☐ **offer your business an unparalleled opportunity**
  あなたの事業にまたとない機会を提供する
- ☐ **look forward to doing**
  〜することを楽しみにしている
- ☐ **have you display**
  あなたに展示させる
- ☐ **as follows**　〜は以下のとおりです
- ☐ **application form submission deadline**　申込用紙提出締切日
- ☐ **payment due date**　支払締切日
- ☐ **delivery**　名 配達
  ☛ **deliver**　動 配達する

- ☐ **distribution**　名 配布
  ☛ **distribute**　動 配布する
- ☐ **promotion**　名 宣伝
  ☛ **promote**　動 宣伝する
- ☐ **specialized magazine**　専門誌
- ☐ **exhibition period**　展示期間
- ☐ **administration office**
  管理事務所
- ☐ **organizer**　名 主催者、管理者
  ☛ **organization**　名 組織
  organize　動 組織する

🔊 2-86

- ☐ **feedback**　名 フィードバック
- ☐ **exhibitor**　名 出展者
  ☛ **exhibit**　動 展示する
  exhibition　名 展示
- ☐ **point of view**　視点
- ☐ **decide to participate in**
  〜への参加を決める
- ☐ **primarily because**
  主な理由は〜です
- ☐ **unlike**　前 〜とは違って
- ☐ **multimedia advertisement**
  マルチメディア広告
- ☐ **hundreds of potential customers**
  何百人もの潜在的顧客
- ☐ **face to face**　面と向かって
- ☐ **to this end**
  この目的の達成という意味では
- ☐ **satisfactory**
  形 満足な、満たしている
- ☐ **turnout**　名 来場者数
- ☐ **even**　副 〜さえ
- ☐ **a few of**　いくつかの
- ☐ **unfortunately**　副 残念ながら
- ☐ **administrative**　形 管理の

- [ ] **find out** 判明する

🔊 2-87

- [ ] **set-up day** 設営日
- [ ] **deluxe booth** デラックスブース
- [ ] **mistakenly** 副 誤って
- [ ] **overbook**
  動 オーバーブッキングする
- [ ] **be adjusted**
  変更される、調整される
- [ ] **appropriately** 副 適切に
  ☞ **appropriate** 形 適切な
- [ ] **display**
  動 展示する、ディスプレイする
  ☞ **be on display**
  展示されている
- [ ] **it is hard to get everything into the smaller booth**
  小さなブースにすべてをディスプレイすることは困難です
- [ ] **compromise** 動 妥協する
- [ ] **issue** 名 問題 動 公表する
- [ ] **come up** 起こる
- [ ] **pension** 名 年金
- [ ] **venue** 名 会場
- [ ] **be held at** 〜で開催される
- [ ] **expected scale** 予想される規模
- [ ] **gain more brand exposure**
  ブランドがさらに浸透する
- [ ] **keep in touch with** 関係を保つ
- [ ] **existing customer** 既存顧客

🔊 2-88

- [ ] **directly** 副 直接
  ☞ **direct** 副 直接の
- [ ] **potential clients** 潜在顧客

- [ ] **demonstrate**
  動 デモンストレーションをする
- [ ] **contingency** 名 不測の事態
- [ ] **achievement** 名 達成
  ☞ **achieve** 動 達成する
- [ ] **attract** 動 人を引き付ける
  ☞ **attraction** 名 アトラクション
- [ ] **exposition** 名 展示会
  ☞ **expose to** 〜にさらす
- [ ] **thoroughly**
  副 徹底的に、十分に
  ☞ **thorough**
  形 徹底的な、十分な
- [ ] **promote** 動 宣伝する
  ☞ **promotion** 名 宣伝
- [ ] **administrative personnel**
  管理者
- [ ] **be rude to ≒ be impolite to**
  〜に対して無礼だ

Chapter 13

🔊 2-89

- [ ] **hidden gem** 秘宝
- [ ] **managed by**
  〜によって管理されている
- [ ] **an assortment of**
  さまざまな種類の
- [ ] **well-known** 形 有名な
- [ ] **A as well as B** AもBも
- [ ] **rarely** 副 めったに〜ない
  ☞ **rare**
  形 まれな、めったにない
- [ ] **acre** 名 エーカー(面積の単位)
- [ ] **beautifully** 副 美しく
  ☞ **beautiful** 形 美しい
  beauty 名 美しさ
- [ ] **maintained** 分 維持された
  ☞ **maintain** 動 維持する

- include 動含む
- architect 名建築家
  - architecture 名建築
- located on the east side of　〜の東側にある、〜の東側に位置する
- south entrance　南口
- playground　遊び場
- there be　〜がある

🔊 2-90

- throughout the year　一年中
- contractor 名請負業者
  - contract 名契約
- continues to do　〜し続ける
- prune 動剪定する
- remove 動取り除く
  - removal 名除去
- branch 名枝、支店
- join 動加わる
  - joint 形共同の
- detail 名詳細 動詳しく述べる
- harvest celebration　収穫祭
- mark 動示す、知らせる、祝う
  - mark a special occasion　特別な日を記念する
- take place ≒ be held　行なわれる
- fun activity　楽しい活動
- organized by　〜によって企画された
- apple bobbing　りんごくわえ
- lantern 名ランタン
- petting zoo　ふれあい動物園

🔊 2-91

- pet 動触れる 名ペット
- huge success　大きな成功
- return 動帰ってくる、戻ってくる
- guinea pig　モルモット
- goat 名ヤギ
- needless to say　言うまでもなく
- amazing 形素晴らしい
  - amazingly 副素晴らしく
- furry company　ふわふわした友だち
- purchase
  動購入する　名購入品、購入
  - make a purchase　買い物をする
- natural produce　天然食材
- allotment 名家庭菜園
- proceed
  名売上金、収益金　動進む
- put towards　〜に向けられる
- repair 動修繕する 名修繕
- tool shed　物置小屋
- acquire 動手に入れる
  - acquisition 名買収、獲得
- gardening tool　園芸用品

🔊 2-92

- recent 形最近の
  - recently 副最近
- overview 名概要
- explain 動説明する
  - explanation 名説明
- provide 動提供する
  - provision 名供給
    provisional ≒ temporary ≒ tentative 形仮の
    provisionally ≒ temporarily ≒ tentatively 副一時的に
- well-known 形有名な

- rare 形 まれな
  - ☛ rarely 副 めったに〜ない
- species 名 種類
- take place ≒ be held
  行なわれる
- seasonal 形 季節の
  - ☛ seasoned 形 経験豊富な
- advertise 動 宣伝する
  - ☛ advertisement 名 宣伝
- upcoming 形 来たるべき
- review
  動 批評をする、再調査する

🔊 2-93

- organic food product
  有機生産物
- recommend 動 勧める
  - ☛ recommendation 名 推薦
- family activity 家族での活動
- gardening shed 園芸倉庫
- a plot of land 土地の一角
- cheap produce 安い農産物
- interact with
  〜とふれあう、交流する
- domesticated animals 家畜

Chapter 14

🔊 2-94

- financial consultation firm
  金融コンサルティング会社
- rent 動 借りる 名 家賃
- in an effort to
  〜しようと努めている
- trim down 〜を削減する
- operational cost 運用コスト
- currently 副 現在
  - ☛ current 形 現在の

- occupy 動 使用する
  - ☛ occupation 名 職業、占有
- entire 形 全体の
- acquaintance 名 知人
  - ☛ relative 名 親戚
- recommend 動 勧める
  - ☛ recommendation 名 推薦
- specialize in
  〜を専門としている、特化している
- good-sized
  形 ちょうど良い規模の
- property 名 物件
- relocation 名 移転
  - ☛ relocate 動 移転する

🔊 2-95

- preferably
  副 望ましい、できれば
- be close to 〜に近い
- warehouse 名 倉庫
- around 前 約
- square feet 平方フィート
- a price range of $1,500 to $2,000
  1,500〜2,000ドルの価格帯
- match 動 合う
- preference 名 好み
- following 形 以下の
- within a 10 minute walk from
  〜から徒歩10分圏内
- available
  形 利用できる、入手可能な
  - ☛ availability 名 利用できること、入手できること
- as of today 本日付で
  - ☛ as of ≒ effective ≒ starting ≒ beginning 〜付で
- be interested in 〜に興味がある

- [ ] **as soon as possible**
  できるだけ早く
- [ ] **arrange** 動 手配する
  - **arrangement** 名 手配
- [ ] **viewing** 名 内見
- [ ] **advise 人 to do**
  人に〜するよう勧める

🔊 2-96

- [ ] **delay** 動 先延ばしにする
  - **be delayed** 遅れる
- [ ] **properties go pretty quickly**
  すぐに物件の借り手が決まってしまう
- [ ] **neighborhood** 名 近所、近隣
- [ ] **luxuriously** 副 贅沢に
- [ ] **decorated** 形 装飾された
- [ ] **oak doors and frames**
  オーク材のドアとフレーム
- [ ] **granite floor** 花崗岩でできた床
- [ ] **penthouse** 名 最上階
- [ ] **brick** 名 レンガ
- [ ] **interior** 名 内装
- [ ] **renovate** 動 改装する
  - **renovation** 名 改装
- [ ] **specification** 名 仕様、仕様書
  - **specific** 形 特定の
    specifically 副 特に
- [ ] **quick access to**
  〜への素早いアクセス
- [ ] **ideally located** 理想的な立地
- [ ] **alarm system** 警報システム
- [ ] **exterior parking space**
  外部の駐車スペース

🔊 2-97

- [ ] **recently** 副 最近
  - **recent** 形 最近の
- [ ] **construct** 動 建設する
  - **construction** 名 建設
- [ ] **fully furnished** 家具完備
- [ ] **less than 2 minutes** 2分未満
- [ ] **geographically** 副 地理的に
  - **geographical**
    形 地理に関する
- [ ] **real estate** 不動産
  - **real estate agent**
    不動産業者
    real estate agency
    不動産屋
- [ ] **advertisement** 名 広告
  - **advertise** 動 宣伝をする
- [ ] **search criteria** 検索基準
- [ ] **reception area** 受付
- [ ] **availability** 名 利用できること
  - **available**
    形 利用できる、入手可能な
- [ ] **arrange** 動 手配をする
  - **arrangement** 名 手配
- [ ] **client** 名 顧客
  - **clientele** 名 常連

Chapter 15

🔊 2-98

- [ ] **unlikely**
  副 思いもよらない、見込みのない
- [ ] **seasoned**
  形 ベテランの、経験豊富な
- [ ] **electrician** 名 電気技師
- [ ] **e-mail**
  動 Eメールを送る 名 Eメール
- [ ] **manuscript** 名 原稿
- [ ] **editor** 名 編集者
- [ ] **painstakingly** 副 苦心して
- [ ] **work on** 〜に取り組む

- [ ] spill 動 こぼす
- [ ] amazingly 副 驚いたことに
- [ ] in person （本人が）直接
- [ ] awards dinner 受賞夕食会
- [ ] through 前 〜を通して
- [ ] public 名 一般人
- [ ] for the first time 初めて
- [ ] do a signing サイン会を行なう
- [ ] family run publishing firm
  小規模家族経営の出版社
- [ ] be thrilled 〜に感動する
- [ ] company executive 会社の幹部
- [ ] besides 前 〜に加えて
- [ ] first-time 形 最初の
- [ ] novelist 名 小説家
- [ ] one out of 〜の中の1人、1つ
- [ ] nominee 名 候補者
- [ ] publishing giant 大手出版社
- [ ] approach
  動 連絡を取る 名 近づくこと
- [ ] put A into B AをBにする
- [ ] make it back in time for
  〜に間に合うように戻る

🔊 2-99

- [ ] reverse the order of
  〜の順序を逆にする
- [ ] fly out of 〜を発つ
- [ ] response 名 返事
  ☞ in response to 〜に応えて

- [ ] agree 動 了解する、同意する
  ☞ agree to
  （意見などに）同意する
  agree with （人に）同意する
- [ ] return any earlier
  これ以上早く戻る
- [ ] as ≒ because ≒ since ≒ for
  接 〜なので
- [ ] be scheduled for
  〜の予定が入っている
- [ ] be aired 放送される
- [ ] district 形 地域の
- [ ] let me know if
  〜かどうかお知らせください
- [ ] arrangement 名 手順、手配
- [ ] indicate 動 示す、述べる
- [ ] confident 形 自信がある
- [ ] win an award 受賞する
- [ ] as a full-time writer
  プロの作家として
- [ ] submit 動 提出する
- [ ] address
  動 向ける、対処する、演説をする
- [ ] executive 名 幹部、役員
- [ ] wish to do 〜することを望む
- [ ] special edition 特別版
- [ ] return to 〜に戻る
- [ ] occur 動 起こる
- [ ] star 動 主役として使う
- [ ] broadcast 動 放送する
- [ ] host 動 主催する

本番レベル実践模試 解答一覧

PART 1

No.	ANSWER
1	A
2	A
3	D
4	C
5	C
6	A
7	A
8	B
9	B
10	D

PART 2

No.	ANSWER	No.	ANSWER
11	D	21	B
12	D	22	B
13	D	23	C
14	C	24	A
15	C	25	C
16	A	26	B
17	A	27	A
18	B	28	C
19	B	29	B
20	C	30	A
		31	B
		32	B
		33	B
		34	A
		35	C
		36	B
		37	B
		38	B
		39	B
		40	B

PART 3

No.	ANSWER	No.	ANSWER	No.	ANSWER
41	B	51	A	61	B
42	D	52	A	62	B
43	D	53	A	63	B
44	C	54	B	64	A
45	B	55	B	65	C
46	B	56	A	66	B
47	C	57	B	67	B
48	B	58	B	68	C
49	C	59	A	69	B
50	B	60	A	70	A

PART 4

No.	ANSWER	No.	ANSWER	No.	ANSWER
71	A	81	C	91	A
72	B	82	B	92	D
73	B	83	B	93	D
74	B	84	D	94	B
75	D	85	A	95	D
76	B	86	B	96	A
77	C	87	B	97	D
78	C	88	D	98	D
79	C	89	A	99	D
80	B	90	C	100	A

PART 5

No.	ANSWER	No.	ANSWER	No.	ANSWER
101	C	111	D	121	D
102	C	112	D	122	B
103	A	113	D	123	A
104	B	114	A	124	B
105	C	115	B	125	B
106	C	116	B	126	A
107	B	117	A	127	D
108	B	118	D	128	A
109	B	119	D	129	D
110	B	120	D	130	D

PART 6

No.	ANSWER
131	C
132	B
133	A
134	B
135	C
136	C
137	A
138	D
139	D
140	D
141	B
142	B
143	B
144	A
145	B
146	A
147	A
148	B
149	D
150	B

PART 7

No.	ANSWER	No.	ANSWER	No.	ANSWER
151	B	171	D	191	D
152	B	172	D	192	D
153	A	173	D	193	D
154	B	174	D	194	D
155	A	175	B	195	A
156	C	176	C	196	B
157	C	177	C	197	D
158	B	178	C	198	D
159	B	179	D	199	A
160	A	180	A	200	B
161	A	181	D		
162	D	182	D		
163	A	183	D		
164	A	184	B		
165	D	185	A		
166	A	186	D		
167	A	187	C		
168	A	188	D		
169	D	189	A		
170	A	190	D		

※本書の模試では正解でない記号が4つ以上連続するケースを含みますが、公開テストでは正解として同じ記号が4つ以上続くことはほとんどありません。

仕上げの特訓 解答一覧

PART 1

	40 page ANSWER									47 page ANSWER									48~49 page ANSWER									50~51 page ANSWER								
No.	A	B	C	D	No.	A	B	C	D	No.	A	B	C	D	No.	A	B	C	D	No.	A	B	C	D	No.	A	B	C	D	No.	A	B	C	D	No.	A	B	C	D
1			●		6			●		1		●			6		●			1		●			6		●			1	●				6	●			
2		●			7	●				2	●				7	●				2			●		7			●		2			●		7	●			
3		●			8				●	3		●			8				●	3	●				8	●				3			●		8		●		
4				●	9	●				4	●				9	●				4	●				9				●	4			●		9				●
5	●				10				●	5	●				10				●	5			●		10			●		5				●	10	●			

PART 2

	63~64 page ANSWER								73~74 page ANSWER								81~82 page ANSWER								91~92 page ANSWER							
No.	A	B	C	No.	A	B	C	No.	A	B	C	No.	A	B	C	No.	A	B	C	No.	A	B	C	No.	A	B	C	No.	A	B	C
11	●			15			●	19		●		23			●	27			●	31		●		34			●	38	●		
12			●	16		●		20	●			24		●		28			●	32		●		35		●		39			●
13		●		17	●			21		●		25		●		29		●		33	●			36	●			40		●	
14			●	18		●		22			●	26		●		30		●						37		●					

本番レベル実践模試の参考スコアレンジ(範囲)算出方法

本番レベル実践模試を終了した後に、下記の手順で参考スコアレンジ(範囲)を算出することができます。

1. **リスニングセクション**と**リーディングセクション**のそれぞれの正解数を数え、それを下表の素点の各欄に記入します。各セクションの正解数がそれぞれの**素点**となります。
2. **スコアレンジ換算表**の、リスニングセクションの素点レンジ欄を見てください。そして、1.で出したあなたの**素点**に対応する**換算点**レンジを見つけます。
3. ご自分のリスニングセクションの**換算点**レンジを、下表の**素点**欄の隣に記入します。リーディングセクションについても同様にして、**換算点**レンジを記入してください。
4. 次にリスニングセクションとリーディングセクションの**換算点**レンジの合計を計算します。これにより、あなたのトータル・スコアレンジが算出できます。

	素点	換算点レンジ
リスニングセクション		
リーディングセクション		
トータル・スコアレンジ(参考スコア範囲)		

(算出例は下を参照。)

〈参考〉

「**素点**」はそのセクションのTOEICスコアではありません。TOEICテストのスコアは統計的手法を用いて素点を換算点に変換しています。この手続きにより、異なるテストフォームでも、そのスコアが表す意味は同一となります。したがって、あるテストフォームにおいて、トータル・スコアが550点ということは、他のテストフォームにおける550点と同等の英語能力を示すことになります。

スコアレンジ換算表は素点を換算点レンジに変換するためのものです。**同スコアレンジ換算表によって算出されたスコアレンジは、あくまで参考上のものです。実際のテストではスコアはこれよりも上下することがあります。**

本番レベル実践模試 スコアレンジ換算表

リスニングセクション		リーディングセクション	
素点レンジ	換算点レンジ	素点レンジ	換算点レンジ
96 — 100	485 — 495	96 — 100	455 — 495
91 — 95	445 — 495	91 — 95	410 — 490
86 — 90	400 — 480	86 — 90	380 — 465
81 — 85	360 — 455	81 — 85	350 — 430
76 — 80	330 — 425	76 — 80	315 — 405
74 — 75	300 — 400	74 — 75	290 — 385
66 — 70	265 — 370	66 — 70	260 — 355
61 — 65	235 — 340	61 — 65	235 — 325
56 — 60	210 — 315	56 — 60	205 — 300
51 — 55	185 — 285	51 — 55	175 — 270
46 — 50	165 — 260	46 — 50	155 — 235
41 — 45	140 — 230	41 — 45	125 — 205
36 — 40	115 — 200	36 — 40	105 — 170
31 — 35	95 — 165	31 — 35	85 — 140
26 — 30	80 — 135	26 — 30	65 — 115
21 — 25	65 — 110	21 — 25	55 — 90
16 — 20	35 — 90	16 — 20	40 — 75
11 — 15	10 — 70	11 — 15	30 — 55
6 — 10	5 — 50	6 — 10	15 — 45
1 — 5	5 — 35	1 — 5	5 — 30
0	5 — 20	0	5 — 15

算出例 ② → 61 — 65 / 235 — 325
算出例 ① ← 41 — 45 / 140 — 230

例 リスニングセクションの素点が41から45のいずれかであれば、リスニングセクションの換算点のレンジは「**140点から230点**」です。

スコア算出例

	素点	換算点レンジ	
リスニングセクション	45	140—230	①
リーディングセクション	64	235—325	②
トータル・スコアレンジ(参考スコア範囲)		375—555	③(①+②)

リスニングセクションの素点が45で、リーディングセクションの素点が64だった場合、トータル・スコアレンジは①と②の合計③である**375~555**の間ということになります。

仕上げの特訓 解答用マークシート

コピーしてお使いください。

PART 1

| 40 page ANSWER | 47 page ANSWER | 48~49 page ANSWER | 50~51 page ANSWER |

No.	A B C D	No.	A B C D	No.	A B C D	No.	A B C D	No.	A B C D	No.	A B C D
1	Ⓐ Ⓑ Ⓒ Ⓓ	6	Ⓐ Ⓑ Ⓒ Ⓓ	1	Ⓐ Ⓑ Ⓒ Ⓓ	6	Ⓐ Ⓑ Ⓒ Ⓓ	1	Ⓐ Ⓑ Ⓒ Ⓓ	6	Ⓐ Ⓑ Ⓒ Ⓓ
2	Ⓐ Ⓑ Ⓒ Ⓓ	7	Ⓐ Ⓑ Ⓒ Ⓓ	2	Ⓐ Ⓑ Ⓒ Ⓓ	7	Ⓐ Ⓑ Ⓒ Ⓓ	2	Ⓐ Ⓑ Ⓒ Ⓓ	7	Ⓐ Ⓑ Ⓒ Ⓓ
3	Ⓐ Ⓑ Ⓒ Ⓓ	8	Ⓐ Ⓑ Ⓒ Ⓓ	3	Ⓐ Ⓑ Ⓒ Ⓓ	8	Ⓐ Ⓑ Ⓒ Ⓓ	3	Ⓐ Ⓑ Ⓒ Ⓓ	8	Ⓐ Ⓑ Ⓒ Ⓓ
4	Ⓐ Ⓑ Ⓒ Ⓓ	9	Ⓐ Ⓑ Ⓒ Ⓓ	4	Ⓐ Ⓑ Ⓒ Ⓓ	9	Ⓐ Ⓑ Ⓒ Ⓓ	4	Ⓐ Ⓑ Ⓒ Ⓓ	9	Ⓐ Ⓑ Ⓒ Ⓓ
5	Ⓐ Ⓑ Ⓒ Ⓓ	10	Ⓐ Ⓑ Ⓒ Ⓓ	5	Ⓐ Ⓑ Ⓒ Ⓓ	10	Ⓐ Ⓑ Ⓒ Ⓓ	5	Ⓐ Ⓑ Ⓒ Ⓓ	10	Ⓐ Ⓑ Ⓒ Ⓓ

PART 2

| 63~64 page ANSWER | 73~74 page ANSWER | 81~82 page ANSWER | 91~92 page ANSWER |

No.	A B C	No.	A B C	No.	A B C	No.	A B C	No.	A B C	No.	A B C	No.	A B C	No.	A B C
11	Ⓐ Ⓑ Ⓒ	15	Ⓐ Ⓑ Ⓒ	19	Ⓐ Ⓑ Ⓒ	23	Ⓐ Ⓑ Ⓒ	27	Ⓐ Ⓑ Ⓒ	31	Ⓐ Ⓑ Ⓒ	34	Ⓐ Ⓑ Ⓒ	38	Ⓐ Ⓑ Ⓒ
12	Ⓐ Ⓑ Ⓒ	16	Ⓐ Ⓑ Ⓒ	20	Ⓐ Ⓑ Ⓒ	24	Ⓐ Ⓑ Ⓒ	28	Ⓐ Ⓑ Ⓒ	32	Ⓐ Ⓑ Ⓒ	35	Ⓐ Ⓑ Ⓒ	39	Ⓐ Ⓑ Ⓒ
13	Ⓐ Ⓑ Ⓒ	17	Ⓐ Ⓑ Ⓒ	21	Ⓐ Ⓑ Ⓒ	25	Ⓐ Ⓑ Ⓒ	29	Ⓐ Ⓑ Ⓒ	33	Ⓐ Ⓑ Ⓒ	36	Ⓐ Ⓑ Ⓒ	40	Ⓐ Ⓑ Ⓒ
14	Ⓐ Ⓑ Ⓒ	18	Ⓐ Ⓑ Ⓒ	22	Ⓐ Ⓑ Ⓒ	26	Ⓐ Ⓑ Ⓒ	30	Ⓐ Ⓑ Ⓒ			37	Ⓐ Ⓑ Ⓒ		

仕上げの特訓 解答用マークシート

コピーしてお使いください。

PART 1

| 40 page ANSWER | 47 page ANSWER | 48~49 page ANSWER | 50~51 page ANSWER |

No.	A B C D	No.	A B C D	No.	A B C D	No.	A B C D	No.	A B C D	No.	A B C D
1	Ⓐ Ⓑ Ⓒ Ⓓ	6	Ⓐ Ⓑ Ⓒ Ⓓ	1	Ⓐ Ⓑ Ⓒ Ⓓ	6	Ⓐ Ⓑ Ⓒ Ⓓ	1	Ⓐ Ⓑ Ⓒ Ⓓ	6	Ⓐ Ⓑ Ⓒ Ⓓ
2	Ⓐ Ⓑ Ⓒ Ⓓ	7	Ⓐ Ⓑ Ⓒ Ⓓ	2	Ⓐ Ⓑ Ⓒ Ⓓ	7	Ⓐ Ⓑ Ⓒ Ⓓ	2	Ⓐ Ⓑ Ⓒ Ⓓ	7	Ⓐ Ⓑ Ⓒ Ⓓ
3	Ⓐ Ⓑ Ⓒ Ⓓ	8	Ⓐ Ⓑ Ⓒ Ⓓ	3	Ⓐ Ⓑ Ⓒ Ⓓ	8	Ⓐ Ⓑ Ⓒ Ⓓ	3	Ⓐ Ⓑ Ⓒ Ⓓ	8	Ⓐ Ⓑ Ⓒ Ⓓ
4	Ⓐ Ⓑ Ⓒ Ⓓ	9	Ⓐ Ⓑ Ⓒ Ⓓ	4	Ⓐ Ⓑ Ⓒ Ⓓ	9	Ⓐ Ⓑ Ⓒ Ⓓ	4	Ⓐ Ⓑ Ⓒ Ⓓ	9	Ⓐ Ⓑ Ⓒ Ⓓ
5	Ⓐ Ⓑ Ⓒ Ⓓ	10	Ⓐ Ⓑ Ⓒ Ⓓ	5	Ⓐ Ⓑ Ⓒ Ⓓ	10	Ⓐ Ⓑ Ⓒ Ⓓ	5	Ⓐ Ⓑ Ⓒ Ⓓ	10	Ⓐ Ⓑ Ⓒ Ⓓ

PART 2

| 63~64 page ANSWER | 73~74 page ANSWER | 81~82 page ANSWER | 91~92 page ANSWER |

No.	A B C	No.	A B C	No.	A B C	No.	A B C	No.	A B C	No.	A B C	No.	A B C	No.	A B C
11	Ⓐ Ⓑ Ⓒ	15	Ⓐ Ⓑ Ⓒ	19	Ⓐ Ⓑ Ⓒ	23	Ⓐ Ⓑ Ⓒ	27	Ⓐ Ⓑ Ⓒ	31	Ⓐ Ⓑ Ⓒ	34	Ⓐ Ⓑ Ⓒ	38	Ⓐ Ⓑ Ⓒ
12	Ⓐ Ⓑ Ⓒ	16	Ⓐ Ⓑ Ⓒ	20	Ⓐ Ⓑ Ⓒ	24	Ⓐ Ⓑ Ⓒ	28	Ⓐ Ⓑ Ⓒ	32	Ⓐ Ⓑ Ⓒ	35	Ⓐ Ⓑ Ⓒ	39	Ⓐ Ⓑ Ⓒ
13	Ⓐ Ⓑ Ⓒ	17	Ⓐ Ⓑ Ⓒ	21	Ⓐ Ⓑ Ⓒ	25	Ⓐ Ⓑ Ⓒ	29	Ⓐ Ⓑ Ⓒ	33	Ⓐ Ⓑ Ⓒ	36	Ⓐ Ⓑ Ⓒ	40	Ⓐ Ⓑ Ⓒ
14	Ⓐ Ⓑ Ⓒ	18	Ⓐ Ⓑ Ⓒ	22	Ⓐ Ⓑ Ⓒ	26	Ⓐ Ⓑ Ⓒ	30	Ⓐ Ⓑ Ⓒ			37	Ⓐ Ⓑ Ⓒ		

※解答は P.490 にあります。

おわりに

　全30回にわたる大特訓、本当におつかれさまでした。
　ここまでやり遂げることができたことに、あなたは達成感を感じていることでしょう。
　本書の1周目は終了しましたが、必ず2周目、3周目に進んでください。
　時間があれば、という前置きはしません。
　「時間があってもなくても」必ず最初からまた取り組みなおしてください。
　同じ問題を解くのですから、きちんと復習していれば全問正解できるのは当然です、2周目以降は「解く技術の精度」を高めてください。
　「問題文を読むスピード・解答するスピード」を養ってください。
　WALKMANのような音声を倍速にできる機器をお持ちでしたら、***Part 1～2***は2倍速で、***Part 3～4***は1.5倍速で解答する練習を行ないましょう。
　リーディングセクションは、すべての英文を完璧に理解し、文頭から返り読みをせずに読み進めることができるように練習します。
　また、すべての問題を解説できるようにし、知らない単語&フレーズが一切無い状態にしてください。
　「とにかく600点突破！精選単語&フレーズ1800」は毎日聞きまくってください、声に出しまくってください、通勤通学などの隙間時間、炊事洗濯をしながらで結構です。
　何回も何回も反芻し「覚えるつもりなんてなかったのに、いつの間にか覚えてしまった」という状態になるのが理想です。
　もし周りに幸運にも学習仲間がいる場合には、本書から学んだ知識や技術を是非、教えてあげてください。
　あなたが本書のいかなる問題について何を質問されたとしても、その質問に対して的確に答えることができるようになったとき、公開テストやIPテストで600点をゆうに超える実力が備わっていることでしょう。
　そこまで見越して問題を作成し、各***Chapter***での解説、そして仕上げの特訓を作成しました。
　「この本に関しては、自分は世界で一番くわしい人間だ」
　「この本のことなら完全に知り尽くしている」
　こう言えるレベルになるまで本書をやり尽くしていただければ幸いです。
　朗報を心よりお待ちしています。

濱﨑潤之輔

著者略歴

濵﨑潤之輔（はまさき じゅんのすけ）／HUMMER
大学・企業研修講師、書籍編集者。早稲田大学政治経済学部経済学科卒業。明海大学や獨協大学、ファーストリテイリングや楽天銀行、SCSK などの企業で TOEIC 研修講師を務める。これまでに TOEIC 990 点を 20 回以上獲得、TOEIC テスト対策合宿・セミナーなども開催。著書に、『新 TOEIC テスト 990 点攻略』（旺文社）、『この TOEIC テスト本がすごい!』（中経出版）、共著書に『新 TOEIC テスト 全力特急 絶対ハイスコア』（朝日新聞出版）、『大学生のための TOEIC テスト入門』（コスモピア）、監修に『イラスト＆ストーリーで忘れない TOEIC テスト ボキャブラリー プラチナ 5000』（ジャパンタイムズ）がある。
ブログ：『独学で TOEIC990 点を目指す!』
Twitter アカウント：@HUMMER_TOEIC

問題製作協力：株式会社メディアビーコン
校正：林千根／株式会社ぷれす
カバー・帯デザイン：竹内雄二
本文イラスト：いげためぐみ
本文デザイン・DTP：ドルフィン

CD の内容　◎ DISC A　44 分 00 秒　　DISC B　78 分 40 秒
　　　　　　◎ ナレーション　DISCA：Howard Colefield（米）/Edith kayumi（加）
　　　　　　　Brad Holmes（豪）/Emma Howard（英）
　　　　　　DISCB：Howard Colefield/ 久末絹代
　　　　　　◎ DISC A と DISC B はビニールケースの中に重なって入っています。

CD BOOK とにかく600点突破! TOEIC® TEST 大特訓

2014 年 3 月 25 日　初版発行

著者	濵﨑潤之輔（はまさきじゅんのすけ）

© Junnosuke Hamasaki, Printed in Japan

発行者	内田眞吾
発行・発売	ベレ出版 〒162-0832　東京都新宿区岩戸町 12 レベッカビル TEL　03-5225-4790 FAX　03-5225-4795 ホームページ http://www.beret.co.jp/ 振替 00180-7-104058
印刷	三松堂株式会社
製本	根本製本株式会社

落丁本・乱丁本は小社編集部あてにお送りください。送料小社負担にてお取り替えします。
本書の無断複写は著作権法上での例外を除き禁じられています。購入者以外の第三者による本書のいかなる電子複製も一切認められておりません。

ISBN978-4-86064-379-9 C2082　　　　　　　　　　編集担当　綿引ゆか